JN425165

원불교의 문학세계

원불교의 문학세계

저　　자 : 이혜화
초판 인쇄 : 2012년 6월 17일
초판 발행 : 2012년 6월 21일
발 행 처 : 원불교출판사
발 행 인 : 김영식
주　　소 : 전북 익산시 신용동 344-2
전　　화 : 063- 854- 0784

등록번호 제7호
등록일자 : 1967. 7. 1

머리말

이 책은 『'새로쓴' 소태산박중빈의 문학세계』의 자매편으로 씌었다. 그러므로 진정한 『원불교의 문학세계』는 이 두 책을 합친 것에 플러스알파다.

'글은 사람이다'란 격언도 있지만, 문학은 그 사람이 걸어간 발자국이다. 특히 도인의 문학이라면, 그 발자국엔 그의 삶이 찍히고 믿음과 닦음이 찍힌다. 그가 도달한 깨달음의 코드가 찍힌다. 그러므로 그 발자국을 따라가며 그의 삶과 믿음과 닦음을 톺아보노라면 그가 도달한 깨달음의 코드가 해독을 기다리고 있다.

나는 여기서 아홉 분(훈산 포함 열 분)의 삶과 믿음과 닦음을 읽기 위하여 그들이 남긴 발자국을 따라가며 그들이 남긴 코드에 고작 아날로그 확대경을 들이댔다. 『장자(莊子)』에서 문혜왕의 백정이 보여준 날렵한 칼질은 흉내도 못 내려니와 한갓 서툰 망나니의 난도질이나 아니었다면 다행이다.

훗날 어느 갸륵한 후진이 있어 나를 밟고 넘어가 큐아르 코드를 해독하는 디지털 혜안으로 그들이 남긴 코드를 명쾌하게 해독해주기를 기대할 뿐이다.

임진년 대각의 달에

노루목 용봉재에서 지은이 합장

소통의 창구: ①016-378-0837 ②hanffour@hanmail.net

목차

소태산문학의 후계자들

정산 송규

삼산 김기천

응산 이완철

주산 송도성

구타원 이공주

원산 서대원

대산 김대거

경산 조송광

고산 이운권

I
원불교문학 모두풀이

I 원불교문학 모두풀이

원불교문학은 교조 소태산 박중빈의 대각과 더불어 시작되었다. 소태산은 세속적 학문의 기회가 거의 없었지만, 7세에 의문을 품고 발심하여 구도에 몰입한 끝에 26세로 대각을 이루었다. 이로부터 그는 부처의 인격과 더불어 생이지지生而知之 수준의 학술적 개안을 보여준다. 그 중에는 문학적 성취가 상당하니 이의 연구 성과가 필자의 『소태산 박중빈의 문학세계』(깊은샘, 1991)와 『'새로 쓴' 소태산 박중빈의 문학세계』(원불교출판사, 2012)이다. 이 『원불교의 문학세계』는 별도로 연구하여 이미 발표한 교조 소태산의 문학세계를 제외한 나머지 부분을 연구한 성과물임을 밝혀둔다.

소태산의 문학 작품은 처음부터 구송口誦으로 시작하여 제자들에게 구전되었다. 기록이라면 고작 필사 전승은 있을지언정 작품 발표를 위한 지면(정기간행물 내지 단행본)은 부여받지 못했다. 그러나 제자들의 경우에는 부족하나마 작품을 발표할 지면이 제공된다. 1924년에 불법연구회(원불교의 전신)라는 이름으로 교단이 창립되었고, 그 4년 후인 1928년 5월에 기관지 《월말통신》이 창간되었다. 처음엔 빈약한 지면과 부수로 시작하였지만, 이것이 발전을 거듭하면서 교단 소식이나 법문 외에 회원(교도)들의 문학작품이 실리게 된 것이다. 이로써 원불교문학이 뛰어 놀 작은 마당이 생기고 담아둘 곳집이 마련되었다. 이를 근거로 원불교의 문학세계를 다음 순서로 논하고자 한다.

(1)원불교의 문학세계를 논하기 위하여 먼저 할 일은 원불교문학의 개념을 규정하는 일이 아닐까 싶다. 다만 원불교의 역사가 일천한 점을 감안할 때 너무 명료한 정의를 내리기에는 조심스러운 점이 있다. 우선 유연하고 간결하게 개념을 정리해 두고, 좀 더 자세한 논의는 별도 논문으로 의견을 밝히고자 한다.

(2)다음으로 원불교문학의 역사를 정리하고자 한다. 백년 미만의 교사를 두고 볼 때 그 문학사 역시 유동적일 수밖에 없다. 그러나 신종교의 백년사는 역동적일 뿐 아니라 적지 않은 매듭이 있다. 그렇다면 문학사 역시 잠정적으로나마 도막내고 체계화하는 일이 가능하다고 생각한다. 마치 일 년을 놓고 춘하추동으로 분절할 수 있듯이, 하루를 놓고도 아침 · 낮 · 저녁 · 밤 등으로 분절할 수 있기 때문이다. 필자가 본격적인 연구대상으로 삼은 것은 원불교문학사 가운데 1945년까지의 문학이다. 문학사에서 흔히 그렇듯 해방 이후를 현대라고 본다면, 1946년 이후를 정리하기엔 아직 성급하다고 본 때문이다.

(3)그러나 일단 현재(2010년대)까지의 원불교문학을 개관槪觀하고 개괄槪括하는 작업은 할 것이다. 이어서 필자가 이미 교조문학을 다룰 때 한 방식에 준하여 '○○○의 문학'으로 하여 개별문인들의 문학을 논하고자 한다. 그 개별문인은 당대의 원불교문학을 대표할 만한 인물들이기에 원불교의 문학세계 전반을 논하기에도 그다지 부족하지 않다고 본다.

(4)그리고 앞에서 말한바 원불교문학의 개념 정리를 위해 마련한 논문을 비롯하여 원불교문학 연구에 도움이 될 만한 참고논문을 딸린풀이로 붙임으로써 미진한 부분을 보충할 것이다.

가. 원불교문학의 개념

종교문학의 개념을 정리하는 일부터 시작하여 원불교문학의 개념을 따지고 정체성을 가리는 일이 결코 쉬운 일이 아니다. 필자는 본서의 참고론「종교와 문학의 동반자적 관계-원불교문학의 정체성의 탐색-」에서 나름으로 이 작업을 했다. 그러나 저술의 편제상 원불교문학의 개념을 밝히지 않은 상태에서 이 저술을 진행할 수는 없다고 보아 예의 논문에서, 해당되는 부분을 최소한으로 발췌하여 이 자리에 적어 놓는다.

어떤 작품이 종교문학이냐 여부를 판별하는 기준을 필자는 사상, 소재, 용도, 작자 등 네 가지 측면에서 검토한바 이에 따라 다음과 같이 정리하기로 한다.

첫째, 원불교문학에는 '작품의 흐름을 압도하고 주재하는 사상'으로서 원불교 사상이 담겨 있어야 한다. 원불교 사상이라 하면 핵심 교법을 얼른 떠올리겠지만, 문제는 후발 종교로서 선발 종교(특히 불교)와 차별화된 것이 아니면 정체성이 드러나지 않는다는 것이요, 또는 교법이 가지는 종교적 비중이 문학적 효용까지 담보하는 것은 아니라는 것이다. 두고두고 개발해야 하겠지만, 우선 통종교적 일원주의一圓主義와 삼동윤리三同倫理, 은사상恩思想과 감사생활, 개벽관開闢觀과 평등주의, 영육쌍전식 통합주의와 중도주의 등 원불교적 세계관과 구세의식을 떠올릴 만하다. 그러나 종교일반의 보편성, 불교와 겹치는 교리, 신종교와 공유하는 시대의식 등으로부터 어떻게 차별화하여 원불교적 시각과 색깔을 드러내느냐 하는 것이 과제다.

둘째, 원불교적 소재가 '비중 있게' 동원돼야 한다는 점이다. 『대종경』이나 『교사』 등 교서에 들어 있는 자료가 그것이다. 구도 · 대각 · 방언 등 대종사의 십상十相을 비롯하여 교조와 초기 출가 · 재가 제자들의 생애와 구도 · 전법의 과정 및 실화 · 전설 등도 좋은 소재가 된다. 후대 인물의 전기적 자료나 교화 현장의 감동적 소재는 더할 수 없이 좋은 소재다. 교단사가 짧기 때문에 콘텐츠가 풍부하지 못한 것도 사실이지만, 이는 영원한 진행형으로 누적돼 가는 것이다.

셋째, 작품의 용도로 보아 그것이 원불교에 얼마나 쓸모 있게 기능하느냐 하는 것이다. 종교의 성립이나 운영의 필수물로서 기능하는 작품을 A그룹, 신앙적 열정이나 선교적 필요 내지 호교적 의도에서 나왔으나 보조물로만 기능하는 작품을 B그룹, 종교 사상이나 종교적 소재를 적극적으로 수용하긴 했어도 종교적 목적의식과 무관한 작품을 C그룹으로 놓고 보자. 『정전』 및 『대종경』에 수용된 내용, 『성가』의 가사, 또는 『예전』의 의식문에 쓰인 시문은 원칙적으로 A그룹에 속한다고 볼 일이다. 그러나 비록 교조의 작품이라 할지라도 〈일원상서원문〉이나 〈게송〉등 일부 시문을 제외한 가사나 한시 등은 B그룹일 수밖에 없다. 송규의 가사 〈원각가〉는 B그룹이지만, 그 일부가 성가로 채택된 〈망망한 너른 천지〉(성가 106장)는 A그룹이다.

A그룹이든 B그룹이든 그것의 문학성 여부가 논란의 대상이 될지언정 종교적 용도에는 이의를 달 것이 없다. 그러나 종교적 목적으로 쓰이지 않은 C그룹은 용도 쪽에서 위상이 안정적이지 않다. 물론 C그룹이 작자의 의도와는 무관하게 B그룹 내지 A그룹으로 승급될 여지는 열려 있다고 하겠다.

넷째, 작자의 종교적 소속이나 신분이 원불교 성직자나 교도이냐 여부다.

원불교문인협회 회원의 절반이 출가자일 만큼 성직자의 문학 참여가 활발하다. 그러나 작품 발표는 재가가 출가의 두 배 수준으로 점차 재가교도들의 작품활동이 활발해지고 있다. 출가라면 더 말할 필요도 없지만, 작자가 교도라면 그 작품이 원불교문학이냐를 판별함에 있어 훨씬 도움이 될 것은 틀림없다. 그러나 원불교 교도는 아니로되 원불교 사상과 원불교 소재를 사용하여 원불교문학에 참여할 수도 있다.또 한편으로 보면 어떤 문인이 원불교 교도라고 하여 반드시 원불교적 문학작품을 쓰는 것도 아니다.

원불교의 정체성과 더불어 원불교문학의 정체성은 완료형이 아니라 진행형이다. 앞에서 말한 네 가지 측면의 개념 정리가 원불교 문학 정체성 확립에 어느 정도 도움이 되리라고는 보지만, 개교 100년 미만의 교단으로서 종교문학의 보편성을 갖추어 가는 일과 함께 타 종교문학과의 차별성을 강화해 가는 일이 지속적으로 추진되어야 할 것이다.

나. 원불교문학의 역사

1916년 4월 28일은 소태산 박중빈이 20년 구도 끝에 '생사고락 그 이치와 우주만물 그 이치'를 대각한 날이다. 원불교의 역사가 이로부터 시작되었다. 소태산은 대각의 황홀한 감격을 오도송이라 할 2구짜리 〈대각송〉으로 표현했다. 이로부터 원불교문학은 시작되었다. 다시 말하면, 원불교문학의 역사는 원불교의 역사와 일치한다고 할 만하다. 비록 100년에 못 미치는 짧은 역사이지만, 원불교문학사의 시대구분을 다음과 같이 4기로 하고자 한다.

1) 교조문학기(1916~1924)-일인독점기

이 시기는 소태산의 대각으로부터 시작하여 불법연구회를 창립하고 익산 총부를 건설한 시기까지이다. 이 시기에 있던 중요한 사건은 다음과 같다.

① 1916년-대각 후 각종 기성종교의 경서 열람. 40여 명의 추종자를 얻고, 소수의 열성 제자들과 집회 시작.

② 1917년-10인 일단의 최초 조단造團을 위해 영산에서 김기천을 포함한 8명의 신실한 제자를 묶음. 제자 김성섭(광선)을 시켜 문집 『법의대전(法義大全)』을 엮음. 저축조합 결성.

③ 1918년-정읍 화해리에 가서 경북 성주 출신 송규를 중앙으로 맞이해 조단 완성. 저축조합을 방언조합으로 개편하고 갯벌의 둑막이(방언) 착수.

④ 1919년-3.1운동 발발. 4월에 방언 완공 후, 산상기도를 시작하여 8월에 법

인기도 성취. 소태산이 금산사를 거쳐 변산 월명암으로 가서 백학명 만남.

⑤ 1920년－실상사 근처에 거처를 마련하고 교강을 제정함. 『조선불교혁신론』 등 교법을 담은 저술 구상에 착수.

⑥ 1921~2년－석두암 지음. 송규, 송도성, 이춘풍 등 합류.

⑦ 1923년－서중안 등 제자가 소태산의 하산을 간청.

⑧ 1924년－하산 준비. 5월에 예수교 장로 조송광 만남. 6월에 익산에서 불법연구회 창립총회 열고 소태산을 총재로 추대. 만덕산 훈련(초선)을 계기로 김대거 만남. 11월에 서울에서 이공주 귀의. 9월에 익산에 부지 매입 후 12월에 총부(본관) 건설.

이 시기에 소태산은 〈대각송〉 이후 선시, 가사 등을 잇달아 내놓았다. 필자가 조사하고 연구한 바로는 다음과 같다.

① 가사: 14편. 이는 종래에 알려진 〈탄식가〉 〈경축가〉 〈권도가〉 〈회성곡〉 〈교훈편〉 〈안심곡〉 〈십계법문가〉 〈만장〉 〈전반세계가〉 등 9편에, 2005년에 얼굴을 드러낸 〈몽각가〉 〈권업가〉 〈지로가〉 〈낙도가〉 등 4편이 추가되어 13편이 되었고, 여기에 다시 구전 〈천하농판〉을 첨가한 것이다.

② 선시: 9종. 이는 〈대각송〉처럼 5언 2구밖에 되지 않는 것부터 〈경륜시〉처럼 상당량의 한시편으로 된 것까지 있다. 모두 한시로되 예외적으로 〈게송〉만은 국한혼용문이다. 필자가 임의로 명명한 것을 포함하여 〈대각송〉 〈상량시〉1 〈상량시〉2 〈변산시〉 〈석두암시〉 〈경륜시〉 〈금강산시〉 〈성주〉 〈게송〉 등이다.

③ 문장: 7종. 이는 고유한 작품명도 있으나 부정수의 작품들을 묶은 〈법설〉도 포함한다. 〈일원상서원문〉 〈참회문〉 〈조선불교혁신론〉 〈감응편〉 〈시다림 법문〉 〈기념문〉 〈법설〉 등이다.

이들 소태산의 작품 중 가사와 선시가 좁은 의미의 문학이라면, 문장은 넓은 의미의 문학이다. 그는 1924년 하산 이후엔 원칙적으로 가사나 선시를 짓지 않았다. 다만 문장만은 경전이나 의식儀式 등 종교적 수요에 의해 시한 없이 제작되었다. 그 중에도 법설은 임종 전까지 떠날 수 없는 것이었지만, 모든 법설이 문학일 수는 없다. 법설은 종교성만으로 충족되지만, 종교문학에 해당하는 법설은 종교성과 더불어 문학성이 필수이기 때문이다.

이 시기의 특징은 다음과 같이 정리할 수 있다.

첫째, 문학 생산자로서 볼 때는 교조인 소태산 일인의 독점기라는 것이다. 제자들의 머릿수가 적기도 했지만 문학을 생산할 만한 인재는 더욱 적었고, 그 소수의 인재나마 원불교문학이라 할 작품을 생산하기에는 역량 축적이 부족했다.

둘째, 소태산의 창작 동기는 두 가지로 나눌 수 있다. 하나는 자신이 깨달은 진리에 따르는 법열의 감흥을 표출하는 경우요, 다른 하나는 자신이 깨달은 진리를 남들에게 알리기 위한 경우다. 전자는 자기표현이요 후자는 타자설득이다. 전자는 성불과 유관하고 후자는 제중과 연관된다.

셋째, 소태산문학은 표현 수단에 있어서 이중적이다. 지식층(엘리트)을 상대하여서는 언어(문자)가 한문이요 주된 장르는 선시다. 서민층(대중)을 상대하여서는 언어(문자)가 한글이요 주된 장르는 가사다. 그리고 선시든 가사든 그것은 읽는 문학이 아니요 구송하는 문학이며, 기록전승이 아니라 구비전승에 비중이 컸다. 이는 김성섭(광선)의 손을 빌려 기록했던 문집『법의대전』이 작자(소태산)의 명에 의해 불태워졌다는 점에서 더욱 그렇다.

일인독점기로서 교조문학기는 8~9년에 불과하지만 이 시기의 소태산문학은 원불교문학의 성격과 방향을 결정지음에 영향이 클 수밖에 없다. 그런 의미에서 소태산문학의 중요성은 거듭 천착할 만하다. 그 중에도 평가할 두 가지가 있다.

하나는 장르적 다양성의 기초를 닦았다는 점이다. 소태산문학은 시가문학에 비중이 크다. 그러나 한시나 가사 등이 서정 장르나 교술 장르에 머무르지 않고, 〈회성곡〉에서 서사 장르를, 〈안심곡〉에서 극 장르를 열어갈 단초를 제공하였다는 사실이다. 〈회성곡〉이 판소리계 소설과 유관한 서사가사라든가, 〈안심곡〉의 성격이 민속극의 마당놀이에서 보이는 극과 밀접하다든가 하는 점은『소태산 박중빈의 문학세계』및『'새로 쓴' 소태산 박중빈의 문학세계』의 가사론에서 충분히 해설하였다.

다른 하나는 종교문학의 엄숙주의적 폐쇄성을 크게 뛰어넘어 열린 세계를 보여주고 있음이다. 소태산문학은 전통적 재도지기載道之器 문학관을 배경으로 하였으되, 내용이든 표현이든 틀에 얽매이기를 거부하고 신바람과 흥겨움, 파격과 해학이 흥청거리는 역동적 세계를 지향하고 있다. 이는 두메에서 태어나 서민으로 성장한 그의 신분과 관계있음직하다. 양반으로서 주자학적 근엄을 몸에 익힐 기회도 없었고, 초세간적 승려로서 경직된 계율에 얽매인 적이 없었기 때문일지도 모른다.

2) 불연문학기(1925~1945)-소수인참여기

대각 후 소태산은 고향 영산(영광)에서 소수의 추종자들과 더불어 임의단체로 저축조합이니 방언조합이니 하는 모임을 만들어 방언공사, 법인기도 등 의미 깊은 시험을 했다. 이렇게 4년을 보낸 후, 일제의 주목을 피해 변산에 몸을 숨기고 본격적인 경륜 실현을 위하여 교법제정 등 준비에 몰두한다. 4년 후, 마침내 때가 이르렀다 판단한 그는 하산하여 회상을 공개하고 익산에 기지를 확보하여 본관을 준공함으로써 총부의 면목을 갖추게 되기까지 한 해를 보냈다.

1925년, 이제부터는 공적公的으로 불법연구회 역사가 펼쳐지기 시작한다. 1945년, 일제의 억압으로부터 벗어나 해방을 맞기까지 21년 동안 교단의 규모가 커짐은 물론 사회적 역할이 비약적으로 확장되었다. 따라서 문학도 문화적 현상으로 자리를 잡게 되었다. 이 무렵은 교단 호칭을 불법연구회라 한 시기와 거의 일치하므로 약칭 불연佛硏을 붙여 불연문학기라 부르기로 한다.

이 시기의 중요 사건을 정리하면 아래와 같다.

① 처음으로 인쇄제책이 행해진『취지규약서』『수양연구요론』등 발간(1927).

② 정기간행물이 창간되어 발전을 거듭함.
《월말통신》 창간(1928)→《월보》 개칭(1932)→《회보》 계승(1933)

③『통치조단규약』(1931)『육대요령』(1932)『삼대요령』(1934)『조선불교혁신론』(1935) 등 잇달아 발간.

④ 교화 영역이 국내를 넘어 만주와 일본까지 확대되고,《동아일보》《조선일

보》 등 일간지에 교단을 소개하는 기사가 종종 나옴.

⑤ 시국과 관련하여 기관지 《회보》 종간(1940)

⑥ 소의경전『불교정전』발간(1943).

⑦ 소태산 열반(1943) 및 송규 종법사 취임

이 가운데도 정기간행물의 발간은 이 시기의 문학과 직접적인 관련이 있다. 앞의 시기에는 발표지면이 없었기에 구전이나 필사 외에는 접하거나 보급할 방법이 없었다. 그것은 소비자가 불편했다는 의미뿐 아니라 생산 의욕 역시 생겨날 수 없었음을 뜻한다. 소태산의 경우는 교조의 카리스마로 그나마 생산과 보급이 가능했으나 제자들에겐 그것이 사실상 불가능했다. 그런데 월간지가 나오기 시작한 것이다. 처음(1928.5)엔 묵사지로 5부를 복사하다가 1932년 10월부터 등사로 50부를 내고 1935년 1월(회보 13)부터는 활판인쇄로 부수 확장을 이룬다. 지속적으로 증면도 추진된다.

물론 발전만 있던 것은 아니고 우여곡절이 적지 않았다. 월말통신은 34호를 내고 15개월이나 정간해야 했고, 속간하여 35호를 낸 후 월보로 개칭하여 내다가 48호를 몽땅 압수당한 후 폐간을 당했고, 다시 회보로 개칭하여 재창간하였으나 1940년 6월, 65호를 끝으로 종간하게 되었다. 이 무렵 동아일보 · 조선일보 역시 폐간당했지만 교단지도 일제말의 엄혹한 시국을 비켜갈 수 없었던 것이다.

어쨌건 월말통신 33권, 월보 12권, 회보 65권 등 110권의 교단기관지가 이 시기의 원불교문학을 담당하였음은 천만 다행한 일이다. 이들 기관지에 실린 글을 자료로 하여 문학적으로 의미 있는 최초 자료만을 열거해 보면 다음과 같다.

① 〈약자로 강자 되는 법문〉(소태산 법설, 이공주 受筆)–월말통신 창간호 (1928. 양5월): 교술문학(법설) 1호

② 〈마이산행감〉(송도성)–월말통신 6호(1928. 음8월): 수필(기행문) 1호

③ 〈몽견시〉(김기천)–월말통신 8호(1928.음10월): 한문시가 1호

④ 〈추도문 일속〉(정세월 외)–월말통신 27호(30. 음5월): 추도문학 1호

⑤ 〈고 중에서 낙을 발견〉(이공주)–월말통신 27호(30. 음5월): 한글시가 1호

이들 기관지는 법설과 교단 소식을 싣는 것이 본래의 취지였기에 시문 등 문학 쪽에 지면을 할애하는 것은 예외적인 일이라 할 것이다. 그래도 지면 비중이야 들쭉날쭉할망정 시문 등이 실리기 시작하더니 언제부터인가 제법 상당한 지면 배정을 받게 되었다. 이는 독자들의 수요가 그만큼 커졌다는 뜻이기도 하다. 참고로 월보 41호의 지면 구성을 보자.

***편집목차**

1.會說 〈정신의 위력〉 2.法說 〈천상락과 인간락〉 3.意見 〈청결규약 개정의 건〉 4.冬禪入禪人記 5.詩壇: 〈봉축영광지부〉(유허일) 〈次유허일〉(송벽조) 〈영산가〉(송도성) 〈영산가〉(이공주) 〈바쳐서 영원토록〉(송도성) 〈경성토구가〉(김영신) 6.各地會合 7.各地狀況 8.收入狀況 9.廣告 10.人事動靜

몇 안 되는 꼭지 가운데 '시단'이란 꼭지가 독립해 있고 거기에 시가가 6편이나 실렸다는 것은 놀랍다. 회보로 가면서는 목차가 ①회설 ②법설 ③감상 ③시가 ④지부소식 ⑤기타 등으로 고정되다시피 되었다. 그러니까 꼭지 이름

은 '시 · 시와 가 · 창작' 등으로 바뀌더라도 시가를 싣는 것이 관례화하였다.[1)]

불연문학기는 기간이야 21년이라 하지만, 교단 기관지가 창간된 이래 종간까지는 12년에 불과하고, 그나마 15개월의 중간 공백 등 불연속적이다 보니 월간지로서 발간 횟수는 겨우 110회이다. 이 시기에 발표된 시가를 묶어 놓은 『새 회상 시가 모음』(원불교문화부, 원불교출판사, 1982)에 수렴된 작품은 37명 필자에 182편이다.[2)] 발표자의 수나 작품수가 결코 적지만은 않다. 그럼에도 필자가 교조문학시대를 일인독점기라고 하고, 불연문학시대를 소수인참여기라고 평가한 이유가 있다.

37명이 1인당 평균 5편 정도를 12년 동안에 발표했다면, 이는 2년 5개월에 겨우 1편 발표했다는 계산이다. 영성零星하다. 더구나 이공주가 혼자서 무려 42편을 발표한 것을 감안하면, 나머지 발표자는 평균 3.3편밖에 안 되니, 이는 거의 4년에 1편 발표한 셈이 된다. 실제로 작품을 5편 이상 발표한 사람 수를 뽑으니 11명[3)]에 불과했다.

그러면 시가 외의 문학작품은 어떠한가? 서사 장르나 극 장르는 아예 찾아볼 수가 없고, 고작 교술 장르만이 언급할 여지가 보인다. 앞에서 언급한 꼭지 명칭 '감상'에 들어 있는 글들이 대개 논설, 수필, 신앙담(감각 · 감상) 등 교술적 문장이다. 그리고 후반으로 가면서 주목할 현상은 불교문학의 소개가 나타난 점이다. 이는 두 가지로 나타나는데 하나는 고경古經이나 고승전 및 선화

1) 《회보》 목차를 보면 49호 이후로는 회설, 법설 외에는 꼭지 이름을 점차 안 쓰는 쪽으로 바뀌었다.

2) 『새 회상 시가 모음』에 수록된 작품 수는 207번까지 있다. 이 가운데 계산에서 뺀 것은, 소태산의 기존 작품 6편과, 번역 한시 2편, 1946년 발간의 《금강》 게재분 17편 등 25편이다. 여기에는 원칙적으로 한시가 수록되지 않았다.

3) 김기천, 김영신, 김정종, 김형오, 박광전, 서대원, 송도성, 유성열, 이공주, 이완철, 조송광 등이다.

禪話가 소개된 것이요, 다른 하나는 선시와 불교가사가 게재된 것이다. 예를 들면 '불해탐주(佛海探珠)'는 선문답 등 선화를 연재한 것이요, 불전佛傳을 비롯하여 육조대사 전기 등은 전기문학에 해당하고, '고덕명시소개(古德名詩紹介)'의 한시 연재는 선시문학이다. 특히 서대원(1910~1945)은 '불교문학'이란 연재물을 통해 7편의 불교가사를 소개하였고[4], 62호에는 '종화록(宗化錄)'이라 하여 구전 혹은 필사로 전하던 소태산가사 4편[5]을 수록하기도 하였다.

이 시기 문학의 특성을 정리하면 아래와 같다.

첫째, 작품활동은 월말통신 · 월보 · 회보 등 교단 정간물을 통해 이루어졌으며, 본질적으로 소수인참여기라 하겠다. 그나마 참여자의 태반이 출가자였으니, 5편 이상 발표한 11명 가운데는 한 사람(조송광)만이 재가교도이고 나머지는 모두 출가교도이다. 이는 출가자의 적극적 참여를 뜻하는 것이기도 하고, 재가에게는 발표 기회가 적었다는 뜻도 될 것이다.

둘째, 발표작품은 시가詩歌 위주로 장르 편중이 두드러진다. 시가의 구성은 한시 · 시조 · 가사 등 전통 장르와 창가 · 신시 등 신문학 장르가 대략 2대1 정도로 혼재되어 있다. 가사는 전통가사 외에 짧은 분절체가사가 많이 나타나고, 창가 역시 4 · 4조가 자주 나타남으로써 전통의 파괴와 신문학으로의 이행 현상이 보인다. 특이한 것은 시조가 제법 많다는 점이다.[6] 불가에서 가사 장르가, 유가에서 시조 장르가 선호돼 왔음은 이념과 장르의 친화성 때문인데,

4) 〈자책가〉(57호) 〈백발가〉(58호) 〈회심곡〉(60호) 〈별회심곡〉(61호) 〈몽환가〉(62호) 〈토굴가〉(63호) 〈권왕가〉(64~5호)

5) 애초엔 연재를 전제로 하여 1차분 〈탄식가〉 〈만장〉 〈경축가〉 〈권도가〉 등을 수록하였는데 무슨 이유인지 후속이 되지 않았다.

6) 수록된 시가 작품의 구성은 전통가사와 분절체 가사를 합하여 80여 편으로 가장 많고, 시조가 30편 정도 되고, 나머지는 창가와 신시로 70편 가까이 된다.

원불교문학에서 시조의 잦은 등장은 설명이 필요하다고 본다. 작자의 처지에서 볼 때, 입교 전 유가에서 체득한 의식의 연장이란 측면과 더불어 유교를 수용하는 불법연구회의 회통적 교리가 상승작용을 한 것이 아닐까 추측된다.

셋째, 작품내용은 종교성이 두드러진다. 발표지가 교단 기관지라는 제한이 있어서이기도 하고, 대부분의 작자가 출가 신분이라는 특수성 때문이기도 하겠지만, 태반의 작품이 교리 · 신앙 · 수행 등의 주제에 충실한 종교문학이라고 하겠다.

넷째, 이 무렵의 불연문학은 전반적으로 후진성을 띠고 있다는 점이다. 당대의 조선사회는 중세문학적 요소를 청산하는 개화기문학의 과정을 거쳐 근대문학기로 접어들고 있었다. 3.1운동 이후 각종 문예지가 나오고 20년대에 이미 이광수, 김동인, 염상섭 같은 소설가나 김소월, 한용운, 이상화 같은 시인이 등장하여 활동하였다. 그럼에도 회보에서는 1940년 종간에 이르기까지도 의식, 장르, 문체 등이 1910년에 마감한 개화기문학 수준에서 머뭇거리고 있었다. 이러한 문화지체 현상은 ①교육받은 전문가가 없는 데다가 그나마 작자층이 얇았다는 점 ②생활 터전이 문단 주류에서 소외된 문화 변방인 점 ③기능 습득의 기회가 적었고 발표 지면에서 제약이 컸다는 점 등이 복합적으로 작용한 것으로 보인다.

그런대로 이 시기에 기억할 인물들이 없지 않다. 장르를 불문하고 필자가 주목한 인물은 정산 송규, 삼산 김기천, 주산 송도성, 원산 서대원, 대산 김대거, 응산 이완철, 구타원 이공주, 경산 조송광, 고산 이운권 등이니 이들에 대해서는 각론에서 자세히 다루었다. 이밖에도 가사에 정심리화(참선곡), 육무철(차중의 콧노래), 유허일(재가인수도가), 송벽조(부족증 고치는 방법), 오종태(귀 뜨고 눈 뜨사), 한시에 송벽조와 유허일 등이 눈에 띄는 문인들이다. 아울러 기행수필이 눈길을 끄는데 송도성(마이산행감), 이공주(금강산 탐승기), 이원리화(계룡산 탐승기), 서대원(성지순례기) 등이 있다.

3) 신종교문학 전기(1946~1989)－다수인참여기

해방 후 불법연구회는 원불교로 거듭 태어난다. 학술 모임도 아니면서 '연구회'로 위장막을 치고, 일제의 탄압을 누그러뜨리기 위하여 '불교' 소속임을 전제한 교단명이 필요했지만, 이제 정체성을 떳떳이 밝힐 필요가 있었다. 이것은 교단의 문화 정체성과도 밀접한 관계가 있는 것이요, 불교문학과 차별화하는 원불교문학의 존립 근거가 되는 것이기도 하다.

일제시대 불법연구회는 식민지 정부에 의해 불교계 유사종교로 취급되었다. 그러나 해방과 더불어 신종교로 면목을 일신함으로써 신종교문학기로 명명하기로 한다. 불연문학기와 같은 항렬에 서려면 원불교문학기가 타당할 듯도 하나 원불교문학이란 명칭은 불연문학까지 포함할 수밖에 없기 때문에 그런 명칭은 곤란하다. 그리고 해방 후 60년의 기간을 놓고 그 변화를 수렴하기 위하여 전기와 후기로 나누기로 하였다. 전기는 80년대 말까지로 하여 43년간이 여기에 해당한다.

이 시기의 중요 사건을 정리하면 다음과 같다.

① 교명을 불법연구회에서 원불교로 변경

②《금강》 창간(1946.5)

③ 유일학림 개학(1946)→원광대학 인가(1951)→원광대학교 종합대학 개편(1971)

④ 부정기간不定期刊《원광》 창간(1949.7)→월간《원광》 전환(1984)

⑤ 한국전쟁 발발(1950~53)

⑥ 정산 송규 종법사 열반 및 대산 김대거 종법사 취임(1962)

⑦『원불교교전』 간행(1962)→『원불교전서』 간행(1977)

⑧《종교계》 창간(1965.2)

⑨ 월간《원불교교보》(1964. 5.1)/월간《원불교청년회보》(1966.9.15) 창간→격주간《원불교신보》 계승(1969.6.1)→주간《원불교신문》(1989.5.30) 전환

⑩ 최초의 성가집『원불교성가』 발간(1968)

⑪ 원불교출판사 설립(1969)

⑫ 판소리 〈개벽의 북소리〉 순회공연(1987)

②《금강》은 주산 송도성이 젊은 나이에 열반하자 그를 따르는 젊은 출가제자들이 유지를 받들고자 금강청년단을 결성하고 낸 잡지다. 창간호가 종간호로 된 처지지만, 여기에는 시문이 집중적으로 20여 편이나 실림으로써 월보·회보 등과는 차별화된다.

④《원광》은 1940년에 회보를 종간한 후 9년 만에 나온 잡지다. 부정기간행물(mook)을 표방한 것도 아니건만 발간 주기를 특정하기가 어렵다. 처음엔 계간 정도를 목표한 듯하나 매달 나오기도 하고 2~3개월에 한 번, 혹은 5~6개월에 한 번도 나오는가 하면 한국전쟁으로 4년 가까이 휴간을 하기도 했다. 그렇다 해도 이 잡지에는 처음부터 문학작품이 비중 있게 실리기 시작하여 뒤

로 갈수록 다양한 장르의 작품이 지면을 장식하였다. 여전히 시나 수필이 주류이지만, 소설이나 교조의 전기 같은 서사물이 종종 눈에 띄고 있다.

⑧'종교인 · 종교이론의 공동광장'을 표방한《종교계》는 원불교에서 교단사상 처음으로 한국 주류사회에 진출하여 시판하던 월간지다. 한국육대종교협의회를 배경으로 하여 한국의 종교 전반을 내용으로 다루었고, 문학과 직접 관련 있는 것은 아니다. 그러나 우물 안 개구리 같던 원불교가 종교간 대화를 주도하면서 대사회對社會 글쓰기에 자신감을 얻게 한 점에서 의미가 있다. 7호 발간으로 폐간되어 아쉽다.

⑨《원불교신문》은 여러 차례 변신을 하였지만, 중요한 것은 잡지만 있던 교단에 신문이 나온다는 것이다. 격주간(1969)으로 시작하여 순간(1980)을 거쳐 주간(1989)으로 자리잡기까지 지루한 곡절이야 있었지만, 부정기간으로 시작하여 월간으로 자리잡은 원광 잡지와는 또 다른 측면에서 원불교문학의 온상이 되었다.

⑩교서로서 성가집 발간은 획기적이다. 회보 5호(1933년)에 〈회가〉가 나온 이래 개별적으로 한두 가지씩 불리긴 한 모양이지만 이렇다 할 진전은 없었던 듯하다. 이것이 책으로 엮일 만큼 양적 확보가 되어 74곡을 임시본 1집으로 『성가』가 나온 것이 1953년이고, 다시 1968년에 126곡으로 격식을 갖춘 성가집이 발간되었다. 이는 종교음악으로서 의미가 더 크겠지만, 문학 쪽에서는 종교적 시가가 성가의 노랫말이 되어 예의 A그룹에 편입되면서 종교문학으로서의 정체성을 완성하는 표지가 된다.

⑪원불교출판사의 설립은 교단 인쇄문화에 새 지평을 열었다고 할 만하다. 이로부터 경전, 법문집 등 교서 외에도 전기, 문집, 학술서와 문학서의 발간

및 보급이 크게 활성화하였기 때문이다. 손정윤의 『소태산대종사』(1975) 등 전기류라든가, 『행복자는 누구인가』(1979)로부터 시작되는 선진문집시리즈라든가, 『구도역정기』(1988) 같은 자서전류라든가 하는 서사문학서가 그 성과의 일부라 할 것이다.

⑫판소리 공연은 원불교문학이 극劇 장르를 갖추어 가는 바람직한 징후로 볼 만하다. 1987년에 '원불교창립 제2대말 기념 전국순회공연'이 〈개벽의 북소리〉란 이름으로 이루어지는데[7] 여기서는 조상현의 판소리가 중심이다. 판소리 대본은 김동선이 맡았고, 구성은 소태산의 탄생과 구도를 테마로 한 제1장과, 대각과 개벽의 역사를 다룬 제2장으로 되어 있다. 소태산의 가사 〈안심곡〉의 판소리체를 계승한다는 의의도 있고, 원불교문학이 종합예술적 공연에 처음으로 참여했다는 데 주요한 의미가 있다.

이 시기의 원불교문학은 발표 매체의 다수화가 이루어지면서 다수의 문인들이 활동할 여지가 생겼다는 점에서 다수인참여기라 부를 수 있다. 교단이 한국사회에 정체성을 드러내기 시작한 것처럼 원불교문학도 자기 목소리를 내기 위한 준비운동을 시작했다. 장르의 다양화도 시도되었다. 그리고 범산凡山 이공전李空田이나 현산現山 이종원李種圓의 경우에서 보듯이 원불교문학의 질적 발전을 눈여겨보아야 할 시기가 되었다. 1946년 금강 창간호에 처음으로 시조 11수를 선보이며 등장한 범산은 서대원에 이어 시조 미학의 진수를 체득한 문인으로서 이후 교단에서 교서 결집 등을 맡아 가장 탁월한 문장가로

7) 안내 팸플릿을 보면, 이해 4월 17일에 시작하여 6월 19일까지 부산, 영광, 광주, 서울, 대구, 전주, 이리, 마산, 제주, 인천, 대전 등지에서 모두 13회에 걸쳐 공연되었다.

역할을 맡는다.[8] 현산의 경우는 중앙지나 문학전문지를 통하여 데뷔하고 활동한 원불교 문인의 무녀리로서 그 의미가 크다 할 것이다.[9] 현산 이후에도 문단 데뷔 절차를 밟거나 작품집을 발간하며 문단에 나와 활동하는 출재가 후진들이 속속 등장하게 된다.

4) 신종교문학 후기(1990~현재)-대중참여기

한국사회에서 원불교가 신종교 선두주자로서 그 존재성을 확실하게 하기 시작했다. 교조 소태산 탄생 100주년 행사 등을 통해 교세의 성장을 확인하고, 원음방송을 개국한다든가 군종 승인을 받는다든가 하는 일을 통해 한국사회에 강소 교단으로서의 인식을 심어가며 이른바 4대종교로 그 위상을 확립하게 되었다. 문화 내지 문학에서는 대중 참여와 중앙(서울) 진출이 뚜렷한 추세로 자리매김을 하게 되었다. 대중 참여란 출가 위주에서 재가 위주로 중심이 옮겨가는 형세라든가, 보이지 않는 폐쇄성으로 참여를 주저하던 인재들의 의욕적 참여가 보편화하는 경향을 말한다. 중앙 진출이란 총부가 익산에 자리 잡고 있으면서도 교정원의 문화사회부나 월간 원광이 사무소를 서울로 옮기는 등 전반적으로 변방의 한계를 극복하려는 모습이 가시화하고 있음을 말한다.

이 시기의 중요 사건을 정리하면 다음과 같다.

---

8) 화갑기념문집『凡凡錄(범범록)』(원불교출판사, 1987)이 발간되어 그 간의 문필활동을 수렴한 바 있다.
9) 1955년에《동아일보》를 통하여 시인으로, 1986년에 다시《시조문학》을 통하여 시조작가로 등단했다.

① 원불교문인협회 창립(1990) 및 《원불교문학》 창간(1995)

② 소태산 탄생 100주년 기념행사(1991)

③ 대산 김대거 종법사 퇴임 및 좌산 이광정 종법사 취임(1994)

④ FM 전북원음방송 개국(1998)→부산원음/서울원음(2001)→광주원음(2008)→대구원음(2011)

⑤ 정산 종사 탄생 100주년 기념행사(2000)

⑥ 좌산 이광정 종법사 퇴임 및 경산 장응철 종법사 취임(2006)

몇 가지 의미 있는 현상들을 정리해 보면 아래와 같다.

첫째, ①소태산 탄생 기념이나 ⑤정산 탄생 기념에서 나타난 문학적 의미 가운데는 극 장르의 활성화가 있다. 앞 시기의 판소리 공연에 이어 1990년에 〈창극 소태산〉이 전국 순회공연을 했다. 여기에 쓰인 극본은 김동선의 원작을 극작가 김지일이 각색한 것으로 보인다. 창극이 판소리의 연장선상에 있긴 하지만 그 극본은 극적 성격이 훨씬 강화된 것이다. 그리고 2000년에 와서 국립극장(해오름)에서 이혜화 극본으로 음악 · 무용 · 시극 〈달아 높이곰 돋으샤〉가 공연되었다.[10] 이는 '판소리→창극→시극'이라는 일련의 극문학적 진화를 의미하는 것으로 평가할 만하다. 이후 가무극 〈우뚝 솟아 물은 흘러〉(2005), 합창뮤지컬 〈십상〉(2008), 창작오페라 〈소태산 박중빈〉(2010) 등 다양한 양식의 공연이 심심찮게 시도되고 있음은 고무적이라 하지 않을 수 없다.

둘째, 극 장르와 더불어 또 하나의 취약장르인 서사문학이 활기를 띠기 시

10) 2000. 9. 16~17 3회 공연.

작한다. 『이야기소태산』(김일상, 1999), 『소태산박중빈』(김인만, 1991) 등에 이어 『담무갈』(남지심, 2001) 『소태산박중빈』(이혜화, 2004) 으로 이어지면서 본격적인 소설문학의 시대를 열어가게 되었다. 이런 창작에 배경이 된 것으로 기억해야 할 것은, 순문학은 아니지만 풍부한 문학소재를 품고 있는 손정윤, 박용덕, 서문 성 등의 저술 성과다. 특히 박용덕은 『원불교초기교단사』나 『원불교선진열전』 등 주밀하고 풍부한 일련의 저술을 성취하였다. 아동소설(동화) 쪽도 김홍선, 장재훈 등의 등단으로 활력을 얻게 되었다.

셋째, 1980년대 중반부터 원불교문학 작품을 대상으로 한 문학연구가 이혜화, 육근봉, 이진오 등에 의해 이루어지기 시작했는데, 특히 이혜화는 『소태산 박중빈의 문학세계』(1991)를 통하여 본격적인 문학연구의 길을 열었다. 이후 이종화, 장명주, 이시연, 박영학, 신순철, 조성면, 김정임 등도 연구 대열에 합류했다.

넷째, 대중화와 전문화가 병진하는 모습을 보이게 된 것이다. 원불교문인협회의 창립은 상징적인 성격이 크고, 본격적인 활동은 회지 《원불교문학》의 창간으로부터 시작된다. 1995년에 50명 회원이 2009년에는 130명으로 늘어난 것에서 보듯이 회원 증가폭이 크다. 그리고 지부 성격을 가지는 지역문인회로 원불교서울문인회가 창립(2005)되고 회지 《소태산문학》과 신문 《혼글터》가 나오면서 새 판이 열린다.[11] 원불교문단의 이런 확장은 양적 의미에서 대중화이지만 동시에 전문화가 촉진된다. 그것은 원문협이나 지역문인회가 아마추어 동호인들의 모임으로 그치지 않고 프로페셔널의 참여와 양성으로

11) 이후 전북, 부산, 제주, 대구경북, 광주전남, 경남 등지의 문인회가 잇달아 창립되었다.

이어지고 있다는 점이다. 아울러 교단내 신문(원불교신문), 잡지(원광) 등이 문학작품 발표장으로서의 위상을 잃어가는 반면, 문인들이 동인지 · 전문지 발표 및 단행본 발간 쪽으로 발표지면을 확대해 나아가고 있다.

다. 원불교문학의 현황과 과제

원불교 출재가 교도들 가운데 문학을 하는 이들의 숫자는 날로 늘어가고 있다. 특히 원불교문인협회와, 원불교서울문인회 등 지역문인회, 혹은 원광대 출신으로 묶인 원광문인회 등에서 둥지를 틀고 활동하는 문인들만도 이미 1백 수십 명에 이르렀다. 그들은 원불교 유관 정간물이나 동인지에 작품을 발표하고 있을 뿐 아니라 사회의 각종 매체를 통하여 혹은 독자적으로 문학활동을 하고 있다.

시인과 수필가가 단연 많고, 더러는 동화나 소설 등을 쓰는 사람도 있다. 오광익[12] 처럼 꾸준히 한시를 쓰는 사람, 시조를 쓰는 사람도 몇 있고, 선진의 전기를 쓰거나 일화를 모아 책을 엮는 이들도 보인다. 방송, 연예 등과의 공동작업으로 문학을 하는 사람들도 있다. 이쯤 되면, 충분하다고까지는 할 수 없어도 원불교문학의 저변이 엄청 넓어졌다고 할 만하다. 이 지점에서 우리는 뒤를 돌아보고 옆도 살펴보면서 몇 가지 풀어가야 할 과제가 있다.

첫째, 이론과 작품 양쪽에서 원불교문학의 정체성을 확립해야 한다. 먼저 불교문학의 한계를 뛰어넘을 차별성을 어떻게 확보할 것인가, 이것이야말로 원불교문학의 숙명적 과제이다. 원불교문학이 불교문학의 아류로 취급된다면 존재가치는 반감된다. 또 기독교나 신종교와의 관계 정립도 마찬가지다. ‘은(恩) 사상’이 기독교의 아가페와 혼동돼서는 곤란하고, ‘개벽사상’이 동학이

12) 교무로서 한시집『韜光養德』(1992)『邊山九曲』(1998)『生死遷度』(2007) 시리즈 등을 내며 현재 원불교문학 한시 분야에 있어 홀로 왕성한 시작 활동을 하고 있다.

나 증산교의 유사품이 돼서도 안 된다. 원불교문학이라면 원불교적 세계관과 가치관이 독자적 색채를 띠고 드러나야 한다.

둘째, 스스로 수준을 높이고 스타 문인을 배출함으로써 안방굿의 한계를 벗어나 한국 주류문단에 합류할 길을 모색해야 한다. 이 경우, 문인 배출에 있어 이미 탁월한 성과를 거둔 교립 원광대가 벤치마킹의 대상이 될 법하다. 지방대학으로서 변방에 머무르던 원광대학의 약진은 여러 방면에서 나타났지만, 한국문단에서 차지하는 '원광문학사단'의 위상은 실로 막강하다.

셋째, 원불교문학이란 단지 원불교인이 제작한 문학이 아니라 원불교적 정서와 가치를 구현한 문학이 되어야 한다. 특정 작품의 필자(작가)가 원불교도라서 그 작품이 자동적으로 원불교문학에 편입되는 것은 아니다. 이 과제를 적극적으로 풀기 위해서도 시나 수필에 치우친 현재의 장르적 편중구조를 개선하여 서사 장르와 극 장르에서 인재를 키울 필요가 있다고 본다. 원불교적 주제나 소재가 대중적 주목을 받는 경우는 서사나 극의 장르이기 때문이다.

Ⅱ 소태산의 아홉 제자와 문학

Ⅱ 소태산의 아홉제자와 문학

필자는 모두풀이 '원불교문학의 역사'에서 시한을 교조 소태산의 대각 시기인 1916년(원기 원년)부터 현재(2010년대)까지로 잡았다. 그러나 모두풀이의 들머리말에서 이미 말한 바대로, 연구 대상의 시한은 제2기의 끝인 1945년이다. 이 중에서도 제1기(교조문학기)의 연구는 이미 『소태산 박중빈의 문학세계』와 『'새로 쓴' 소태산 박중빈의 문학세계』로 마무리가 되었기 때문에 결국 제2기(불연문학기)의 문학이 연구대상으로 집중 조명을 받게 될 것이다.

연구인즉, 이 문학사의 시한에 드는 작품을 놓고 시기별로 세분하여 공시적 접근을 하거나 장르별로 분류하여 통시적 접근을 하는 방법을 적용할 수도 있을 것이다. 그러나 앞에서도 언급한 바 있듯이 이 제2기(불연문학기)는 '소수인참여기'이다. 이 경우 필자는, 시대를 대표할만한 작가들을 축으로 하여 작품을 논하는 것이 효율적일 것으로 보았다. 이는 교조 소태산의 경우가 『소태산 박중빈의 문학세계』로 검증된 선례가 있기 때문이기도 하다.

필자는 이 시대를 대표할 만한 문인으로 9명을 선정했다. 그러면 이 9명의 선정에 어떤 기준이 적용됐는지를 밝히고자 한다.

첫째, 작가의 등단 시한을 원불교문학사 제2기인 1945년까지로 하였다. 실질적으로 이 시기의 등단은 《월말통신》《월보》《회보》에 작품을 올린 것을 뜻한다. 이는 제1기(교조문학기)가 끝나고 제2기(불연문학기)에 해당하는 것이다. 제3기 이후는 아직 진행형이기 때문에 손을 대지 않는 것이 적절하다고 보았다. 같은 이유로 이미 고인이 된 인물들만을 대상으로 선정코자 하였으나 결과적으로는 앞의 조건과 맞아떨어졌다.

둘째, 원불교문학은 종교적 요소와 문학적 요소를 겸하고 있다. '문학 위주爲主 종교 종從'의 비중으로 두 가지 요소를 겸한 인물로 뽑다 보니 9명이 선정된 것이다. 정산 송규와 대산 김대거는 종법사를 지낸 인물이고, 삼산 김기천과 주산 송도성, 응산 이완철, 구타원 이공주, 고산 이운권 등은 종사위에 오른 인물들이고, 원산 서대원과 경산 조송광은 나름으로 종교적 위상이 만만찮은 인물들이다. 여성은 구타원 이공주 1인이고 재가 역시 경산 조송광 1인이 되었다.

셋째, 시한을 1945년으로 정한다 했지만, 이들의 문학생애가 1945년에 마감될 수는 없다. 김기천, 송도성, 서대원 세 사람을 제하면 나머지 사람들은 이후로도 상당기간 생존하였고, 따라서 문학활동도 하였다. 그러므로 이들 문학을 논함에 있어 1945년 시한에 얽매일 수는 없었다. 또한 1946년 이후에 쓴 이들의 작품 태반이 의식, 장르, 문체에 있어 이미 현대문학사에 편입될 수 없는, 지난 시대의 것이라는 점도 감안하였다.

가. 정산 송규의 문학

1) 들머리말

정산鼎山 송규宋奎(1900~1962)는 원불교 교조 소태산의 후계자로서 창립기 원불교의 최대 공로자로 꼽힌다. 3세 종법사 대산 김대거는 정산의 교단적 위상을 소태산과 비교하여 하늘과 땅, 해(太陽)와 달(明月), 아버지(靈父)와 어머니(法母)의 관계로 비유한 바 있거니와 그 이상의 구구한 설명은 필요 없을 것이다. 물론 이런 종교적 위상이 원불교문학에 그대로 적용될 수는 없다. 그러나 초기교단사에서 정산 송규의 문학이 차지하는 비중은 소태산과는 견줄 수 없다 할지라도 결코 무시할 수 없는 처지다.

정산 역시 장인의식을 가지고 문학작품을 쓴 것도 아니고, 그의 많지 않은 저작물 중에서도 엄밀한 의미에서 문학의 범주에 드는 것이 얼마나 될 것인가 회의적이기도 하다. 하지만 가사 〈원각가〉를 비롯하여 종교문학적으로 평가받을 상당한 작품들이 연구의 손길을 기다리고 있는 것도 사실이다.

2) 정산 송규의 생애

정산은 1900년(경자년) 8월 28일(음 8월4일) 경북 성주군 초전면 소성동에서 부친 송벽조와 모친 이운외 사이에서 장남으로 태어났다. 본관은 야성, 본명은 도군道君이며, 원불교 입교 후 규奎라는 법명과 정산鼎山이란 법호를 받았다.

7세부터 조부의 사숙에서 한문을 배우기 시작하였다. 13세에 결혼하고 14세 무렵부터는 당대 거유 공산 송준필(宋浚弼: 1869~1943)에게서 사서와 사기 등을 배웠다. 어려서부터 수도에 뜻을 두고 홀로 기도하고 하늘에 제사하던 중 인생의 스승을 찾아 전라도 각지를 유력하였다. 증산교의 고위층을 만나기도 하고 사찰 혹은 신도 사가에 머물며 수도정진하다가, 19세에 소태산을 만나자 그의 제자가 되었다. 이후 영광으로 와서 최초 9인 제자의 수석이 되어 법인기도를 인도하였고, 소태산을 따라 변산으로 들어가 5년간 소태산의 교법제정과 교서편찬 등에 협력하였다.

1924년, 소태산을 도와 익산에서 불법연구회(원불교 전신)를 창립하고 연구부장, 교무부장, 총무부장, 교정원장 등을 역임하며 소태산을 보좌하다가 1943년에 소태산이 열반하자 후계 종법사가 되었다. 해방 후 교명을 원불교로 고친 후 교세를 넓히고 원광대학 등 교육기관과 자선기관 설립에 박차를 가했다. 1962년 법랍 45년, 종법사 재임 20년 만에 열반에 들었다.

3) 정산 송규의 문학 유산

이른 나이에 한문 수학을 한 정산은 이미 12세부터 한시를 읊을 만큼 능력을 보였지만 문文보다는 도道에 관심이 컸기에 문학 유산을 많이 남기지는 않았다. 정산의 문학유산은 한문으로 된 것과 한글로 된 것이 있다. 한문 작품으로는 한시구 약간 편과, 소태산 열반 후 비를 세우면서 쓴 비명碑銘이 있고, 한글 작품으로는 깨달음의 경지를 노래한 가사歌辭 〈원각가(圓覺歌)〉와 성가 노래말(歌詞) 1편, 게송 1편이 남았다. 그리고 원불교의 초기 역사를 한글로 기록한 〈불법연구회창건사〉가 있는데 그 가운데 문학 유산으로 분류할 부분이 적지 않다.

이 밖의 저작물로, 1945년 해방을 맞이하여 새로운 국가 건설의 방향을 제시하는 논문을 〈건국론〉이라 하여 발표한 바 있고, 〈금강경해〉 등의 경전 해설문, 〈일원상의 진리와 그 운용법〉 등의 법문과 다수의 논설, 그리고 몇 편의 서간문이 남아 전한다. 그러나 같은 논문이라 할지라도 소태산의 〈조선불교혁신론〉에 비하여 〈건국론〉은 문학적 잣대를 들이댈 여지가 없는 것이고, 법문 등도 문학적으로 주목할 정도는 아니다.

4) 정산 문학의 배경과 정산의 문학관

전기傳記를 일별하자면, 정산의 인문학적 배경은 두 가지 측면에서 검토될 만하다. 하나는 집안이나 지역이 유학을 존중하고 한학을 하는 외에는 선택의 여지가 없었고, 그런 처지에 맞게 유시로부터 제대로 된 한학을 했다는 것이다. 특히 출생과 성장의 배경인 성주는 '소안동(小安東)'으로 불릴 만큼 전통적인 선비문화의 터전에다가 야성 송씨의 세거지였고, 스승 송준필은 퇴계학파로 영남 유림의 지도자급에 속한다.

또 하나는 그가 어린 날부터 구도求道에 비상한 관심을 보였다는 점이다. 즉, 10세 때에 남루한 행인을 이인으로 의심하여 접근 문답한 일이 있다는 것이나, 15세경 집 근처에 단을 쌓고 제물을 장만하여 하늘에 기도를 했다는 것이나, 이어서 가야산 등 명산 거령巨靈을 찾고 독방 수련을 했다든가 하는 식이다. 조부는 그가 유학에 근실할 것을 지시하였으며 한때 그의 구도 유력遊歷

을 중단시키기도 했지만, 그는 다년간의 구도 행각 끝에 소태산을 만나서 불교적 구도와 제중사업에 몰입했다.

전자는 소태산의 경우와 상당히 차별화될 수밖에 없지만, 후자는 소태산과 매우 닮았다. 이는 정산 문학이 영남의 정통 유학 및 한학이란 문화 배경과, 그런 전통에서 일탈한 불교 및 신종교라는 문화 배경 사이에서 갈등하며 형성되었으리라는 것이다. 특히 문체의 경우는 더욱 그렇게 보인다. 다음 문장을 예로 보자.

> 그리하여, 무엇이나 합(合)하여 대(大)를 성(成)하면 거기에서는 불사의(不思議)의 위력(威力)이 생(生)하며 종횡자재(縱橫自在)하는 변화가 나는 것이요, 산(散)하여 소(小)를 작(作)하면 거기에는 아무러한 힘도 가치도 없는 것이다. ……수(水)의 적(積)함이 후(厚)하면 능히 거함대주(巨艦大舟)를 운(運)하기에 불난(不難)할 것이요 인(人)의 합(合)함이 중(衆)하면 흔천동지(焮天動地)의 사업을 입(立)하기에 용이할 바이로다.

이는 〈단결의 위력〉(1932년, 월보 37호)이란 논설에 나온 글인데 한문현토 수준의 문어체임을 알겠다. 물론 시대적 배경이라든가 문학작품 아닌 논설문이라든가 하는 점도 감안하여야 하지만, 정산은 이 만큼 한문에 익숙한 사람이다. 이는 1920년에 집필되고 1935년에 발간된 소태산의 〈조선불교혁신론〉의 문장과 비교할 때 같은 시대 문장이라고는 생각하기 힘들 정도다.

• 불교로 말하면 노대종교(老大宗敎)로서 세계적 종교가 되었는지라 어리석은 생

각으로는 넓은 세상에 있는 불교를 다 말할 것은 없으나 조선불교에 있어서는 폐단을 대강 알고…

(총론)

- 겨우겨우 농사라고 지어 놓으면, 빚 받을 사람은 성화같이 달려와서 다 가져가고 보면 먹을 것이 없게 되어 필경에는 부모처자 식구들까지라도 서로 싸우고 원망하며, 이러한 세상 어서 죽었으면 좋겠다고 한숨으로 세월을 보내나니…

(조선승려의 실생활)

앞의 문장과도 비교가 되거니와 뒤의 문장과 비교하면 정말 세대차를 느낄 정도다. 그러나 「나는 대종사(=소태산)를 뵈온 후로는 일호의 이의가 없어 오직 가르치시는 대로만 순종하였다」(정산종사법어, 기연편 9)라고 고백하고, 심지어 식성까지 소태산에 맞추었다는 정산으로서는 스승이 팔산 김광선에게 한 가르침, 「도덕은 문자 여하에 매인 것이 아니니, 그대는 이제 한문에 얽매이는 생각을 놓아 버리라. 앞으로는 모든 경전을 일반 대중이 다 알 수 있는 쉬운 말로 편찬해야 할 것이다」(대종경선외록, 초도이적장 5) 한 것을 안 따를 수 없었을 것이다. 여기서 필연적으로 정산 문학은 문체의 굴절이 일어난다.

다음, 정산의 문학관 내지 예술관을 살펴보자. 다음의 법문은 그의 문학관이 어디서 나왔는가를 잘 드러낸다.

병상에서 학인들의 성가를 들으시고 말씀하시기를 「내 어려서 천어처럼 생각되기를 "풍류로써 세상을 건지리라" 하였더니, 옛 성인도 "풍기를 바루고 시속을 바꾸는 데에는 풍류 같음이 없다" 하셨나니라. 성가를 일종의 노래로만 알지 말라. 그 속에 진리가 들어 있나니, 그 가사만 새기며 경건히 부르라.」

(정산종사법어 유촉편 17)

이는 효경孝經(광요도장)에 나오는 공자의 말씀 「移風易俗 莫善於樂」(풍속을 바꾸는 데는 음악만한 것이 없다)에 근거하여 유가의 악론樂論을 그대로 수용한 것이다. "그 가사만 새기며 경건히 부르라" 한 말 가운데는 흥겨움이나 신명이 끼어들 여지가 없다. 결국 정산의 문학관 내지 예술관은 유가적 전통대로 재도지기載道之器나 이문위교以文爲敎로서 교화의 효용이란 도구적, 기능적 한계를 벗어나지 못한다.

그러면 소태산은 경우는 어떠했는가. 대각후 어느 날은 「생각할수록 흥이 나서 하룻밤을 흥타령으로 앉아 새웠다」(대종경선외록, 초도이적장 2) 했고, 종종 대중이 모여 가무를 포함한 '깔깔대소회' 자리를 마련하였고, 「그대들은……피로의 회복을 위하여 때로는 소창(消暢)도 하라」(교의품 33) 하고, 스스로 판소리 듣기와 역사소설 읽기 등을 즐겼다.

요컨대 소태산이 문학 내지 예술의 효용을 도덕적 기능뿐 아니라 예술적 기능 내지 오락적 기능으로까지 확장하였다면, 도덕적 기능에 한정지으려는 정산으로서는 수용하기 힘든 부분이 없지 않았을 것이다. 그래도 깔깔대소회에서 막춤까지 추며 코드 맞추기에 힘쓴 정산이 나름으로는 상당한 타협을 이뤄냈을 것으로 보이나[13] 출신배경에 따른 한계는 그리 쉽게 극복하기 힘들었을

13) 어쩌면 계문 중「예 아닌 노래 부르고 춤추는 자리에 좇아 놀지 말라」(특신급 10조) 같은 것이 타협의 여지였을 법도 하다.

것이다.

5) 작품론

가) 한시

전기에 나타난 바로는 1911년, 12세 때에 지은 시라고 하는 7언시가 있다.

地輪萬物無彼此(지륜만물무피차) 지상에 있는 만물은 너와 내가 없고
天下非民有尊卑(천하비민유존비) 천하의 백성은 높고 낮음이 있지 않다
劉淵卽是一時勇(유연즉시일시용) 유연의 용기는 일시적인 것에 지나지 않으니
文武兼全豈不難(문무겸전기불난) 문무를 겸전하기가 어찌 어렵지 아니하랴

어린 날이지만, 세계에 대한 인식이 피차와 존비를 초월하고 있다는 점에서 정산의 사람됨이 범상치 않음을 알게 한다. 동시에 4세기 초 흉노의 영웅 유연(劉淵, ?~310)을 들어 진정한 용勇이 무엇인가를 생각했다는 것도 예사롭지 않다. 유연은 진晉에 의해 남흉노의 왕이 되었으나 강력한 군사력을 동원하여 스스로 한漢의 황제(北漢, 즉 前趙)라 칭하였고, 그 아들 대에 낙양을 쳐서 진 나라를 무자비하게 유린하는 단초를 마련하였으니, 아마도 무도하게 자행되는 무력을 비판하고 문무겸전이 진정한 영웅의 길이라고 말하고 싶었던 것 같다. 앞의 두 구를 내세운 것은 "비록 세상에 피차 존비의 차별이 근거 없다 할지라도" 정도의 전제를 깔고, 그래도 왕도가 아닌 패도를 행한 유연의 용 따위는 용납할 수 없다는 뜻으로 읽힌다.

자수율만 맞추었지 평측이나 압운은 무시한 채, 주제 부각만이 창작 목적으로 보인다.

> 海鵬千里翱翔羽(해붕천리고상우) 바다 붕새로 천리를 날아갈 만한 깃을 가졌건만
>
> 籠鶴十年蟄鬱身(농학십년칩울신) 조롱에 든 학으로 십년 세월을 갇혀 지냈네

14,5세경 처가에 갔을 때 청년 몇 사람과 더불어 돌려가며 지은 연구聯句에 쓰인 것이라 한다. 형식으로는 전 · 후구가 대구를 이루었고 의미상으론 대조가 되었다. 이상으로서 해붕과 현실로서 농학의 어긋남이 바로 그를 우울하게 하는 원인이다. 이 무렵 정산은 제단을 마련하고「후일에 위대한 사업을 이뤄서 명전백세(名傳百世)토록 해달라」 기도하였고, 〈장부회국론(丈夫恢國論)〉이란 장문을 지은바 그 대의가「대장부 출세하매 마땅히 공중사에 출신하여 혜택이 생민에 미쳐가게 할 것이요 구구한 가정생활은 벗어나야 된다」는 것이라 했다. 같은 맥락에 닿아 있는 이 연구聯句로 보아 정산의 경륜이 얼마나 호대했는가를 미루어 짐작할 만하다.

소태산을 만나고 나서 있던 일이지만, 어느 날 '一圓' 두 글자를 운자로 주고 글을 지으라 하니 정산은「萬有和爲一 天地是大圓」(만유는 하나로써 되고 천지는 크게 둥근 것)이라고 지었다. 그리고 변산 월명암에서 머물 때 속인과 주고받은 연구에는「地氣薰濛雲萬里 天心洞徹月中間」(땅기운은 구름 만리를 훙건히 적시고 하늘 맘은 달 가운데 깊숙이 사무치다)이란 것이 있다. 또「心眞和萬象 氣正通九天」(마음이 참되면 만상이 화하고 기운이 바르면 구천에 통한다)이나「經綸通宇宙 信義貫古今」(경륜은 우주를 통하고 신의는 고금을

뚫는다)과 같은 글귀도 있다. 기본이 우주요 만유요 천지요 고금이다. 이들을 볼 때 출가 전이나 후를 가릴 것 없이 정산의 호연지기와 정신세계의 스케일은 한결같았음을 알 수 있다.

소태산이 그랬던 것처럼 정산도 격식 갖춘 풍월을 읊지 않았다. 그 중에도 거의 유일하게 격식 갖춘 7언 율시 한 수가 있으니, 그것은 1948년 남원교당이 새 법당을 지어 봉불식(낙성식)을 한 후에 지은 축시이다.

錦作殿堂龍作城(금작전당용작성) 금암봉에 법당 짓고 교룡산 울 삼으니
太空浩浩不能名(태공호호불능명) 드넓은 허공을 이름할 바 모르겠네
鍾合江聲餘韻暢(종합강성여운창) 범종소리 강물 소리 어울리어 화창하고
龕收山影寂光明(감수산영적광명) 산 그림자 짙은 속에 대적광명 밝았구나
先師功業春秋遠(선사공업춘추원) 대종사 끼친 공덕 천추에 이어지고
大道精神宇宙淸(대도정신우주청) 일원대도 높은 정신 우주를 맑히리라
萬相渾在一圓內(만상혼재일원내) 삼라만상 어우러져 일원의 품에 있고
東漸西流曁衆生(동점서류기중생) 동서로 두루 퍼져 일체 중생 제도하리

이 정도면 한시 작법의 기본형식을 아쉬움 없이 다 갖춘 셈이다. '城 · 名 · 明 · 淸 · 生'은 모두 경운庚韻으로 완벽하게 압운법을 썼고, 측기식仄起式으로 평측에도 잘 맞는다. 함련과 경련도 각기 대구로 되어 있고, 기련 · 함련 대 경련 · 미련이 선경후정先景後情으로 확연히 구분되어 있다. '錦'(錦岩峰) '殿堂'(南原敎堂) '龍'(蛟龍山) '太空'(하늘) '江'(蓼川) 등의 배열과 조화는 선경이다. 주제는 당연히 후정 쪽에 있는 법이니, 새 법당 낙성을 계기로 일원대도가 널

리 퍼져 일체중생을 제도하기를 염원하는 것이다.

이를 보면 7언 율시를 이만큼 완벽히 지을 수 있는 작시능력이 있건만 왜 정산은 시를 짓지 않았을까? 다음 글에서 단서를 찾을 수 있지 않을까?

> 기추후(其追後)에 종사님이 탐문하시고 下命 日 "송광(頌廣)은 만고대의(萬古大義)를 경륜하는 사람으로 어찌 일개 풍월(風月) 이자(二字)에 좋은 정신을 희생하느냐"고 분부하심으로 즉지감심(卽地感心)되어 정지하다
>
> (조송광, 조옥정백년사, 1929.7.15 일기)

이는 조송광이 친구들과 어울려 음풍영월하는 데 정신을 빼앗긴 상황에서 소태산의 꾸중을 듣고 풍월선유風月仙遊를 중단하였다는 기록이다. 적어도 당시 분위기는 풍월을 위한 풍월이 허용되지 않았던 것으로 보인다. "글이 대가(大家)가 되면 문체가 평범해지고 도가 깊어지면 언행이 평범해진다."(한울안 한이치에)는 입장에서, 정산은 극도의 기교를 요하는 정통 한시를 굳이 지으려고 하지 않은 듯하다.

이밖에 선시로서 바라볼 한시편을 좀 더 보자.

> 曉天雷雨一聲後(효천뢰우일성후) 새벽하늘 우레비 한 소리 뒤에
>
> 萬戶千門次第開(만호천문차제개) 모든 집 모든 문이 차례로 열리리라

1953년 6월, 산동교당에서 지었다고 하는데[14] 국운과 교운을 예언한 것이

---

14) 이경순은 "원기 33년(1948) 7월 23일 백우암에서 정양하시며" 지은 것이라고 했다.(원광 54호, 〈정산종사 출가전후의 이모저모〉)

다. 제1구는 갑오동학농민항쟁 이후 일제말의 전쟁과 해방의 격동을 상징한 것이고, 제2구는 나라나 사상이나 서로 소통되는 시대가 되리라는 뜻으로 읽힌다.

연대는 모르나 『정산종사 법어』(무본편 33)에 나오고, 대산 김대거의 '대적공실' 법문을 통해 잘 알려진 한시계송으로 다음 것이 있다.

有爲爲無爲(유위위무위) 함없음으로써 함있음을 이루고
無相相固全(무상상고전) 상 없는 상이 진실로 오롯하다
忘我眞我現(망아진아현) 나를 잊음에서 참나가 나타나고
爲公反自成(위공반자성) 공을 위함이 도리어 자기를 이룬다

종교적 의미는 배제하고 보더라도 상당히 기교적이다. 4개 구가 한결같이 역설법을 쓰고 있다. 총 20자 안에서 같은 글자의 빈번한 반복(爲 4회, 相 2회, 無 2회, 我 2회)도 그렇다. 소태산이나 대산도 이런 식의 수사법을 즐겼거니와 선시에선 익숙한 방법이기도 하다.

다음은 모두 열반 전 병상에서 지은 것이라 한다. 앞의 것 둘은 각각 7언 2구이니 진리의 핵심을 짚은 법구요, 뒤엣것은 4언 4구로 기승전결의 결구結構가 온전하다. 어쨌건 생을 달관한 도인의 경지에서 읊은 종교적 법어이므로 문학적 가치를 논하기엔 구차하다.

- 人間苦樂元無實(인간고락원무실) 인간의 모든 고락 원래 실상 없는 것
  自性觀照本蕩平(자성관조본탕평) 자성을 관조하니 본래 탕평하도다

• 空寂靈知是自性(공적영지시자성) 공적하고 영지함이 곧 자성이라
前後左右本蕩然(전후좌우본탕연) 전후 좌후 본래부터 탕연하도다

• 自性中樞(자성중추) 우리 자성 가운데
萬法元平(만법원평) 만법 원래 평등해
本無去來(본무거래) 본래 거래 없거니
豈有苦樂(기유고락) 어찌 고락 있으랴

다음 작품은 격언이 될 만한 내용으로, 대구 · 대조를 배려하여 깔끔한 글이 되었다.

群心竟順有德者(군심경순유덕자) 대중의 마음은 마침내 덕 있는 이를 따르고
天命終歸無私人(천명종귀무사인) 하늘의 뜻은 마침내 사 없는 이에 돌아가리

다음은 김창준이 임지로 떠날 때 준 시라고 한다. 5언 6구로 수도와 교화 양면에서 성과를 거두도록 당부하고 있다.

道德在天地(도덕재천지) 도덕이 천지에 있으나
天地默無言(천지묵무언) 천지는 말이 없고
唯人用其理(유인용기리) 사람이 그 이치를 쓰매
有言有導化(유언유도화) 말도 있고 교화도 있나니
擧止行其道(거지행기도) 동하나 정하나 그 도를 행하여

宗化大流通(종화대유통) 스승님의 교화를 크게 유통케 하라

다음은 해방 후 개성교당 교도를 위해 준 글이니, 일시 삼팔선이 막히고 다시 열리고 하던 불확실한 시국의 고민을 다독거리는 내용이다. 자수율과 구수를 보면 얼핏 5언 율시를 연상시키지만, 압운이나 구성은 정형을 무시했다. 2구씩 묶어 '청정 · 무애 · 탄탄'을 세 차례나 반복하여 주송 같은 효과가 나는데 마지막 2구는 색다른 결어로 마무리한 솜씨가 일거에 단조로움을 깨뜨린다. 기교적이다.

法身元淸淨(법신원청정) 법신 원래 청정하고
禪味又淸淨(선미우청정) 선미 또한 청정하다
開城本無礙(개성본무애) 개성 본래 막힘 없고
通達便無礙(통달편무애) 통달 문득 막힘 없다
公道自坦坦(공도자탄탄) 공도 절로 탄탄하고
奉公亦坦坦(봉공역탄탄) 봉공 또한 탄탄하다
三世一切佛(삼세일체불) 삼세의 모든 부처
齊齊從此行(제제종차행) 이 길 함께 가시리

죽음이 닥쳤거나 이미 열반한 사람을 위해 게송을 읊은 경우가 약간 편 있다. 친부 송벽조의 열반에 임하여「誓願成佛濟衆 歸依淸淨一念」(부처 되고 중생 건지기를 서원하시고 청정한 한 마음에 귀의하소서)이라 읊은 것은 보편적인 문구로 돼 있어 창의성이 없지만, 병이 위중한 제자 이명훈에게 내린 게송

은 창의적이고 개성이 있다. 4언 10구로 돼 있다.

舊業日償(구업일상) 묵은 업 갚아 가니
來頭淸淨(내두청정) 오는 날 청청하고
生死一如(생사일여) 죽고 삶 한결같아
不斷不休(부단불휴) 언제나 이 일이라
佛緣深重(불연심중) 불연이 심중하니
萬事無憂(만사무우) 모든 일 근심 없고
永生之寶(영생지보) 영생에 보배 될 것
信與誓願(신여서원) 믿음과 서원이라
理懺事懺(이참사참) 이참하고 사참하니
道場淸淨(도량청정) 도량이 청정하다

이들 한시편과는 좀 다른 성격일지 모르지만, 정산이 지은 주문이 두 가지 있다. 〈영주〉와 〈청정주〉이니 이들은 처음부터 주송용으로 지어진 것이다.

〈靈呪〉

天地靈氣我心定(천지영기아심정) 천지의 신령한 기운이 내 마음 안정시키니
萬事如意我心通(만사여의아심통) 모든 일이 뜻대로 내 마음과 통하네
天地與我同一體(천지여아동일체) 천지와 내가 한 몸이듯이
我與天地同心正(아여천지동심정) 마음 또한 하나라서 바르다네

이 주문은 정신을 통일하여 천지 기운과 하나 되기 위한 주문으로, 예전 편찬시(1935) 정산에 의해 제작돼 쓰이고 있다. 7언 4행시로 자수율만 있고 압운 같은 건 없으니 절구가 아니다. 그러나 절묘한 문자 배열이 눈에 띈다. 1 · 3행의 첫머리가 '天地'로 시작되었고, 3 · 4행에선 '天地'와 '我'를 차례 바꿈으로 배치하되 '與'를 중앙에 배치해 연결고리로 삼았다. 그런가 하면 1 · 2행의 뒤에 '我心'을 아울러 배치했고 3 · 4행의 뒤는 '同'을 함께 배치했다. 결과적으로 각행의 제5 음절이 '我我同同'으로 문자는 물론 음으로도 신기한 호응을 이루는가 하면, 매행 '我'가 들어가고 1 · 2 · 4행의 제6 음절에 '心'을 공동 배치하여 의미와 더불어 음위율音位律로써 동질감을 주면서 3행의 제6 음절을 짐짓 소외시킴으로써 변화를 주었다. 그뿐만 아니다. 운韻이란 면에서 보면, 자음 'ㄴ, ㅇ'이나 모음 'ㅕ, ㅣ, ㅏ'가 매행 들어간다든가, 1 · 2 · 3행 첫 글자(천 · 만 · 천)의 받침이 공통으로 'ㄴ'이라든가 1 · 2 · 4행의 끝 음절(정 · 통 · 정) 받침이 공통으로 'ㅇ'인 것은 음위율과 더불어 음성률音性律을 고려한 것이고, 이들 '천 · 만 · 천/정 · 통 · 정'이 'A · B · A' 꼴로 배치된 것 등 종횡으로 다양한 조합을 통하여 음성률 내지 음위율을 살리고 있다.

<표1-의미 기준>	<표2-음운 기준>	<표3-음절 기준>
天地○○我心○	ㄴㅣㅕㅣㅏㅁㅇ	천지○○아심정
○○○○我心○	ㄴ○ㅕㅣㅏㅁㅇ	○○**여**○아심○
天地與我同○○	ㄴㅣㅕㅏㅇ○○	천지**여**아동○○
天地天地同心○	ㅏㅕㄴㅣㅇㅁㅇ	아**여**천지동심**정**

이 주문을 암송하다 보면 마치 맴을 도는 것처럼 반복적이고 지속적인 연결장치에 빠져드는데 그것은 바로 이러한 절묘한 운율 효과 때문으로 볼 수 있다. 주문은 의미에 분별심을 내지 말고 반복 주송하여 무심의 경지에 듦이 바람직하다고 할 때, 이 주문은 문학성이나 종교성은 물론 송주에 필요한 다차원의 매력을 가진 것으로 보인다.

〈淸淨呪〉

法身淸淨本無碍(법신청정본무애) 법신불은 청정하여 아무것도 걸림 없고

我得廻光亦復如(아득회광역부여) 본래 마음 돌이키면 나도 마찬가지라

太和元氣成一團(태화원기성일단) 우주 가득 화한 기운 하나로 뭉치니

邪魔惡趣自消滅(사마악취자소멸) 삿된 마구니들 제 알아서 사라지리

이 주문은 재액을 면하고 원한을 풀며 죄업에 물든 마음을 청정하게 하기 위한 것으로 〈영주〉와 같은 시기에 제작된 것으로 보인다. 역시 7언 4행시로서 절구 같은 압운법이나 평측법은 적용되지 않는다. 〈영주〉 같이 음音이나 자字를 가지고 논할 여지는 없고, 대신 의미를 좇아 내용을 분석하면 4단구성의 기본인 기 · 승 · 전 · 결의 전개가 잘 짜였다고 하겠다. 법신불의 위력을 띄우고, 자신도 본질적으로 법신불과 동일하다고 하고, 법신의 위력을 자기화하여 큰 힘을 준비하고, 마침내 재앙의 대상을 물리친다는 순서이니 논리적이기까지 하다.

부정不淨한 것을 물리치는 원리는 무당의 푸닥거리부터 고등종교까지 절대자의 도움에 기댄다는 점에선 동일하다 할 수 있다. 「주송은 신이 드나드는 길

이요 부적은 신이 사는 집이다(呪誦神之路也 符神之宅也)」라는 입장이라면 종교적 신비주의 이상도 이하도 아니다. 그러나 여기서 이 주문의 재앙 퇴치 메커니즘은, 타력(우주적 에너지)을 자기화하여 자력을 키우고 그 힘으로 물리치는 것이니 언령사상에 근거한 다라니와는 일정한 거리가 있다 하겠다. 건강하고 능동적이라 할 만하다.

나) 비문—圓覺聖尊少太山大宗師碑銘並序

1943년, 그러니까 해방 2년을 남기고 소태산 대종사는 열반에 든다. 화장을 하여 신룡리 총부 이웃인 신흥리 장자산에 안장하고 '少太山一圓宗師之墓'라는 묘비를 세운다. 정산이 후계 종법사가 되고 해방을 맞자 그는 전재동포 구호사업을 전개한다든가 『건국론』을 발간 보급한다든가 유일학림(원광대 전신)을 설립한다든가 등등 새 나라 건국에 발맞추어 교단의 새로운 비전을 펼친다. 1947년, 교명도 '불법연구회'에서 '원불교'로 변경하여 선포하고, 1948년 초에 교단을 재단법인으로 정식 등록한다. 한편 소태산의 묘를 총부 구내로 이장하고 성탑을 세우는 일을 추진하니, 열반 6년 만인 1949년 4월에 완공되었다.

이때 성탑에 쓸 비문은 유허일과 이군일 등 두 제자가 차례로 작성했으나 둘 다 마음에 흡족치 않았던 정산은 스스로 비문을 작성하기에 이른다.

비문은 중국에서는 당대唐代에 형식이 정착되었다고 하고, 이의 영향을 받아 우리나라는 통일신라시대에 자리를 잡은 것으로 보고 있다. 신라나 고려 때에는 고승의 탑비가 많이 쓰이고 조선조에는 신도비 등이 유행하였다. 비문의 문체는 산문으로 된 서序와 운문으로 된 명銘으로 대별되는데 서와 명을 함께 쓴 경우 대개 비명병서碑銘幷序라고 제題한다. 서序는 통상 앞쪽에 집필의 경위나 동기를 적고 이어서 고인의 가계와 행적 등을 자상히 기록하는데, 끝에 보통 '銘曰'을 붙이고 이어 명銘을 쓴다. 명은 흔히 4언으로 쓰이지만 5언 · 7언 등도 쓰인다. 이는 시경詩經의 송頌이나 아雅와 같은 전아한 문체를 본받은 것으로 화려한 수식을 동원하여 공덕을 찬양하는 것이 관례화하였다.

그러면 정산이 쓴 비문은 어떠한가? 이 비문은 기본적으로 고승의 탑비에 해당하므로 정산도 그 전형을 따른 것으로 보인다. 구성은 ①제목 ②서 ③명 ④건립일자 순으로 되어 있다. 이를 단락별 문장 분석을 통하여 좀 더 자상히 보자면 아래와 같다.

(1)제목: 원각성존소태산대종사비명병서

(2)서

① 대범 천지에는~기연이다(소태산의 출세 의의)

② 대종사의 성은 박이요~박혁거세의 후예이시다(가계)

③ 대종사 유시로부터~다 말할 수 없으시었다(구도과정)

④ 26세 되시던 병진~신성을 바치었다(대각후 영산에서의 행적)

⑤ 기미 8월에 2,3제자를~간이능행하게 하신 것이다(교법 확립과 총부건설)

⑥ 이와 같이 교리 훈련을~천하에 공시하였다(전법과 열반 전후 상황)

⑦ 오호라 대종사는~이 돌을 세우고 명을 지어 가로되(공덕 찬양)

(3)명

(4)원기 38년 4월 26일 입(立)

이쯤이면 전통 비문의 구성과 일치됨을 알 수 있다. 다만 서는 국한혼용문으로 되어 있어 대중이 읽을 수 있도록 배려하였고, 명은 전통적 운문체를 살리기 위해 한시체를 유지하였다. '銘曰'에 해당하는 부분을 '명을 지어 가로되'로 한 것까지 격식을 준수했다.

형식은 그렇다 치고 내용은 어떠한가? 서에서 주목할 부분은 첫머리인 ①번과 마무리 부분인 ⑦번이다. 여기에 비문의 문장 성격이나 가치가 가장 잘 드러나기 때문이다.

> ① 대범, 천지에는 사시가 순환하고 日月이 代明하므로 그 生成의 道를 얻게 되고, 세상에는 佛佛이 繼世하고 聖聖이 相傳하므로 중생이 그 제도의 恩을 입게 되나니, 이는 우주 자연의 정칙이다. 옛날 靈山會上이 열린 후 正法과 像法을 지내고 季法 시대에 들어와서 바른 도가 행하지 못하고 삿된 법이 세상에 편만하며, 정신이 세력을 잃고 물질이 천하를 지배하여 생령의 고해가 날로 增深하였나니, 이것이 곧 救主이신 대종사께서 다시 이 세상에 출현하시게 된 기연이다.

의고체의 장중함과 유장함을 아우르면서도 문장 자체는 전술한 〈단결의 위력〉 따위에 비하면 상당히 현대문화했음을 알 수 있다. 아울러 내용도 대종사의 출세가 시대적 당위임을 논리적으로 간결하게 정리했다.

> ⑦ 오호라! 대종사는 일찍이 광겁종성(曠劫種聖)으로 궁촌변지(窮村邊地)에 생장하시어 학문의 수습(修習)이 없었으나 문리를 스스로 알으시고,

> 사장(師長)의 지도가 없었으나 대도를 자각하시었으며, 판탕(板蕩)한 시국을 당하였으나 사업을 주저하지 아니하시고, 완강한 중생을 대할지라도 제도의 만능이 구비하셨으며, 기상은 태산교악(泰山喬嶽) 같으시나 춘풍화기(春風和氣)의 자비가 겸전(兼全)하시고, 처사는 뇌뢰낙락(磊磊落落)하시나 세세곡절(細細曲折)의 진정을 통해주시며, 옛 법을 개조하시나 대의는 더욱 세우시고, 시대의 병을 바루시나 완고에는 그치지 않게 하시며, 만법을 하나에 총섭(總攝)하시나 분별은 오히려 역력히 밝히시고, 하나를 만법에 시용(施用)하시나 본체는 항상 여여히 드러내사, 안으로는 무상묘의(無上妙義)의 원리에 근거하시고 밖으로는 사사물물(事事物物)의 지류까지 통하시어 일원대도(一圓大道)의 바른 법을 시방삼세(十方三世)에 한없이 열으시었으니, 이른바 백억화신(百億化身)의 여래시요 집군성이대성(集群聖而大成)이시라. 영천영지(永天永地) 천만겁(千萬劫)에 무량한 그 공덕을 만일(萬一)이라도 표기하기 위하여 이 돌을 세우고 이 명(銘)을 지어 가로되

참으로 대단하다. 정말 '우와!' 하는 경탄이 절로 나온다. 무려 319개 음절을 단 한 문文으로 처리한 긴 호흡이 끝내준다. 대조적 사항을 담은 절節을 둘씩 묶어 무려 10차례나 열거하여 한 센텐스를 만들었는데, 놀라운 것은 그게 하나하나 또렷한 표정으로 자리를 지키고 있다는 점이다. 중복되거나 유사한 것이 아니라서 어느 하나도 생략해버릴 것이 없다. 용어만 해도 '師長, 板蕩, 兼全, 總攝, 施用'으로부터 '曠劫種聖, 窮村邊地, 泰山喬嶽, 春風和氣, 磊磊落落……' 등 낯선 한자어들이 줄줄이 나열되고 마침내 '集群聖而大成, 永天永

地千萬劫'에 이르러 절정을 보인다. 이런 어휘들을 우리말처럼 자유자재 구사하여 꼭 있을 자리 있게 하고 쓸 자리 쓰는 것이 정산 문장의 강점이다. 그것은 과학과 도학을 겸수하여 정점에 도달한 사람만이 누릴 수 있는 축복이다. 그러나 다른 한편으로 보면 대중성이란 측면에서 약점이기도 하니 그것이 정산문학의 한계임은 거듭 말할 필요가 없을 것이다.

'백억화신의 여래' 혹은 '집군성이대성'으로서 소태산에 대한 찬양은 이미 구경에 이르렀지만, 다시 운문으로써 찬미하여 완결함으로써 아쉬움을 남기지 않는 것이 비문이다.

粤若宗師 曠劫種聖(월약종사 광겁종성)

아아, 대종사님은 영원한 세월 속에 으뜸 성인이시니

應化機緣 救世度衆(응화기연 구세도중)

기연 따라 태어나사 세상을 구하고 중생을 건지도다.

自修自覺 經路艱難(자수자각 경로간난)

혼자서 닦고 스스로 깨치느라 겪으신 고행 말 못하지만

建敎事業 平地造山(건교사업 평지조산)

회상을 새로 여신 사업은 평지에 산을 쌓는 노고였었네.

一圓大道 萬法之母(일원대도 만법지모)

일원의 진리는 삼라만상 모든 이치의 근원이 되니

敎門通達 衆聖共會(교문통달 중성공회)

온갖 가르침에 두루 통하고 뭇 성인들이 함께 모이리라.

卄八年間 夙夜勤懇(입팔년간 숙야근간)

이십팔 년을 새벽부터 밤늦도록 부지런히 정성 다하니

千萬方便 無量法門(천만방편 무량법문)

방편이 많기도 많고 법문도 한량이 없었네.

法輪復轉 佛日重輝(법륜부전 불일중휘)

진리의 수레바퀴 다시 굴리고 불법의 광명 거듭 빛내니

人天咸戴 六衆同歸(인천함대 육중동귀)

사람과 하늘이 모두 받들고 육도중생이 함께 귀의하였다.

竪亘三際 橫遍十方(수긍삼제 횡편시방)

시간으론 삼세에 뻗치고 공간으론 우주에 가득하니

雨露之澤 日月之明(우로지택 일월지명)

은혜는 비와 이슬에 맞먹고 광명은 해와 달에 견주리라.

無邊功德 標以斯石(무변공덕 표이사석)

대종사님 끝없는 공덕을 이 돌에 새기어 세우노니

永天永地 慕仰無極(영천영지 모앙무극)

그리워 우러름 끝없어서 하늘과 땅처럼 오래 가리라.

한시문의 허두나 감탄에 쓰이는 허사 '粤若'이 나오는 것부터 시경에서 흔히 쓰인 4언시로 한 것이 모두 정통 비명碑銘의 문체를 답습한 것이다. 28구는 소태산이 대각에서 열반까지 누린 전법의 햇수와 일치시킨 것으로 보인다. 작자는 '雨露之澤 日月之明'이 핵심어임을 밝힌 바도 있지만, 이 비문을 통해 정산은 스승 소태산을 당당히 '聖中聖'으로 추존하였다.

다) 게송 및 노랫말

정산의 한글시라고 할 것으로 게송과 노랫말 하나가 있다. 노랫말은 〈법신불찬송가〉로 1952년에 성가위원회 제작으로 되어 있는데[15] 정산의 작품임이 확실시되고 있다. 이흥렬이 곡을 붙여 현재 원불교 성가로서 불리고 있다.

〈법신불찬송가〉

(1절)
둥그신 그 체성이여
사은의 본원이시요
여래의 불성이로다
언어의 길 끊였으나
만덕이 구족하시고
유무를 초월하시어
여여히 독존하시네
(후렴)
아아 법신불 일원상
만유의 어머니시니
믿음도 임밖에 없고
진리의 거울이시니

15)『예전 · 성가』(원불교정화사 편찬, 1968) 참조. 여기서 제작이라 함은 작곡까지 계산에 넣은 것이니 작사는 얼마간 앞섰을 수도 있다.

표준도 임밖에 없네

(2절)

둥그신 그 묘용이여

자연의 조화이시요

인과의 법칙이로다

공유로 은현하시와

고금을 통리하시고

음양이 상승하시와

죄복을 보응하시네

형식은 각행 8자에, 후렴 첫 행만 예외이고 나머지는 3 · 5조란 독특한 자수율을 가지고 있다. 각절 7행씩인데 첫 행이 '-이여'라는 호격조사를 붙여 돈호법에 준하는 효과를 거두는 독립적 행이라면, 나머지는 2 · 3, 4 · 5, 6 · 7행들이 짝을 이루도록 배치했다. 후렴은 5행인데 역시 첫 행은 '아아'로 시작하여 영탄법 및 돈호법에 준하는 효과를 거두는 독립적 행이고, 나머지는 2 · 3, 4 · 5행들이 짝을 이루도록 배치했다. 1절과 2절의 행별 대응도 조사나 어미까지 배려하였다. 얼핏 보기엔 단조로운 획일적 자수율의 반복 같지만, 내용을 알고 보면 참 묘미가 있다.

내용은 법신불의 본질을 체성과 묘용으로 나누어 조리가 정연하게 정리한 것이다. 한자 관념어들을 대거 동원하다 보니 시적 여유가 거의 없다는 것이 한계이지만, 그 분위기는 법신불 찬송이란 주제를 더할 나위 없이 경건하고 장엄하게 드러냈다.

〈게송〉

한 울안 한 이치에

한 집안 한 권속이

한 일터 한 일꾼으로

일원세계 건설하자

소태산의 게송을 본받아 정산도 한시체 아닌 한글시로 게송을 읊었다. 이는 열반 전년인 1961년에 설한바 삼동윤리三同倫理, '동원도리同源道理 · 동기연계同氣連繫 · 동척사업同拓事業'을 풀어쓴 셈이지만, 소태산의 게송처럼 4행시 형식을 갖춘 것은 의도적이다. 제1행은 같은 우주 안에 진리는 오직 하나라는 것이요, 제2행은 전 인류 모든 생명체가 한 가족이나 마찬가지라는 것이요, 제3행은 뜻과 힘을 함께 하는 일꾼이 되자는 것이요, 마지막 행은 하나의 낙원세계 건설에 매진하자는 것이다. 소태산은 이 낙원세계를 전반세계라고 이름 지은 바 있지만, 모든 갈등을 극복하고 힘을 모아 이룩할 영원한 목표다.

3행까지 행마다 '한'을 두 번씩 넣고 마지막 행에서는 '일(一)'로 바꾸면서, 허사(조사와 어미)를 '에, 이, 으로, -자' 등 다양하게 구사하여 단조로움을 벗어났다. 마무리가 깔끔하다. 음절수는 7 · 7 · 8 · 8로 앞은 조금 가볍게, 뒤는 약간 무겁게 하여 비중차를 두었다.

이처럼 심중한 의미를 담고 있으면서 이처럼 쉽게 쓴 게송도 다시 찾기 힘들 것이다.

라) 원각가圓覺歌

〈원각가〉에 대한 선행연구로는 박항식의「원불교가사에의 정초」(《원광》107호, 원광사, 1981)와 이혜화의「원불교가사 시론」(《한성어문학》 4호, 한성대, 1985) 등에서 부분적 연구가 있었고, 그 후 이시연이「정산종사의 문학세계」(『정산종사의 사상』, 원광대 원불교사상연구원, 1992)로, 육관응이『정산종사의 원각가 연구』(도서출판 경남, 2000)로 각각 본격적인 연구에 임한 바 있다.

(1) 문헌적 고찰

〈원각가〉가 처음 발표된 곳은 1932년 교단 기관지《월보》38호이고, 이후 1937년에《회보》34호에 재발표되었다. 그 후에도 여러 문헌에 실렸지만 작자 정산이 이미 고인이 된 후이기에 문헌적 가치를 인정하기는 어렵다. 일단 월보 게재작과 회보 게재작의 차이를 비교하여 보고자 한다.[16] 앞은 월보 뒤는 회보에 해당하며 표기는 현대 맞춤법에 따라 고쳤다.

1구: 浩浩茫茫 너른 천지-茫茫한 넓은 천지

2구: 길고긴 긴 歲月에-길고긴 저 歲月에

65구: 地位 있는 동모들아-地位 얻은 同侔들아

74구: 自賢之心 조심하라-自足之心 조심하라

75구: 自賢之心 있고 보면-自足之心 있고 보면

76구: 不肖同歸 되나니라-無識退化 되나니라

16) 육관응 저『정산종사의 원각가 연구』pp.37~48에 실린〈표1〉을 텍스트로 분석했으나 오류는 수정하였다.

82구: 自滿之心 注意하라－怠慢之心 注意하라

83구: 自足怠慢 하고 보면－怠慢之心 나고 보면

84구: 그 自足이 가나니라－그 成功이 가나니라

124구: 苦痛之事 잘 지내고－當然 苦痛 잘 지내고

134구: 無識心을 잃지 말고－見聞學業 잃지 말고

137구 事業自足 바라거든－事業守成 바라거든

138구: 不足心을 잃지 마소－敬畏心을 잃지 마소

170구: 前千秋 後千秋에－前千秋 萬千秋에

173구: 不變不變 아닐런가－不變常住 아닐런가

174구: 不變不變 하는 것은－不變이라 하는 것은

212구: 天地萬物 너른 世界－天地萬物 넓은 世界

222구: 알기만 알을진대－알기만 알을진댄

작자 정산이 생존한 상황에서 본인 허락 없이 누가 이런 수정 작업을 할 것인가? 그것은 생각할 수 없는 일이다. 생각하건대 수정 작업은 정산 본인이 손수 한 것이라 봄이 마땅하다. 그리고 그 수정은 대체로 오류를 바로잡거나 어색한 단어를 교체하거나 과도한 동어반복을 손보는 정도여서 공감할 만한 것들이다. 그렇다면 이름은 다르나 사실상 같은 기관지에 5년 간격을 두고 거듭 실은 것은 ①독자의 재수록 요구 ②작자의 수정 필요, 이 둘의 이해관계가 맞아떨어진 결과로 보인다. 그리고 우리가 연구 대상으로 삼을 선본은 작자 자신에 의해 수정된 회보 게재분임에 틀림없다.

다만 하나 궁금한 것은 170구에서 '前千秋 後千秋에'가 왜 '前千秋 萬千秋에'

로 수정되었을까 하는 것이다. 앞엣것이 맞지만, 뒤엣것은 '前千秋'와 '萬千秋'의 대응이 논리적이지 않다. '前千秋 後千秋'의 경우는 '前千秋 後千秋에 一貫으로 알아보세'라는 전후 문맥으로 보아 아무래도 동학가사 〈도수사(道修詞)〉의 '前千秋 後千秋 一貫으로 傳차 해도'에서 영향 받은 것 같다. 그렇다면 이는 원래의 것이 맞는데 역으로 틀리게 고친 경우인데 왜 이런 일이 일어났을까 모를 일이다. 어쨌든 이것만은 원래대로 돌려놓는 것이 옳다고 하겠다.

그리고 이밖에 73구 '學誠 가진 동모들아'(월보와 회보가 동일)에 대해서는 일차 검토가 필요하다고 본다. '學誠'이란 용어는 매우 생소하다. 정산 사후에 나온 책들은[17] 이를 '學識'으로 고쳐 놓았지만, 여기서 의문이 가는 것은 왜 정산이 회보의 수정본에서 이를 고치지 않았느냐 하는 것이다. 회보 게재작이 월보 게재작의 수정판이라면 보다 꼼꼼히 살폈을 터인데 말이다. 만약 알고도 안 고쳤다면, '學誠 가진 사람'의 경우는 '배움에 정성이 있는 사람'이란 의미로 쓴 것이지 오자가 아닐 수도 있다. 그러나 인쇄 과정이 원시적 수작업에 의존하던 처지에 '識'과 '誠'의 글자꼴을 보더라도 식자공의 오식誤植 가능성에 더 비중이 실리는 것도 사실이다.

(2) 내용적 고찰

제목을 '원만한 깨달음의 노래'라 풀이할 수 있듯이, 이 가사는 33세 정산 송규가 마침내 득도를 하고 그 소식을 노래로 부른 것임을 알 수 있다. 1928년 삼산 김기천이 교단 최초로 교조 소태산으로부터 견성인가를 받는다. 이때 정산의 견성 여부를 놓고 사제 문답이 이루어진다.

---

17) 『선진유고선』(1962), 『한울안 한이치에』(1982), 『새 회상 시가 모음』(1982) 등에 한결같이 수정되어 있다.

문정규 여쭙기를 「저희가 일찍부터 정산을 존경하옵는데 그도 견성을 하였나이까.」 대종사 말씀하시기를 「집을 짓는데 큰 집과 작은 집을 다 같이 착수는 하였으나, 한 달에 끝날 집도 있고 혹은 일 년 혹은 수년이 걸려야 끝날 집도 있듯이 정산은 시일이 좀 걸리리라」 (대종경, 성리품 22)

요컨대 삼산(김기천)은 작은 집이라서 먼저 지었고, 정산은 큰 집을 짓느라 시일이 걸린다는 것인데 아마도 〈원각가〉를 발표한 1932년에 큰 집을 다 지었다는 얘기가 될 법하다. 그렇다면 견성 정도가 아니라 여래위에 해당하는 '대원정각大圓正覺'에 이르렀을 것이라 보고 '원각'을 곧 '대원정각'의 준말로 볼 수 있다. 이는 정산이 소태산비문의 제목에 '圓覺聖尊…'이라 한 것에도 부합한다. 정산 원각의 키워드는 '변 · 불변'이다.

문단 구성을 딱 부러지게 구분하기는 쉽지 않아 보이지만, 그런대로 아래와 같이 분단하여 내용을 검토하고자 한다.

(1) 기사 : 처음~화복 중에 소장일레

(2) 승사 : ① 청춘소년 동무들아~청춘시절 아니 올까

② 어화 우리 동무들아~경외심을 잃지 마소

③ 자고 성현 명인들은~일관으로 알아보세

(3) 전사 : 일관이치 알고 보니~수명복록 즐겨 보세

(4) 결사 : 이와 같이 되는 법이~끝

기사는, 깨달음의 핵심을 일단「망망한 넓은 천지/길고긴 저 세월에/과거 미래 촌탁하니/변불변이 이치로다」로 전제하고, 이어서 변화의 실상을 열거한다. 먼저 주야 변화나 춘하추동 변화로부터 시작하여 인생변화, 세계변화로 이어지며 생로병사, 육도윤회, 희로애락까지 도무지 변화하지 않는 것이 없음을 갈파한다.

승사①은, 앞에서 독백체로 나열하던 것과는 달리 '청춘소년 동무들아' 하고 돈호법을 써서 연호하며, 변화 이치를 모르고 현재 누리는 영화가 영원할 것처럼 대책 없이 살아선 안 된다고 경계경보를 울린다.

승사②는, 변화 이치를 알아 낭패하지 않을 법을 일러 준다. 즉, 변화의 이치는 선변과 악변이 있으니 선변으로 승급하라고 이르며 그 방책을 구체적으로 열거한다. 예컨대 자유를 원하면 자기 마음 단속을 먼저 하고, 큰 이익을 바라거든 대의신용을 잃지 말라는 식이다.

승사③은, 자고로 성현들은 이런 변화의 이치를 알아서 도덕 강령을 세워놓고 잘 지내건만 가련한 중생들은 변화 이치와 공부 이치를 몰라 고해에 빠져 가련하게 지내니 성현의 법을 본받아 도통하라고 당부한다.

전사는, 천추에 일관한 이치로서 이번에는 불변상주하는 불생불멸의 진리와 인과법이 있음을 말하고, 마음 길을 닦아 혜복을 장만하고 일체생령과 함께 즐기자고 한다.

결사는, 3강령 8조목의 불법연구회(원불교) 교리, 일원대덕을 지켜서 만세동락하자고 끝맺는다. 결국 원각의 내용은 소태산의 교법과 일치하니 이 일원의 도를 닦아서 낙원세계 만들자는 것이 된다.

작품내 사상이나 내용은 기본적으로 원불교의 교법에 충실하되 시각을 '변 · 불변'에 맞추었다. 또한 소태산 가사와 내용적으로도 깊은 교감이 이루어진 것으로 보인다. 용어만 보더라도 '삼강팔조, 솔성수도, 불생불멸, 일원' 등이야 교법에 출처가 있다지만, '수명복록, 화복귀천'도 전후 상황이 맞아 떨어지고, 특히 '지어지선, 춘추법려' 등은 아무래도 우연이 아니다.

- 일체생령 제도하여 壽命福祿 즐겨보세(원각가)
  존비귀천 걸림 없고 壽命福祿 임의로다(경축)
- 삼세이치 몰랐으니 禍福貴賤 어찌 알며(원각가)
  제게 있는 禍福貴賤 모르고서(십계법문가)
- 솔성수도하고 보면 止於至善 되나니라(원각가)
  원수를 짓지 말고 止於至善 하여보소(교훈편)
- 장하도다 장하도다 春秋法呂 되었도다(원각가)
  도화지를 잡아들고 春秋法呂로 놀아보자(안심곡)

(3)형태적 고찰

소태산 가사는 〈경축가〉가 같은 예외가 있기는 하지만 전반적으로 자유분방하다 할 만큼 파격이 심하다. 그에 비하면 정산 가사는 아주 모범적인 정격가사라고 해야 할 것이다. 먼저 1구 4 · 4조라는 후기가사의 음수율이 거의 완벽하게 지켜지고 있고, 1행 4음보 관행도 거의 지켜지는 편이다. 다만 1행 4음보로 정확히 떨어지지 않아 6음보(2+4 혹은 4+2)가 된 경우가 8군데 나타나지만 252구의 장편가사임을 고려하면 그리 대수롭게 보이지는 않는다. 이런 것은 낭송에 부적합한 약점이 있으나 너무 틀에 박히듯 4음보를 지키려고 무리를 하는 것도 그리 자연스럽지는 않다.

① 자세 보아 도통하여, 전천추 후천추에 일관으로 알아보세(2+4)
② 화복귀천 생각하니, 인과법이 정수 있어 호리불차 아닐런가(2+4)
③ 변불변이 동도하니, 변화가 불변이요 불변이 변화로다(2+4)
④ 변불변의 본래법이 공공자연 되어지니, 인력으로 만집할까(4+2)
⑤ 자유자재 알아내어, 무궁천지 긴 세월에 보보행진 하여보세(2+4)
⑥ 세계 부모 아닐런가, 일체생령 제도하여 수명복록 즐겨보세(2+4)
⑦ 삼강팔조 좋은 법은 아는 길을 일렀으니, 어서어서 알아보세(4+2)
⑧ 천진심의 명령으로 일념시행 복종하여, 솔성수도 하여보세(4+2)

비유법, 변화법, 강조법 등 수사법의 삼대 영역에서 문학성을 담보하는 표현기교는 단연 비유법이다. 그럼에도 이 작품에서는 비유법을 사용한 예가 거의 안 보인다. 대신 변화법이나 강조법에서 상당한 강점을 가지고 있다고 할 만하다.

청춘소년 동무들아 허송광음 좋아 마라
예산 없이 지내가면 백발탄식 오나니라
부귀침몰 동무들아 양양자득 하지 마라
하염없이 자득하면 불의빈천 오나니라
쾌락 찾는 동무들아 일시 쾌락 원치 마라

생각 없이 방탕하면 영원 고통 오나니라
자유 찾는 동무들아 자행자지 좋아마라
자력 없이 자유하면 다시 속박 오나니라

먼저 돈호법이 눈에 띈다. 인용문 이하까지 '동무들아'를 십여 차례 부른다. 좀 더 강조하고 싶을 때는 '어화 우리 동무들아'까지 동원한다. 이 자체도 반복법이려니와 '마라' '오나니라'의 교차 반복도 계속되고 있다. 이렇게 늘어놓는 것은 열거법에 해당한다. 이런 반복, 열거는 작품 도처에 숱하게 많다.

이런 이치 불신하면 과거 미래 어찌 알며
과거 미래 모를진댄 현재 시비 어찌 알꼬
삼세 이치 몰랐으니 화복귀천 어찌 알며
화복귀천 몰랐으니 영원 발원 있을손가
영원 발원 없었으니 공부 이치 어찌 알며
공부 이치 몰랐으니 사업 길을 어찌 알며
공부사업 없었으니 인도정의 어찌 알며
인도정의 몰랐으니 금수동귀 아닐런가
금수동귀 되고 보니 고해침몰 되었더라
고해침몰 하는 사람 어찌 아니 가련인가

반복법과 대조법 및 대구법도 보이지만 연쇄법이 두드러진다. 또한 '어찌 알꼬, 있을손가, 아닐런가, 아니 가련인가' 등은 모두 설의법에 속한다. 그런데 눈에 띄는 바는, 이들을 비롯하여 정산 가사의 문체나 수사는 소태산 가사를 많이 닮았다는 점이다. 그것은 〈원각가〉가 소태산 가사의 영향권에서 만들어졌음을 증거하는 것인데, 일일이 지적하기는 번거롭고 눈길을 끄는 몇 가지만 짚어보고자 한다.

- 좋을시고 좋을시고 아는 자는 좋을시고(원각가)
  가련하다 가련하다 불신자는 가련하다(원각가)
- 없었더라 없었더라 보은자는 없었더라(경축가)
  열렸구나 열렸구나 밝은 문이 열렸구나(탄식가)

이것은 AABA형의 음보 반복이다.[18] 더 재미있는 것은 다음 같은 경우다.

- 가련하다 가련하다 불신자는 가련하다(원각가)
  가련하다 가련하다 불신자는 가련하다(경축가)
- 고해침몰 하는 사람 어찌 아니 가련인가(원각가)
  남에게 구속하니 어찌 아니 가련한가(권업가)

이것은 우연이 아니다. 또한 앞엣것이 「가련하다 가련하다 탐욕자는 가련하다」(권업가)와도 무관하지 않고, 뒤엣것은 「어찌 아니 은덕인가」(경축가) 등과 같은 패턴이다.

18) 물론 AABA형 등이 민요나 개화기 창가 같은 경우에도 종종 발견되는 것이니까 정산이 소태산가사를 모방했기 때문이라고 단정하기는 다소 성급할지도 모른다. 그러나 소태산의 일거수일투족을 답습하려는 정산의 열정을 감안할 때, 이런 일치를 우연한 결과로 돌리기는 어렵다고 본다.

• 인도정의 몰랐으니 금수동귀 아닐런가(원각가)

일관이치 알고 보니 불변상주 아닐런가(원각가)

• 영산에 꽃이 피어 일춘만화 아닐런가(경축가)

정성으로 밝혀내면 태평승지 아닐런가(교훈편)

수운가사의 영향인 듯 소태산가사에는 '아닐런가'가 유난히 많거니와 〈원각가〉의 '아닐런가'가 이들과 결코 무관해 보이지 않는다.

① 호호망망 너른 천지 길고긴 긴 세월에(원각가, 첫 발표문)

천천만만 변화법을 역력히 말할손가(원각가)

② 근본이야 같지마는 형형색색 달라 있고(경축가)

고칠 곳을 생각하니 허허담담 노래로다(탄식가)

③ 변화변화 하는 것은 천지순환 아닐런가(원각가)

무궁무궁 들어가니 배은망덕 없었더라 (경축가)

④ 아는 길을 일렀으니 어서어서 알아보세(원각가)

너도 입고 나도 입고 서로서로 입어나서(경축가)

앞엣것(①②)은 음절이 AABB형이고 뒤엣것(③④)은 ABAB형이다. 이런 경우도 영향 관계를 따지지 않을 수 없다.

그 밖에 문장에서 눈길을 끄는 것은 서술어의 다양한 어미이다. '–며, –고, –요, –거든, –니, –서, –도, –어, –면, –진대, –진댄' 등 연결형의 경우도 그런 편이지만, 특히 종결형의 경우 '–소, –ㄴ고, –ㄹ레, –ㄴ다, –네, –세,

-ㄹ손가, -도다, -로다, -니라, -라, -나니라, -므나, -ㄹ런가, -ㄹ시고, -랴' 등 매우 다양한 어미를 구사하여 단조로움을 벗어나려고 애쓴 흔적이 보인다. 그러나 역으로 다양함이 문체상 약점이 된 예도 있으니 서술어 종결형의 존비법(상대 높임법) 같은 경우다.

① 변불변의 이치로다/인생변화 아닐런가/세상만사 어떻던고

② 조롱하여 웃지 마라/자족지심 조심하라/비법 권리 쓰지 마라

③ 본말시종 알아보세/보보행진 하여보세/수명복록 즐겨보세

④ 내두사를 기약하소/이런 변화 구경하소/마음 길을 닦아 보소

①은 중립적인 독백체로 보아 따로 존비법을 따질 필요가 없다 치더라도, ②에서는 아주낮춤(해라체) ③에서는 예사낮춤(하게체) ④에서는 예사높임(하오체)이 쓰이고 있다. 이런 존비법의 일관성 결여는 이 작품에 있어 하나의 흠결로 지적될 수 있다.

〈원각가〉는 깨달은 자의 깊은 통찰이 빚어낸 도덕가사의 정수라고 할 만하지만, 내용이나 형태나 간에 소태산가사, 특히 〈경축가〉 같은 작품의 영향을 받아 제작된 것으로 보인다. 아울러 시문학적 장치나 정서는 부족하지만 교훈시가로서 아포리즘이 넘치는 작품이란 점에 문학적 가치와 특색을 인정해야 할 것이다.

마) 〈불법연구회창건사〉(일화)

정산은 교단 기관지 회보에 37호(1937년 12월)부터 49호(1938년 11월)까지

〈불법연구회창건사〉를 연재하였다. 이 창건사는 소태산 박중빈의 탄생부터 시작하여 대각 후 12년이 되는 원기 12년(1927년)까지에 걸친 교단 창립의 역사 기록이다. 기록은 건조한 사실 나열이나 사료 게재도 있지만, 사건 기술 방식으로 엮어간 것도 적지 않다. 사건 기술도 지문과 대화를 섞어서 현장감을 살린 경우도 몇 군데 있다. 그러나 확실히 서사문학으로 다룰 만한 것은 사실 기록의 끝에 '일화'라고 하여 부록처럼 실어 놓은 글들이다. 모두 13개의 일화가 들어 있다.

① 부친을 놀라게 하신 일

② 보는 것마다 의심을 내신 일

③ 사숙 선생을 놀라게 하신 일

④ 걸인에게 둘리신 일

⑤ 처사를 시험하신 일

⑥ 입정 당시의 실경

⑦ 가족의 고민 상태

⑧ 오내진의 이야기

⑨ 당시 외인 중 비평의 한 이야기

⑩ 사심을 경계하는 자연의 위력

⑪ 치재에 대한 영험

⑫ 엿목판 잃었던 이야기

⑬ 이동안의 소화

이 가운데 ②⑦만은 서사라 할 것이 없고, 나머지는 대체로 서사문학에 속한다 할 만하다. 그 중에도 ③⑤⑨⑪ 등 4편은 문학적 가치를 인정받을 만하기에 연구소재로 삼고자 한다.

(1)〈사숙 선생을 놀라게 하신 일〉

소태산이 10살이던 어린 시절, 다니던 글방 훈장에게 미움을 사고 있었다. 아마도 울안에 있던 감나무에서 좋은 감을 수확하고도 훈장께 선물을 하지 않은 것을 괘씸하게 여긴 탓으로 판단되었다. 마침 동지 때가 되자 훈장 댁에서 팥죽을 쑤었는데 다른 학동들만 불러서 먹이고 소태산에게는 죽을 주지 않았다. 이에 마음이 상한 소태산이 벼르고 있던 차, 하루는 훈장이 친구 되는 사람과 나누는 대화를 듣게 되었다. 훈장이, 자기는 담대하여 이제껏 어떤 일로도 놀라본 일이 없노라고 호기를 부렸다. 소태산은 이때다 싶어 얼른 나서며 자기가 그날 해 지기 전에 훈장을 놀라게 해 보이겠노라 했다. 말이 오고간 끝에 그 친구를 증인으로 세우고, 지면 종아리를 맞고 이기면 팥죽 차별을 다시 않기로 다짐하는 내기를 걸었다. 그날 오후, 소태산은 7살짜리 훈장 아들을 데리고 나와 집 밖에 쌓아놓은 솔가리에 불을 싸지른다. 깜짝 놀란 훈장은 웃옷을 벗어 오줌통에 적셔서는 엎어지고 넘어지며 달려가 불길을 잡느라 애썼다. 온 동네 사람들이 동원되어 불을 끄고 나서 어찌 불이 났는가 발화원인을 캐다 보니 훈장아들이 나타나 소태산이 방화자임을 증언했다. 훈장은 거듭 놀라 불같이 화를 냈지만, 소태산은 "오전에 약조한 일을 실행했을 뿐인데 왜 그리 화를 내십니까?" 태연히 대꾸하며, 이후로 다시는 글방에 다니지 않았다.

필자 정산은 이 이야기를 놓고 사건의 개요만을 건조하게 설명한 것이 아니라 절반 가까이를 훈장, 친구, 소태산의 대화로 엮었다. 차별 대우로 인해 상처 받은 소년의 심리, 당돌한 내기 제안과 궁금증 유발, 의표를 찌르는 대담한 방화, 극적 반전과 자퇴의 통쾌감 등은 흥미도 진진하거니와 현대 교육과도 끈이 닿는 문제제기의 성격을 띤다.

(2)〈처사를 시험하신 일〉

이 이야기는 소태산이 우주와 인생에 대한 의문을 풀기 위해 고행하며 스승을 찾던 십대 후반 어느 때의 일이다. 산중에서 도를 닦아 신통을 얻었다는 처사가 소태산의 부친에게 아들을 제자로 삼아 불가사의한 능력을 가르치겠다며 대가로 소 한 마리를 요구했다. 귀가 솔깃한 부친이 아들을 불러 인사를 시키자 소태산은 절도 하지 않고 역제안을 한다. "선생이 가지신 포부와 능력을 먼저 베풀어 내게 확인을 시켜주면 그 다음에 사제의 의를 맺고 사례도 하겠소." 그러자 처사는 자기가 육정육갑과 통령하여 신장을 부리는 능력이 있다고 흰소리를 쳤다. 소태산은 그 신장을 불러 실지로 구경시켜 달라고 요구했고 처사는 쾌히 승낙했다. 이로부터 방을 깨끗이 치우고 앉아 밤새워 주문을 외우나 신장은 나타나지 않았다. 처사는 동네에 해산한 집이나 초상난 집이 있어서라는 둥, 처소가 부정해서라는 둥 핑계를 대며 방을 옮겨 다시 시도하였다. 그러나 끝내 신장이 나타나지 않자 소태산이 자리를 비운 사이 그는 담장을 넘어 도망치고 말았다.

이것은 소태산의 구도행각에 있어 방향 수정의 변곡점이 되는 중요한 사건으로 보인다. 천신이나 산신 혹은 도사나 이인 등 초월적 타자에 의존하는 신비주의를 벗어나 자력에 의하여 진리의 구극에 도달하려는 결심이 서게 되는 것이다. 정산은 역시 이 작품에서도 처사와 소태산의 대화를 중심으로 사건을 기술하여 현장감을 고조시키며 게임을 보는 듯한 흥미를 안겨 주고 있다.

(3)〈당시 외인 중 비평의 한 이야기〉

이 작품은 소태산과 초창기 제자들이 조수가 드나드는 물길을 막아 갯벌에 논을 일구는 이른바 방언 공사를 시작하자 이를 비판 조소하는 세인들의 이야기와, 타종교인과 소태산 사이에 있던 일 등을 쓴 것이다. 요컨대 남들이 불가능하다고 비웃는 것을 신념에 찬 창립 멤버가 성공적으로 이뤄냈다는 것이다. 이야기의 절반 이상은 '갑'과 '을'이란 가상 인물이 동네 사람을 대표하여 주거니 받거니 하면서 대화하는 것으로 되어 있다. 갑은 강경한 비판자이고 을은 소극적이나마 변호하려는 사람인데 이들의 공방이 흥미롭다. 후반은 이교도(소태산 자료에서는 천도교인으로 나온다) 한 사람이 소태산에게 방언을 중지하고 그 대금을 돌려 자기네에게 투자하라고 유혹하는 이야기다.

이 작품이 주목되는 바는 의도적으로 희곡 형식을 채택하여 이야기를 끌어갔다는 점이다. 앞의 두 작품에서도 대화체를 많이 썼다고 하였지만, 정산은 아마도 서술형이 독자에게 지루한 느낌을 줄까 싶어 이런 방식을 선호한 것이 아닐까 싶다. 그 중에도 이 작품에 그런 의중이 더욱 두드러져 보인다.

(4)〈치재에 대한 영험〉

이 작품은 이른바 법인성사法認聖事라고 하는 사건, 교단사적으로 아주 중요한 기도 이적을 기록한 것이다. 방언공사 성공 후, 소태산의 9인 제자들은 인류구원의 서원을 가지고 정신적으로 거듭나기 위하여 산상기도에 들어간다. 그들 중 한 사람이 처음엔 정성심 없이 기도에 임하다가 죽을 고비를 넘기며 기도인들에게 각성을 준다. 이어서 소태산은 그들의 기도 정성이 천의를 움직이기에는 부족하다고 지적하며 마지막으로 목숨을 희생하는 살신성인의 최후기도를 대안으로 제의한다. 이로부터 음력 7월 26일이 결단의 날로 정해지고, 전원이 단도를 품고 산상 기도처에 올라 기도 후 자결하기로 다짐하는 단계에까지 이른다. 당일 저녁 사무여한이라 쓴 최후증서에 맨손으로 지장을 찍은 후 각자 산으로 향하는데, 최후증서에 혈인血印이 나타남을 본 소태산은 제자들을 불러 모으고 천지신명이 감응하였음을 알린다. 그는 제자들에게, 이미 죽은 셈치고 앞으로는 순일한 생각으로 공부와 사업에 힘쓰고 중생 제도에 노력하라고 당부하며, 거듭남의 뜻으로 법명과 법호를 부여한다.

이 작품은 종교문학적으로 대단히 의미심장한 것이다. 이 사건의 선봉에 섰던 정산이 기록한 것이기에 더욱 진정성이 느껴지는 작품으로서 다양한 연구자료를 제공하는 것이기도 하다.

(5) 마무리말

풍토로 보아 정산은, 사장파와 대척에 선 도학파의 전통이 강한 영남에서 탄생 성장한 관계로 문文보다는 도道를 지향했기에 문학적 성취에 상당한 제약을 가진다. 그럼에도 불구하고 종교문학으로서 정산의 문학은 평가할 부분이 적지 않다.

우선 한시를 보면 세련된 7언율 같은 것이 없지는 않으나 대개는 금체시의 기교적 정형성을 외면하고 도덕적 내용을 담은 종교시와 주문이 주류다. 그러나 〈영주〉 등 몇 작품에서 보듯 다채로운 기교를 가진 작품도 없지는 않다.

교조 소태산의 성탑을 세우며 쓴 비문은 의고체의 장중하고 유장한 국한혼용문 서序와, 고승 탑비의 고전을 답습한 명銘으로 되어 있다. 내용이나 문장이나 비문으로서는 종교문학의 절정을 보이는 명문이라 하겠다.

유일한 노랫말 〈법신불찬송가〉는 독특한 시형과 조리 정연한 내용으로 범접할 수 없는 위상을 보여주고 있다. 아울러 〈게송〉은 소태산의 전례를 본받아 한글 4행시체로 가장 쉬운 게송이면서 가장 심중한 의미를 담아냈다고 평가했다.

정산문학의 최고봉인 〈원각가〉는 그의 깨달음을 노래한 오도송에 해당하는 것으로 '변 · 불변'을 핵심어로 하여 우주와 인생의 진수를 아포리즘 방식으로 풀어낸 수작이다. 비유법을 배제하여 문학적 성과에선 아쉬움이 있으나 강조법과 변화법 등 수사 기교를 다양하게 구사하였음이 주목되었다. 여기서 놓쳐서는 안 될 것으로, 이 작품이 소태산의 가사문학 영향권을 벗어날 수 없음을 지적하였다.

끝으로 창건사에 들어 있는 일화들을 서사문학으로 분류하여 4개의 작품을 집중 분석하였다. 원불교문학에서 가장 영성한 분야 중 하나가 서사문학이란 점에서도 주목할 성과라 하겠다.

나. 삼산 김기천의 문학

1) 들머리말

삼산三山 김기천金幾千은 원불교 출가 교역자인 교무다. 그는 교조 소태산 박중빈의 최초 9인 제자 중 하나이고, 교단사상 소태산으로부터 최초로 견성 인가를 받은 인물이기도 하다. 종교적으로 볼 때 그는 원불교 창립을 위해 한 생애를 초지일관 살다 간 선구자요 선각자요 공로자이지만, 동시에 문학가로서도 적지 않은 업적을 남겼다. 그는 문단에 발을 담근 적도 없고 문사로 자처하지도 않았으니 문단의 관심을 끌거나 주류문학사에 등장하지도 않는다. 그러기에 그의 문학이 원불교를 떠나서 존재하는 것은 불가능하다. 그렇지만 종교문학을 논하고 원불교문학을 말하는 자리에서라면, 삼산은 응당 높이 평가받아야 할 인물이다.

삼산문학에 대해서는 필자가 1985년에 「원불교가사 시론」에서 가사만을 논한 바 있고[19], 1993년에 「삼산문학의 종교성과 문학성」에서 전반적인 연구성과를 발표한 바 있다.[20] 이 글은 저술 체제에 맞도록 앞의 논문을 수정 보완한 것이다.

2) 삼산 김기천의 생애

삼산은 1890년 2월 5일(음)에 전남 영광군 백수면에서 부친 경주 김씨 다유

19) 『한성어문학』 4집(한성대 국어국문학과)
20) 『한국종교사상의 재조명』(원광대출판국)

와 어머니 이대유 사이에서 1남 2녀 중 외아들로 태어났으며 출생 서열은 두 번째다. 본명은 성구聖久이다.

논, 밭, 임야 등을 갖추고 그 지역 농가 기준으로 중농은 되던 터에 그는 농사짓고 땔나무를 해다 팔며 평범한 농부로 살았다. 좀 남달랐던 점이라면, 7세부터 다니기 시작한 글방에서 한문 공부에 재미를 붙이고 마을에서 꽤 재능을 인정받게 되자 17세부터는 훈장이 되어 어린이들을 3년간 가르친 경력이다.

15세에 이웃 마을 김순천과 혼인하였고, 한 달 후에 부친상을 당했다. 24세 때 모친마저 별세했는데, 그때 그는 이미 두 딸의 아버지가 돼 있었다. 그럼에도 그는 가장으로서 집안일을 보살피거나 재산을 불리거나 하는 데에는 그다지 관심이 없이 독서에 열중하였다. 그러던 중 27세 되던 1916년(원기 1년), 같은 면에 사는 팔산 김광선의 안내로 소태산을 만나서 그의 제자가 되었다.

이로부터 그의 생애는 크나큰 전환을 맞이한다. 그는 소태산의 핵심 제자로 발탁되었고, 이후의 생애는 소태산을 도와 원불교(당시는 불법연구회)를 창립하고 발전시키는 데 바쳐졌다. 그는 저축조합운동, 방언공사, 법인성사 등에 주역으로 참여하였다. 1924년 35세에 정식으로 출가하니 가정을 떠나 영광, 부산 등지의 교무와 익산 총부의 서무부장, 교무부장 등을 역임하면서 종교적 헌신의 본보기가 되었다. 39세시에 교조 소태산으로부터 교단 최초로 견성인가를 받았고, 후에 법위는 제2위인 출가위出家位로 사정되었다.

부산에서 교화에 주력하던 1935년, 장티푸스에 걸려 46세로 열반에 들었다. 딸 셋에 아들 둘을 낳았으나 아들 둘은 요절하였고, 40세 때 제자 이호춘李昊春과 은부자恩父子[21] 결의를 한 바 있다.

21) 원불교에서 결의부자 관계를 말하는 것으로, 결의모녀인 은모녀(恩母女)의 상대어다.

3) 삼산 김기천의 문학유산

삼산의 문학유산은 가사 · 창가 · 한시, 그리고 수필로 분류될 법설이 있는데 우선 이를 연대순으로 열거해 보겠다.

번호	장르	제 목	발표시기(음)	발표지
1	수필	나의 武器는 인내	1928.6	월말통신 4
2	〃	一魔가 무궁한 惡業을	1928.7	〃 5
3	한시	夢見詩	1928.10	〃 8
4	수필	꽃이 너무 황홀하면	1928.11	〃 9
5	한시	綴字集	1930	단행본
6	창가	團法讚美曲	1930.12	월말통신 34
7	가사	教理頌	1933.1	월보 44
8	한시	聞法有感	1933.5	〃 47
9	창가	結制歌	1933.8	회보 창간호
10	〃	解制歌	〃	〃 〃
11	〃	추기제사기념가	1933.12	〃 5
12	〃	회가(3인 합작, 1차 개정분)	1934.1	〃 6
13	수필	근검과 수도인	〃	〃 〃
14	〃	대중살이하는 데 몇 가지 감상	〃	〃 〃
15	가사	安心曲	1934.2	〃 7
16	수필	술 취한 運轉手를 보고	〃	〃 9
17	수필	無形한 함정	1935.4	〃 15
18	가사	樂道하는 가정 소식	1935.5	〃 16
19	창가	四恩讚頌歌	1935.6	〃 17
20	수필	願이 없는 자는 마른 나무와 같다	〃	〃 〃
21	가사	心月(맘달)	1936.5	〃 24
22	〃	雪中에 박노래	유고	미발표
23	〃	着心解脫	〃	〃 (1934 작)
24	창가	六日歌	〃	〃

이 가운데 〈회가〉는 원불교의 전신인 불법연구회의 회가인바, 송도성 · 이공주 등과의 합작으로 알려져 있어 삼산의 참여폭이나 집필 부분을 짚어내기가 어렵다. 또 『철자집』은 발표 시기나 장르 구분에 이의를 제기할 여지가 있으나 우선 이렇게 잠정적으로 처리하고 뒤에 다시 논하기로 한다. 〈육일가〉 역시 가사로 분류하는 것이 타당하냐 의문을 가질 만하나 이에 대한 설명도 뒤에 하겠다.

그리고 작자가 삼산이라는 설이 있는 〈하단회가(下湍會歌)〉가 여기서 빠진 이유에 대해서는 좀 자세한 설명이 필요하다.

삼산의 유고 묶음인 『가사집(歌詞集)』[22] 에는 삼산의 딴 작품들과 함께 〈하단회가〉 5개 절이 실려 있는데, 이 중에서 1 · 2절은 다소 변형된 모습으로 월보 43호(1932. 12)에 〈부산지부가〉란 제목으로 발표된 바 있다. 그런데 문제는 작자가 삼산이 아닌 양혜성으로 되어 있다는 점이다. 이 수수께끼를 종전에는 다음과 같이 풀었다.

> 〈부산지부가〉는 회관 서기인 양혜성의 이름으로 발표되었으나 이는 회원들의 발표 의욕과 신심을 고취하기 위한 삼산 교무의 배려인 듯하고, 기실 그 자신의 글임은 그가 남기고 간 유고집에 〈하단회가〉란 제하에 이상의 1 · 2절을, 3 · 4 · 4 · 4조를 3 · 4 · 4 · 3조로 수정하여 노래를 5절까지 읊고 있다.[23]

그러나 필자가 보기에 〈하단회가〉는 삼산의 작품이 아닌 것 같다.

---

22) 1981년 박용덕이 발굴하여 《원불교신보》 298호에 소개하였다.

23) 이는 『삼산 · 육타원 문집』(원불교출판사, 1982) p.300에 실려 있는데 발굴자 박용덕의 의견으로 보인다.

첫째, 서체가 다르다. 유고로 밝혀진 삼산의 여타 육필 원고 글씨는 모필이든 철필이든 해서체 내지 행서체 모두가 달필인데 〈하단회가〉는 꼭 못 쓴 글씨는 아닐지라도 현저히 졸하다.

둘째, 문체가 다르다. 삼산의 여타 원고가 한결같이 국한혼용문인데 〈하단회가〉는 순한글이다. 또한 〈하단회가〉는 '강선듸, 희탈하고, 졔도희가네' 등 아래아(·)가 쓰였으나 여타 삼산 원고에는 아래아가 쓰이지 않았다.

셋째, 운율이 다르다. 뒤에 다시 논의되겠지만 삼산 작이 확실한 여타의 창가 6편은 7·5(3·4·5/4·3·5)조 1편과 8·5(4·4·5)조 5편으로 3음보율인데 비해 〈하단회가〉는 7.7(3·4·4·3)조라는 생경한 음수율에 4음보율이 쓰이고 있다.

이상의 이유로 보아 〈하단회가〉는 삼산의 작품이라고 보기에 무리가 있으니 결국 〈부산지부가〉를 낸 양혜성의 작품으로 볼 수밖에 없다. 그러나 여기에도 의문은 남는다.

첫째, 월보 43호(1932.12)에 발표된 양혜성의 창가는 〈부산지부가〉와 〈구도자여〉 등 두 작품인데 이들의 운율은 3·4·4·4여서 〈하단회가〉의 3·4·4·3과 비록 음보율은 같으나 음수율이 다르고, 다를 뿐 아니라 생소하기까지 하니, 이건 왜 그럴까.

둘째, 〈부산지부가〉나 〈구도자여〉의 문체가 국한혼용문이고 아래아도 사용되지 않았는데 〈하단회가〉는 순한글에 아래아 표기까지 있으니, 이는 무슨 까닭일까.

셋째, 교당명이 초기에 '부산출장소'(1932)에서 '하단지부'(1934)로 바뀌었으니 1932년에 발표된 〈부산지부가〉에 비하여 〈하단회가〉는 1934년 이후에 쓰인 것이 아닐까.

그러나 필자의 추측은 이렇다. ①청년교도 양혜성이 5절짜리 〈하단회가〉를 지어 스승 삼산에게 지도를 부탁한다 ②삼산은 3 · 4 · 4 · 3조의 낯선 운율을 가사체인 3 · 4 · 4 · 4로 바꾸고, 아래아를 사용하는 낡은 표기법을 바루고 한자를 섞어 고친 후 월보 편집실로 보낸다 ③편집실에서는 5절까지 싣기에는 지면이 궁색하여 2절까지만 싣고[24], 대신에 같은 작자의 다른 작품 〈구도자여〉를 함께 실어 준다.

그리고 원작의 제목 〈하단회가〉는 부산출장소(부산지부)를 하단지부로 개칭한 후인 1934년 이후에 나온 것이 아닐 것이다. 〈하단지부가〉라 하지 않고 〈하단회가〉라 한 것은 하단(부산시 사하구)에서 법회를 보았기에 그리 칭한 것으로 보인다. 작품 5절에 보면 "신미 팔월 십육일은 우리 회(會)의 창설 날"이란 구절이 나오는데 신미년은 1931년, 즉 부산출장소가 정식으로 열리기 전해임을 보아서도 그렇다.

아마도 〈하단회가〉는 삼산이 받아 자기 작품들과 함께 간수하다가 갑작스런 열반을 당했고, 후인이 유품을 정리하는 과정에서 함께 엮어 둔 것으로 보인다. 열반 이듬해인 1936년에 '고 삼산 김기천 선생 유고'로 회보 24호에 가사 〈심월〉이 실렸는데, 이 작품이 정작 이 유고집에는 빠진 것으로 보더라도 유고 묶음인『가사집』이 그리 꼼꼼하게 정리된 것이 아님을 알 수 있다.

4) 삼산문학의 배경과 문학관

24) 양혜성이 지어온 5절 길이 작품을 삼산이 처음부터 2절 길이로 수정한 후 편집실로 보냈을지도 모른다.

삼산문학의 배경은 소태산과 견줄 여지가 많다. 소태산보다 한 살 연상일 뿐이니 시대적 배경이 같고, 소태산의 이웃마을 사람이니 지리적 배경이 같다. 농가 출신에 부친을 비교적 일찍 여의고 가장의 책임을 맡게 된 것까지 가정 사정도 비슷하다. 그러나 소태산이 글공부에 재미를 못 붙이고 서당을 스스로 멀리 한 것과는 달리 삼산은 학문을 좋아했다. 삼산은 7살 때부터 서당에서 한문을 배우기 시작하였는데 상당히 글공부에 재미를 붙였던 모양이다. 그는 13세경에는 한문의 문리를 터득하고 이때부터 시율詩律 공부에 들어갔다고 했다. 다음을 보면 그가 시를 꽤 사랑했을 것으로 짐작된다.

> 선생은 영광 백수 일우에서 출생하사 조그마한 한 가정에서 몇 식구의 처자를 데리고 들에 나가 농사짓기와, 여가로는 붕우로 더불어 시를 지어 읊기와 술 마시는 것으로 소일하셨으니……[25]

17세에 훈장이 되어 학동들을 가르치기 시작하여 3년간을 지냈다 하지만 그 후로는 특별히 학문적 연마의 기회를 가질 수 없었고, 한문학에 관한 한 더 이상 스승의 지도를 받지도 못했던 모양이나 주로 독학으로 상당한 경지에 도달한 것 같다.

- 삼산은 틈만 있으면 책을 가까이하였다.[26]

---

25) 위의 책, p.192. 동향인 김형오의 추모글.
26) 앞의 책, p.263.

• 諸家詩書에 막힘없이 理解 化導하신 雄文學者이시었다.[27]

삼산의 글을 보면 그가 중국의 유 · 불 · 선 고전들을 섭렵한 흔적을 종종발견하게 되거니와 삼산의 독서와 그의 시문 간의 밀접한 관계는 쉽게 유추할 수 있다. 삼산은 홍도화의 꽃이 화려함에 비해 열매가 시원찮은 것을 보고 쓴 글 〈꽃이 너무 황홀하면〉 가운데서「花繁猶輕實 語多易失中」(꽃이 많으면 오히려 열매가 가볍고, 말이 많으면 중도를 잃기 쉽다)의 깨달음을 얻었다고 하여 그의 언어관 내지 문학관을 잘 드러내고 있다.

그 느낀 바는 다름이 아니라 사람이 말이나 글이 다 같은 것인 줄 알았습니다. 너무 번삭하면 매우 자상할 것 같지마는 그 자상이 도로 不詳되는 수가 있으니, 만약 번삭하면 하는 자의 자체에서도 흔히 종을 잃기가 쉽고 듣는 사람의 처지에 있어서도 요령을 얻기 어렵나니, 그런 고로 달마대사는「不立文字 不依言語 直指心佛 見性成道」 문자에 끌리지도 말고 언어에 팔리지도 말고 곧 마음 부처를 알아서 견성과 성도를 하라 하셨고, 중국의 상고시대에는 글이 堯典, 舜典의 간단한 권수만 있었으되, 다 그 당대에는 聖類賢衆이 우후의 죽순처럼 연해 계승하였다. 그러나 한 · 당 · 송 이후로 文辭가 번잡한 세상에는 도리어 聖跡의 나타남이 드물지 않았는가?[28]

달마의 불립문자, 불의언어를 이상으로 제시하면서도 그것을 한 · 당 · 송

27) 앞의 책, p.205.

28) 《월말통신》 9호(1928.11). 엄격히 말하면 이 글은 삼산이 직접 쓴 글이 아니라 그의 구두발표를 타인이 받아 적은 것이다.

문사의 대극에 두어 이 둘을 절충 타협한 요전 · 순전을 모범적 문장으로 삼은 것이다. 동시에, 문장 자체를 가치로 보거나 목적시하지 않고 종교적 가치를 담는 도구적 가치로 보고 있다는 점에서 그는 동양적 전통을 충실히 계승하고 있다고 하겠다. 특히 그는 원불교의 교리, 소태산의 가르침을 전달하는 교화 수단으로서만 문자의 의의를 부여하고 있는 것 같고 아울러 실용주의적 언어관이 보인다.

> 마음의 공부가 반드시 가까운 데 있는 것이요 먼 데에 있지 아니하며, 간이한 데 있는 것이요 어렵고 복잡한 데에 있지 아니한지라 우리 사부주(師父主)께옵서 우리를 교도하시는 삼감령 팔조목의 바른 법과 취지경전의 명료하신 문구가 몇 장의 종이를 허비치 않고 다 갖추지 않았나이까.[29]

5) 작품론

가) 창가

여기서 창가唱歌라 하는 것은 개화기의 시가 양식 가운데 하나로서 악곡에 얹어 부를 수 있게 만든 노랫말을 가리킨다. 삼산의 창가 7편의 형식과 요지를 소개하면 아래와 같다.

〈단법찬미곡〉은 7 · 5(3 · 4 · 5/4 · 3 · 5)조 3행 13절의 다소 불규칙한 시형으로 6 · 5조 혹은 8 · 5조가 섞여 있다. 원불교의 독특한 교도 조직인 10인

29) 앞의 글.

1단의 의의와 조직 운영을 말하고 그 공덕을 찬미하는 내용이다.

〈결제가〉는 8 · 5(4 · 4 · 5)조 4행 5절의 정제된 시형으로, 내용은 교조 소태산 법하에서 받는 3개월 전문 훈련의 의의를 드높이고 성불제중을 권장하고 있다. 결제結制란 불가에서 안거 혹은 선(교리훈련)을 시작하는 절차이니 마치는 절차인 해제의 상대어다.

〈해제가〉는 8 · 5(4 · 4 · 5)조 4행 4절의 정제된 시형으로, 3개월 선의 공효와 소태산에 대한 감사, 그리고 사제 동지 간 석별의 정을 말하고, 공부를 일상생활 속에 연장할 것을 당부한다.

〈추기제사기념가〉는 8 · 5(4 · 4 · 5)조 4행 5절의 정제된 시형으로, 열반한 동지와 각자의 선조 전에 드리는 공동제사의 의의를 밝히고, 바른 마음가짐을 일러 주고 있다. 추기제사秋期祭祀란 당시 원불교의 신정의례법에 따라 행해지던 공동제사의식이다.[30)]

〈사은찬송가〉는 8 · 5(4 · 4 · 5)조 4행 5절로서, 원불교 사상의 요체인 사은의 요지와, 그 진리를 가르쳐 준 교조의 은혜를 찬양하고 보은을 권장하고 있다.

〈회가〉는 8 · 5(4 · 4 · 5)조 4행 4절로서, 교조와 교법에 대한 높은 긍지를 바탕으로 하여 교단과 교도의 사명을 노래하고 있다.[31)]

요컨대 삼산의 창가는 그 형태면에서 종합한다면, 거의 8 · 5(4 · 4 · 5)조의 완벽한 창가 형태를 갖추고 있으며, 최초작인 〈단법찬미곡〉을 예외로 한다면

30) 작품이 실리던 그해(1933)엔 음력 9월 25일에 행해졌다.

31) 최초의 회가는《회보》5호에 발표된 후, 6호에서 1차 개정, 26호에서 2차 개정이 이루어졌다.

한결같이 매절 4행을 취하고 3~5절로 구성되어 있다 하겠다. 삼산은 〈단법찬미곡〉처럼 초기엔 그다지 음수율에 매이지 않던 것에 비해 뒤로 가면 엄격한 통제를 보여 주고 있다.

절부와 단증으로 식 거행하니 (3·4·5)
백절불굴 열렬한 그 신성은 (4·3·4)
천지로 맹세코 일월로 보증해 (3·3·6)

—단법찬미곡 제4절—

날과 달로 비쳐주고 우로 베푸니 (4·4·5)
죽고 살고 못 면할사 천지님 은혜 (〃)
낳고 키고 보호하고 갈쳐 주시니 (〃)
호천망극 못 면할사 부모님 은혜 (〃)

—사은찬송가 제1절—

앞엣것의 불규칙성에 비해 뒤엣것은 완벽한 음수율을 갖추고 있고, 특히 음수율 통일을 위해 '낳고 키고(키우고)'니 '갈쳐(가르쳐) 주시니' 등 흖지 않은 준말까지 동원함에 주목하게 된다.

다음, 창가 각 절의 끝 어절 성격에 유의할 일이다. 〈단법찬미곡〉의 경우 청유형, 서술형, 명령형, 감탄형에 명사, 조사 등 가지가지로 끝을 맺고 있지만, 뒤로 갈수록 정제되기 시작하여 〈사은찬송가〉쯤 가면 5개 절이 각각 '은혜, 은혜, 은혜, 로다, 로다'로 규칙적 마무리를 하고 있음이 발견된다.

또, 절節의 마무리 어휘를 보면 총 36개 절 가운데 청유형 8, 감탄형 13, 명령형 4, 서술형 6, 명사 4, 조사 1 등으로 되어 있어서 서술형보다 감탄형과 청유형이 많다는 것과, 명령형이 5이나 된다는 점을 주목하게 된다. 청유가 변형된 명령이요 명령은 강화된 청유라 볼 수 있고, 명사나 조사 종결은 서술형의 변형으로 간주할 때 총 36개 중 감탄과 명령(청유)의 25개는 서술의 11에 비해 월등 많아 그 역동적 열정을 느낄 수 있다.

삼산의 창가는 당대에 원불교 창가를 가장 활발히 발표했던 이공주 등에 비하면 시적 압축이나 긴장이 승하긴 하지만, 당시 창가 장르가 대개 그렇듯, 메시지 전달에 비중을 많이 두었기에 내용의 무게 때문에 표현이 위축되었다는 약점을 면할 수 없다.

한편 삼산 창가에 담긴 종교성을 살펴보면, 이들 창가에는 한결같이 원불교 교법 · 제도에 대한 예찬과 교조 소태산에 대한 찬양이 따르는데 그에 대한 우월감과 자부심이 두드러짐을 알 수 있다.

간이하고 널리 미친 우리 단 조직
한 사람이 구인씩만 지도해 가면
억만세계 유루 없이 교화하리라

—단법찬미곡 제1절—

사은과 사요의 인생의 요도를
삼강과 팔조로 공부하여서

나의 일신 제도코 천국 만드세

—단법찬미곡 제6절—

우리 종사 대법으로 도문을 열고
온갖 명절 생사 기념 다 모아다
매년 사기 기념날을 정해 행하니
간략하고 신선하기 한량없도다

—추기제사기념가 제1절—

10인 1단의 조단법, 기본 교리 4은 4요와 3강 8조, 신정의례법新定儀禮法 등에 대한 교리적 자부가 강하니, 이런 법과 회상을 열어 준 교조에 대한 숭배심은 자연히 뒤따를 수밖에 없다.

수미산에 해가 돋고 항하수 맑으니
영산회의 봄바람이 또 다시 부네
인연 깊은 우리 도우 모여 들어서
우리 종사 대법하에 훈련받도다

—결제가 제1절—

장하도다 우리 종사 무량한 법문
우리 악병 나숴 주고 씻어 주셨네

—해제가 제2절—

물욕 충만 이 세상에 위기 따라서

구주이신 우리 종사 탄생하시사

………………(중략)………………

전무후무 유일하신 우리 대종사

-회가 제1절·4절-

여기서 종사 혹은 대종사라 한 것은 소태산을 가리킨다. 다른 신자들이 그렇듯 삼산은 소태산을 최상의 성자로 받아들이고 찬양한 것이다.

마지막으로 〈육일가〉를 논할 차례다. 명칭은 초기에 법회일을 매월 6일, 16일, 26일 등 이른바 3 · 6일에 가진 것에서 유래한 것이니, 6일 법회에 나와서 교리를 익히고 마음을 닦아 영생의 혜복을 마련하자는 내용이다. 주목할 것은 이 작품의 형식이니, 삼산 창가의 이단아라 할 기형적인 것이다. 그래서 장르상 창가에 넣기도 찜찜하고 가사로 분류하기도 어려운 것이지만, 그래도 창가로 일단 분류하여 설명하기로 하는 바이다.

〈육일가〉는 그 내용 전개로 보아서는 가사와 흡사하지만, 율격상 4음보율을 추구하는 가사와 달리 3음보 위주인 점에선 창가이다. 그러나 창가의 필수라고 할 분절이 없이 무려 64행이나 연속되는 점은 또 가사 방식이다. 그러면서도 음수율이 7 · 5 혹은 6 · 5가 주류인 점은 창가에서 흔히 보이는 것이지만, 5 · 5와 8 · 5 심하면 4 · 5까지 혼재되어 있어서 정통 창가의 음수율과는 한참 거리가 있다. 생각건대 삼산은 전통가사의 유장한 연속성을 취하는 일방 창가의 문체 내지 율격과의 절충을 꾀하기도 하는 등 장르적 갈등을 겪은 것으로 보인다.

나) 한시

삼산의 한문 실력으로 보아 한시깨나 지었음직한데 지금 남은 것은 〈몽견시〉와 〈문법유감〉 등 2수밖에 없고, 별도로 논할 작품으로『철자집』이 있다.

〈夢見詩〉

風後江山靜(풍후강산정) 바람 그치니 강과 산이 고요하고
日初宇宙明(일초우주명) 해 떠오르매 우주가 밝도다
賊本爾家族(적본이가족) 도적이 본디 네 집 식구이니
歸順道大成(귀순도대성) 순하게 돌리면 도가 크게 이루어지리

1927년 12월 5일 밤 꿈속에서 삼산은 소태산을 만났는데, 소태산이 앉아 있는 초당 벽 위에 이 시가 걸려 있더란 것이다. 그러니까 삼산이 무의식에서 지은 시인 셈이다. 그래서 소태산과 동지들은 그 꿈이 영몽靈夢이요 그 시가 천어天語임을 칭찬하였다는 사연이 있는 시다. 이 시를 삼산의 오도송으로 보아야 한다는 의견도 있지만[32], 아닌 게 아니라 소태산의 대각송「淸風月上時 萬像自然明」(맑은 바람 불고 달 떠오를 때 삼라만상이 제 스스로 밝도다)을 연상시킨다. '風 · 明' 두 글자를 따온 것도 그렇고 이미지도 상통한다.

경운庚韻의 5언절이다. 기 · 승구는 대구가 돼 있고, 기 · 승 · 전 · 결의 시상 전개가 전형적 4단 구성법이다. 기 · 승구에 있는 바람과 해가 무엇을 상징하는가 하는 것은 해석이 한결같을 수야 없지만, 삼산의 사상과 삶을 감안해

32) 박용덕,『구수산 구십구봉』(원불교출판사 2003) p.103.

보면 그 의미가 대강 잡힐 만하다.

안으로는 일제가 기승을 부리매 동포가 도탄에 빠지고 밖으로는 이념적 갈등과 열강의 각축이 혼란을 극하고 있는 때이다. 이런 것이 한국사 내지 세계사적 풍운임 직하고, 때가 되어 그것이 그치면 이 나라 이 세계가 평화스러워지리라는 예언이요, 해인즉 어두운 세계에 소태산의 원광圓光이 태양처럼 솟아올라 세계를 밝힐 것이란 예언이 아닐까 생각할 수 있다.

전구轉句의 '賊'이란 무엇인가? 이는 안으로 마음속에 피어나는 삼독심(탐 · 진 · 치)도 될 수 있고, 밖으로 불의한 일체 세력들이 될 수도 있을 것이다. 구체적으로는 우리 민족과 원불교 교단을 탄압해 마지않던 일제日帝일 수도 있을 것이다. 소태산이 그랬던 것처럼 도인에겐 적敵의 관념이 있을 수 없다. 도가 익고 법이 높은 수도인은 불의의 세력을 박멸하는 것이 아니라 교화방편으로 그들을 참회 귀순케 하는 법이다. 요컨대 삼산은 무의식 세계에서 스승에게 어두운 현실의 타개책을 물었고 스승은 그에게 바른 길을 일러주어 그를 위로하고 격려한 셈이다. '내 식구'(吾家族) 아닌 '네 식구'(爾家族)가 된 까닭이 그것이다.

다음은 〈문법유감〉이니 '법설을 듣고 느낀 바가 있다'는 뜻이다.

〈聞法有感〉

運舟向淺灘(운주향천탄) 배를 저어 얕은 여울 향하매
竭力尚移難(갈력상이난) 아무리 힘을 써도 오히려 나아가기 어렵더니
夜雨增江水(야우증강수) 밤비에 강물이 붇고 보니
中流自在還(중류자재환) 중류까지 마음대로 돌아왔노라

이것도 5언절이니 '灘 · 難'을 보면 '翰韻'을 쓴 것 같은데 '還'은 '刪韻'이어서 안 맞는다. 더구나 한운은 거성이고 산운은 상평上平이니 평측법으로 볼 때는 평성인 산운이 맞고 측성인 한운의 '難' 자가 잘못 쓰인 것이니 혼란이 가중된다. 아마 삼산이 운자를 착각했거나 아니면 짐짓 압운이나 평측을 무시하고 의미 전달에만 마음을 쓴 것일 게다.

이 시는 소태산의 법문을 듣고 감상을 적은 시다. 발표 때 붙어 있던 해설이 사정을 잘 요약하고 있다.

> 이 글 뜻은 공부하는 사람이, 공부하는 길이 서툴러서 아무리 힘을 써도 공부가 늘어가지 않더니 종사님의 비 같은 법설을 듣고 홀연히 깨침을 얻어, 공부해 가는 데 자유자재히 길을 얻었다는 말입니다.

삼산의 한시는, 역시 종교적 주제를 다루었으되 비유와 상징의 적절한 구사로 문학성을 십분 살렸다 하겠다.

다음으로 주목할 것은『철자집』이니 '글자를 모아 엮어 놓았다'는 겸손한 뜻이다. 이 책은 일종의 한문교과서이자 교리학습서다. 책이 엮어지게 된 배경으로는 다음 글이 참고가 될 것이다.

- 삼산 자신도 처음에는 글을 쓰지 않았다. …견성 인가 이후 후진들의 질의와 요청에 의해 초학자들에게 교리에 바탕한 효과적인 한문공부를 시키기 위해『철자집』을 저술하였다.[33)]

33)『삼산 · 육타원 문집』p.302.

• 그(이호춘)는 영대가 밝으나 성미가 급하여 공부 방면에 남다른 열의를 보였다. 그는 은부(恩父) 삼산에게 간청하였다. "아버님, 이 은자(恩子)를 위하여 한문을 좀 가르쳐 주십시오. 『규약서』『수양연구요론』에 나오는 한자라도 볼 수 있도록 『천자문』 같은 책 하나 만들어 주십시오." 삼산은 은자의 부탁에 느낀 바 있어 『철자집』이라는 1542자의 한자로 구성된, 초학자들이 익히기 좋은 한문 독본을 만들었다.[34)]

• 저녁이면 동리 남녀 청년들을 모아 한문을 가르쳐 주시고 빠른 길을 밟도록 지도해 주셨다. 유명한 스승님의 저서 『철자집』은 여러 권 손수 쓰시어 나눠 주면서까지 가르쳐서 온 동리 청년들 입에서 『철자집』이 줄줄 나왔다. 나도 어렸지만…뜻도 모르고 노래처럼 외우던 일 생각하며 회고하여 추모하온 정 금치 못했다.[35)]

여기서 확인할 수 있는 바는, 은자 이호춘의 요청이 계기가 됐을지는 모르나 어쨌건 교단의 젊은 후진 초학의 교육과 교화를 위하여 만들어졌고 또 그렇게 활용됐다 함이다.[36)] 또 하나 중요한 정보는 이 책의 체재가 『천자문』을 표방했으리란 유추다.

천자문은 양무제의 명으로 주흥사周興嗣가 엮은 4자 1구로 된 250구 1천자

34) 같은 책, p.286.

35) 같은 책, p.214.

36) 『원불교사전』(1981)이나 『원불교용어사전』(1993)에는 『철자집』이 1925~6년경에 이미 나온 것으로 기록되어 있어 혼란을 준다. 그렇게 되면, 이호춘과 은부자 결연을 한 것이 1929년이니까 은자 이호춘의 부탁으로 집필했다는 설은 근거를 잃게 된다.

의 고시다. 다산 정약용은 이를 분석 비판하고 2천자문『아동편(兒童篇)』을 만들기도 했지만, 이 천자문이 최근세까지도 초학들이 반드시 거쳐야 하는 필독서였음은 다 아는 바와 같다. 철자집은 4자 1구로 된 374구 1,496자이니[37] 천자문과 같은 운문 체계를 취하고 있다. 그런 의미에서 일단 한시(4언 고시)로 분류하여 다루고자 하는 것이다. 그런데 철자집은 전편이 하나로 묶여 단락 구분이 없는 천자문과는 달리 11개의 장으로 나누이고 각기 주제가 소제목으로 쓰이고 있다. 그리고 소제목의 끝이 '-론(論)'으로 통일돼 있듯이 이 글의 내용과 표현은 논술의 방식을 원용하고 있어서 저자가 작시作詩를 의도한 것으로 보기는 어렵다. 그러나 천자문을 한시로 분류함이 옳다면 철자집의 한시 분류도 별로 잘못된 것은 아닐 법하다. 일부를 인용 번역해 본다.

身勢衰耗(신세쇠모) 몸이 늙고 형세도 쇠약하니
花謝酒空(화사주공) 꽃은 떠나고 술독도 비었네
飢寒疾病(기한질병) 춥고 배고픈데 병까지 나니
因接繼續(인접계속) 줄줄이 이어져 끊임없구나
災殃橫厄(재앙횡액) 청치 않은 재앙 뜻밖의 액운
朝夕當番(조석당번) 아침저녁으로 번갈아 온다

-現世論-

逃避陋俗(도피누속) 속세 풍속 더럽다 몸을 피하여
絶岫勝川(절수승천) 빼어난 멧부리 맑은 시냇물

37)『삼산 · 육타원 문집』p.286에 1542자라 한 것은 오류인 듯.

占拓林澤(점척임택) 점지 받아 숲과 못을 가꾸어 놓고

構成臺殿(구성대전) 높은 대 커다란 전 잘도 얽어서

或作寺窟(혹작사굴) 혹은 절을 짓고 혹은 굴을 파

祈仙禱佛(기선도불) 신선에게 절하고 부처에 빌며

寄趣符呪(기취부주) 부적을 붙이고 주문 외우니

急思功效(급사공효) 급하게 구하느니 덕 볼 생각뿐

-評敎論-

다음, 전체 구성을 보이고 그 내용을 간단히 서술키로 한다.

① 권학론勸學論 18구

② 수양권면론修養勸勉論 30구

③ 연구권면론硏究勸勉論 23구

④ 취사론取捨論 21구

⑤ 평교론評敎論 32구

⑥ 현세론現世論 44구

⑦ 제가론齊家論 11구

⑧ 유벽론幽僻論 36구

⑨ 수련론修鍊論 21구

⑩ 회론會論 64구

⑪ 개론槪論 74구

합계:374구

①권학론은 서론인데, 단순히 일반학문(과학)을 권하는 게 아니고 도학道學을 권장하는 것이다. 이어지는 ②수양 ③연구 ④취사의 세 가지는 원불교 수행문의 기본 교법인 삼학이다. ⑤평교론은 외도에 대한 비판이다. 현실을 도피하여 궁벽한 산속으로 은둔한다든지 기적을 구하거나 파는 집단을 매도하며 바른 종교 생활을 강조하고 있다. ⑥현세론과 ⑦제가론에서는 생활을 여의지 않고 인도를 실천하는 길을, 외도에 대한 대안으로 제시하고 있다. 특히 ⑦제가론에서는 가족 윤리와 교육을 강조하고 있다.

⑧유벽론에서는 비일상非日常인 신비하고 유현한 동양 전통 사상事象에 대한 개략을 언급하고 ⑨수련편에선 좌선 등의 수련 방법으로 진리를 탐구할 것을 촉구한다. ⑩회론에서는 불법연구회(원불교)에 대한 해설로서, 수련을 완성하는 지름길을 제시하고 있다. 마지막의 ⑪개론은 기타 일반론과 함께 앞서 언급한 내용을 종합 정리한 것이다.

『철자집』은 정서와 표현, 내용과 형식이 순문학적 이상을 추구한 것이 아니라 문자 교육과 종교적 교화라는 목적을 위한 방편으로서 쓰였으므로 공리주의적 문학관으로서만 설명이 가능하다 하겠다.

다) 가사

삼산 문학에서 가장 주목할 장르는 가사다. 수운의 『용담유사』를 탐독했던 소태산은 자신도 14편 이상의 가사를 창작했고 또 제자들에게도 부르게 했다. 이런 영향으로 소태산의 제자들도 가사를 많이 지었는데 삼산 역시 6편의 작품을 남겨 놓고 있다.

삼산의 가사 작품 가운데 주목을 끄는 것은 〈교리송〉과 〈설중에 박노래〉[38]다. 먼저 이 두 작품을 논의하고 나머지는 뒤에 해설하고자 한다.

〈교리송〉은 598구로 되어 있는바 알려진 원불교가사 가운데 최장편이다. 총 24단락으로 분단되어 있고, 매 단락 첫머리에는 반드시 '어화, 우리 도우(道友)들아'라는 동일 구를 반복하고 있다. 24개 단락은 당시의 불법연구회 교리를 거의 완벽하게 해설하고 있는데 이들은 다시 6개 대단락으로 나눌 수 있다.

(가) 총서……………………①

(나) 4은 ……………………②③④⑤⑥

(다) 4요 ……………………⑦⑧⑨⑩⑪

(라) 3강 8조 ………………⑫⑬⑭⑮⑯⑰⑱

(마) 훈련법…………………⑲⑳㉑㉒㉓

(바) 총결……………………㉔

이 가운데 (나)의 4은은 ②③④⑤가 각각 1가지 은혜를 해설하고 ⑥은 이들을 종합하며, (다)의 4요 역시 그런 식으로 ⑪에서 종합하고, (라)의 3강 8조는 ⑫-⑬⑭-⑮가 각각 3강을, ⑯이 8조를 해설하며 ⑰⑱은 이들을 종합하고 있다. (마)의 훈련법은 ⑲가 정기훈련법, ⑳이 상시응용주의사항, ㉑이 '교무부 와서 하는 책임 6조(현 교당내왕시 주의사항), 그리고 ㉒㉓이 이들의 종합

38) 발굴자의 글을 비롯하여 대개의 논저에서 원제 〈설중에 박노래〉를 〈설중의 박노래〉로 고쳐 썼고 필자도 이전 논저에서 그대로 답습했으나 여기서 〈설중에 박노래〉로 되돌린다. 원문을 보면 삼산은 같은 작품에서 관형격 '의'와 처소격 '에'를 분명히 구분하여 쓰고 있기 때문이다. 삼산이 실수로 '에'를 쓴 것이 아니라 의도적으로 '에'를 쓴 것으로 보인다.

해설이다. 마지막으로 ㉔는 앞에서 나온 모든 교리의 총괄하며 「만세로다 만세로다/우리 도법 만세로다/만세로다 만세로다/우리 도법 만세로다」로 마무리를 한다.

그리고 특기할 것은 이들 종합 해설 단락(⑥⑪⑱㉓)에 틈틈이 교조 소태산에 대한 찬양과 감사가 삽입돼 있는 점이다. 예컨대 ⑥단락의 경우를 보면 다음과 같다.(*인용문은 현대 표기법으로 고침. 이하 같음.)

> 우리 종사 아니던들/이런 이치 알았을까
> 중할시고 중할시고/사부 은덕 중할시고
> 우리 사부 은덕일랑/사은 겸해 높았도다

이어서 〈교리송〉의 종교적 성격과 문학적 의의를 확인하기 위하여 총서 단락을 읽어 보기로 한다.

> 사정(邪正) 구별 없는 세상/혼몽천지 아닐런가
> 사마외도 발발(潑潑)하고/각종주의 횡행하니
> 논리퇴폐 되어 있고/물질개벽 방불하다
> 욕심 더욱 치성하여/황금하에 노예생활
> 파란고해 아닐런가
> 파란고해 고사하고/약육강식 자행하니
> 우리 인생 당행로(當行路)는/영영 매몰 되었더라

무왕불복(無往不復) 그 운수는/고금천지 일반이라
동방금계 울어가고/상서 날이 돋아오니
시방세계 봄소식도/다시 오는 이 때일세
대성종사 출현하사/자비안을 높이 들고
일체생령 제도코자/사은사요 발명하니
인생요도 분명하고
삼강팔조 창작하니/공부요도 틀림없고
정시상시(定期常時) 두 길 잡아/교무부를 연락하여
훈련방식 제정하니/수도 방편 더욱 좋다

〈교리송〉은 빈틈없이 체계화된 교리 해설이기에 정서보다는 논리가 두드러진다. 그러나 「동방 금계 울어 가고 상서 날이 돋아오니 시방세계 봄소식도 다시 오는 이 때일세」와 같은 표현을 보면서 우리는 삼산의 문학적 재질을 새삼 평가하게 된다. 이런 재질이 유감없이 발휘된 곳이 〈설중에 박노래〉가 아닐까 한다.

〈설중에 박노래〉는 삼산의 『가사집』 첫머리에 실린 작품인데, 속표지에 '壬申臘月'(1932년 12월)이란 필사 연기가 있는 것으로 볼 때 늦어도 1932년, 그러니까 부산출장소 첫 교무로 발령받은 당년 말경에는 탈고가 됐으리라 본다.

이 작품은 우리가 흔히 대하는 가사의 형태와는 상당한 거리가 있다. 즉, 4·4조의 율문만으로 되어 있지 않고 산문 대화인 사설[39]과 긴밀히 결합하여

39) 사설의 한자는 辭說이 맞을 텐데 삼산은 무슨 이유에선지 寫說로 쓰고 있다.

희곡적 체제를 보이고 있다. 주인공과 손님이 사설로 대화하는 산문이 7차례 나오고 나서 주인공의 노래가 율문으로 96구 나온다. 그 후 다시 대화가 산문으로 3회 나오고 이번엔 손님의 노래가 율문으로 72구 나온다. 이런 형식은 판소리(창극)의 영향이 많은 것 같다. 아니리와 창이 교차되는 판소리의 형식을 가사에 차용한 것이다. 〈박타령〉(흥보가)에서 발상한 '박'이 소재임도 그 한 근거가 된다.

"여보, 주인공! 무삼 자미스러운 일이 있어서 날마닥 노랫소리가 등천(騰天)하오?"

"네, 제가 박 농사를 한까요 자연 박노래가 나옵디다."

"여보, 주인공! 당신이 꿈을 꾸오, 망어를 하오? 이 눈 속에 박 농사란 웬 말이오?"

"네, 제가 마음이 방탕해서 가대전지(家垈田地) 할 것 없이 다 팔아먹고 남의 토지 빌려 갖고 콩, 서속, 벼, 목화, 감자 별별 가지 농사를 다 하였지요. (중략) 근래에 대성종사(大聖宗師)를 만나 박 종자 세 개를 얻고 전에 잃어버렸던 조업토지(祖業土地) 심지라는 땅을 찾았습니다그려. 그 땅에다 세 곳에 굿(구덩이)을 파고 얻은 박 종자 세 개를 심었더니 이 박 농사는 사절(四節)이 없습니다. (중략) 그럼 그 중에 익은 놈 한 통만 타나와도 박 안에 든 보화가 도무지 말할 수 없습니다."

이렇게 대화가 연속되다가, "그럼, 노래나 좀 해 보오, 주인공!" 하고 손님이 요청하고, 그러면 주인공의 창唱이 나오는 것이다.

나의 팔자 기박하여/삼재팔난 겪은 후에

세전조업 여지(餘地) 없고/자수(自手) 직업 바이 없네
입추지지 없는 몸이/사중은의 덕택인가
우리 종사 만났도다/만난받자 지도받아
영겁에 잃은 심지/이제 다시 찾았도다
호호망망 너른 천지/이런 장자 또 있는가
억만 석도 부럽잖고/천자 왕후 안 바꾸네
이 땅 위에 밭을 꺼서/삼분(三分)하여 굿을 파고
삼개 박 굿 재배하니/박 굿 이름 무엇 무엇
제일 굿은 정신수양/제이 굿은 사리연구
제삼 굿은 작업취사/삼개 박 굿 묻어 놓고

이런 식으로 주인공의 노래가 계속되다가 다시 대화가 나온다.

"여보, 손님! 내 노래 들었으니 당신 노래 좀 들어 봅시다."

"네, 노래는커니 창가도 모릅니다마는 주인공의 노래를 들으니 감상이 나는구려!"

"그럼 감상 노래나 좀 하오, 손님!"

이리하여 이번엔 손님의 창이 나오는 것이다.

저리 좋은 너른 심지/어떤 사람 다 잃고서
염착지(染着地)란 세(稅)밭 얻어/또한 세 개 박을 심네

제일 굿은 지옥이요/제이 굿은 아귀이요

제삼 굿은 축생일세/불신 탐욕 도끼 짜구(덫)

나(懶)와 우(愚)의 불덩이와/삼십계문 독약으로

............................(중략)................................

즐비하게 들어누워/먼저 연 놈 익어가니

톱을 얹어 안 타여도/제가 절로 벌어지네

어화, 이런 화근 보소/박속에서 나온 화근

어화, 이런 화근 보소/검수도산(劍樹刀山) 아비지옥

삼천삼백 대소지옥/삼재팔난 모든 재앙

이 박 안에 다 들었네/어화, 이런 화근 보소

'박'은 소태산의 성씨 '朴'과의 중의적 효과를 거두고 있으며, 고전 흥부전의 구조와 원불교 교리의 조직적 배열을 이중노출로 처리하는 영상기법이 절묘하다. 또한 주인공과 손님이 흥부와 놀부의 역할을 분담하여 광범위하고 적절한 은유를 종횡무진 구사하며 교훈성과 문학성을 능수능란하게 반죽하는 솜씨가 대단하다. 이러한 희곡적 문장 기법은 판소리 기법에서 나왔다 했으나 좀 더 가까이로 보면 소태산의 〈안심곡〉의 기법에서 영향 받았으리란 점도 의심의 여지가 없다.

수운가사에는 〈안심가〉가 있고 소태산가사에는 〈안심곡〉이 있지만, 삼산도 스승을 좇아 〈안심곡〉을 썼다. 그러나 다소 산만한 스타일의 소태산의 작품과는 달리 삼산의 작품은 조리 있게 꽉 짜인 작품이다. 드물게 3 · 4조가 있기는 하지만 거의 4 · 4조로 일관하여 84구로 되어 있다. 구성은 다음과 같다.

(1) 기사 : 처음~안심처가 어디인가

(2) 승사 : ① 만경창파 뛰는 고기~철환살을 어찌할꼬

② 우리 인간 부(富)첨지는~안심할 곳 정히 없네

(3) 전사 : 안심처를 찾으려면~지기(知機)하면 심한(心閑)일세

(4) 결사 : 수도 서원 굳게 세워~끝

기사에선 무명생활로 삼계화택에 사는 생령들의 안심처가 어딜까 문제를 제기한다. 승사①에선 바다에 사는 물고기, 청산에 사는 짐승, 하늘을 나는 새도 안심할 수 없음을 지적한다. 승사②에서는 우리 인간도 부유한 삶, 권력을 누리는 신분, 많은 처자 권속도 죽음 앞에 허망한 것이라 안심할 수 없다고 지적한다. 전사에선 안심처를 찾으려면 탐 · 진 · 치를 버리고 인과와 불생불멸의 이치를 알아야 만족하고 즐거운 삶을 누릴 수 있음을 알린다. 결사에선 수도 서원을 세우고 사은사요 삼강팔조를 닦아야 안심처가 된다고 결론 낸다.

요컨대 마음의 평안을 누리고 행복할 수 있는 길은 수도하여 지혜를 얻고 깨달음을 얻어야 함을 강조하는 것이다.

그런데 이 작품의 승사①에 나오는 다음 구절을 주목할 필요가 있다.

> 만경창파 뛰는 고기/수월무변(水月無邊) 대해라고
>
> 안심처를 자랑컨만/어부망을 어찌하며

청산에 곯는 짐승/수월공산(水月空山) 적막타고

안심처를 자랑컨만/엽사(獵師) 살을 어찌할까

구만장천 나는 새가/풍월공기(風月空氣) 무애(無碍)라고

안심처를 자랑컨만/철환살을 어찌할꼬

너른 바다도 안심할 곳이 못 되고, 깊은 산속도 안심할 곳이 못 되고, 넓은 공중도 안심할 곳이 못 되니, 어부의 그물과 사냥꾼의 화살과 철환이 천적으로 대기하고 있다는 것을 비유적으로 잘 지적했다. 문제는 이와 유사한 내용이 이미 다른 가사 작품에서 발견된다는 점이다. 다음은 태고화상 지음이라고 알려진 〈토굴가〉에 나오는 구절이다.

만경창파 뛰는 고기/수월무변 대해라나

어망을 안 살필까

청산에 곯는 짐승/수월공산 적막타나

엽사살을 꺼리거든

(항어인간 사람 되어/화패살을 면할쏘냐)

구만장천 나는 새가/수월공기 무애라나

철환살을 꺼리거든

(항어인간 사람 되어/생사환을 면할쏘냐)

이 정도라면 우연의 일치라고 볼 정도는 아니다. 〈안심곡〉은 회보 9호(1934)에 실린 것이고, 〈토굴가〉는 회보 63호(1940)에 실린 것이지만, 삼산

이 오래 된 불교가사인 〈토굴가〉를 이미 읽었다고 보아야 할 것이다. 즉, 삼산은 〈토굴가〉에서 이 몇 구절을 인용하여 작품을 지은 셈이다. 아울러 부연할 것은 〈안심곡〉 첫머리가 '호호망망 넓은 세계'로 시작되는데 이는 2년 전에 월보 38호(1932)에 발표된 정산의 〈원각가〉 첫머리 '호호망망 너른 천지'와 유사하고, 삼산의 다른 작품 〈설중에 박노래〉에 나오는 '호호망망 너른 심지'와도 유사하다는 점이다. 이 표현은 관용구로 쓰인 것이라 볼 만하다.

〈낙도하는 가정소식〉은 역시 삼산의 가사답게 조리정연한 데다 가정에서의 신앙생활 모습을 사실적으로 그려낸 작품이다. 142구로 되어 있는데 구성은 아래와 같다.

(1) 기사 : 처음~수도밖에 다시없네
(2) 승사 : 과거 가정 돌아보면~집안단체 절로 되네
(3) 전사 : 모든 일을 예비하고~대희사가 이 아닌가
(4) 결사 : 무도하던 이 가정이~끝

기사에서는 나라의 근본인 가정은 평화가 으뜸이요 가정평화를 위해서는 수도가 제일이라 한다. 승사에서는 과거의 가정이 무도하여 사회혼란까지 야기하더니 온 식구가 신자 되어 소태산의 도덕을 받들고 보니 집안 화합이 절로 된다고 한다. 전사에서는 예회 참석부터 시작하여 신앙과 수행이 성실하니 온 가족이 화목하고 안정된 가풍을 이루어 적선지가가 되고 출가 자손까지 나온다 했다. 결사에서는 무도하던 가정이 모범 가정이 되었으니 도덕을 잘

받들어 보은하고 영원한 복락을 누리자고 다짐한다.

> 좌우벽을 청결하고/종사 영상 봉안하고
> 교리도를 붙인 후에/야반청신 이용하여
> 집안 식구 모여 앉아/정성 있게 심고하고
> 염불 좌선 하여가니/마음 안정 절로 되어

신앙의 대상과 수행의 표본으로서 가정마다 일원상을 봉안토록 권장한 것은 1939년부터다. 이 작품은 1935년 작이기에 종사(소태산) 영상과 교리도를 붙이고 심고와 좌선 등을 하는 것으로 나와 있음이 흥미롭다.

> 솔성지도 알아내어/안빈낙도 하여가니
> 나물국에 모조 밥도/자족할 줄 서로 알고
> 책상 위에 놓인 경전/때로 읽어 마음 깨고
> 도가 불러 즐겨 하니/안정가풍 다시 보세

도가道歌란 현대에 와서 성가라고 부르는 노래의 예스런 이름이다. 물질적으론 풍족할 수 없는 시대에 종교심으로 마음을 다스리고 안빈낙도하는 모습이 사뭇 경건하게 느껴진다.

〈심월〉은 글자 그대로 마음을 달에 견주어 노래한 64구의 비교적 짧은 작품이다. 그러나 이 작품은 형식이나 내용이나 간에 썩 매력적인 작품이다.

(1) 서사 : 처음~그 이치는 하나일세

(2) 본사 : 달 사랑는 벗님네야~본성 맘을 찾아보소

(3) 결사 : 고요한 밤 홀로 앉아~일각심월 원명하다

(4) 부연 : 소소영령 저 심월아~끝

서사, 본사, 결사는 길이가 짧으니까 인용하여 설명하고자 한다.

> 저 허공에 밝은 달은/다만 한 낱 원체(圓體)로되
>
> 일천 강에 당하오면/일천 낱이 나타나고
>
> 나의 성중(性中) 밝은 맘도/또한 한 낱 원체로되
>
> 일만 경계 당하오면/일만 낱이 나타나니
>
> 맘과 달이 둘이오나/그 이치는 하나일세

예로부터 불가에서는 달을 마음에 비유해선 심월, 성품에 비유해서 성월 혹은 지혜에 비유해서 혜월 등으로 불렀으니 새삼스런 수사기교는 아니나 여기서는 맘(心)과 달(月)의 비유가 썩 잘 어울리고 있다. 〈월인천강지곡〉이란 유명한 고전도 있지만, 여기서 월인천강月印千江에 착상했을 법도 하다. 이산 김광섭의 시 〈마음〉이 연상되듯이[40] 잔잔한 호수 같던 우리 마음이 주변 환경이나 조건에 따라 가지가지로 그림을 그려내는 것이 마치 하늘에 뜬 달은 하나로

40) 나의 마음은 고요한 물결/바람이 불어도 흔들리고/구름이 지나가도 그림자 지는 곳//돌을 던지는 사람/고기를 낚는 사람/노래를 부르는 사람//이리하여 이 물가 외로운 밤이면/별은 고요히 물 위에 뜨고/숲은 말없이 물결을 재우느니//행여, 백조가 오는 날/이 물가 어지러울까/나는 밤마다 꿈을 덮노라. -〈마음〉 전문-

되 지상의 물이 조건에 따라 그 몸을 가지각색으로 드러냄과 같다는 것이다.

달 사랑는 벗님네야
江 밑에 잠긴 달은/참 달이 아니오니
부디 그 달 사랑 말고/허공 달을 사랑하소
마음 찾는 주인공아
경계에 착(着)된 맘은/참 마음이 아니오니
부디 그 맘 딸치 말고/본성 맘을 찾아보소

'벗님네야' 혹은 '주인공아'라고 돈호법을 쓰면서, 경계 따라 흔들리고 변화하는 마음이 아니라 불변의 본질, 성품을 찾으라고 권유한다.

고요한 밤 홀로 앉아/이 마음을 간(看)하올 제
분별주착(分別住着) 딸치 않고/무심적적(無心寂寂) 들어가니
달도 이미 그믐 되고/심행처(心行處)도 멸(滅)하였네
적적요요(寂寂寥寥) 본연(本然)한데/일각심월(一覺心月) 원명(圓明)하다

자성 자리는 분별심과 주착심이 없기에 언어도단한 자리다. 그래서 심행처가 멸한 자리, 즉 불가사의한 자리다. 〈일원상서원문〉에서 「일원은 언어도단의 입정처이요」 한 바로 그 자리다.

그런데 이 삼 단계를 가만히 살펴보면 재미난 것을 알게 된다. 즉, 대사臺詞라고 볼 때 서사는 무대 위에 아무도 없이 혼자 말하는 독백처럼 들린다. 그러

나 이어서 본사에서 '벗님네야, 주인공아'를 보는 순간 무대 위에는 다른 인물이 있음을 깨닫게 된다. 그러니까 서사의 독백은 독백이 아니라 방백임을 알 수 있다. 남이 있지만 의식하지 않고 혼잣말로 하는 것이다. 그러고 나서 등장인물에게 말을 건다. 이것은 대화다. 다시 결사에선 등장인물이 사라지고 혼자만 남아 독백을 한다. '고요한 밤 홀로 앉아'이니 분명 예의 '벗님/주인공'은 퇴장하고 없는 것이다. 대사에는 '대화, 독백, 방백'의 세 가지 방식이 있다. 이 작품의 서사 · 본사 · 결사는 짧은 문장 안에서 대사의 세 가지 방식을 다 동원하여 방백–대화–독백을 세트로 엮어내고 있는 것이다.

원불교에서는 법사가 기본 법문을 낸 뒤에 해설을 붙여 쉽게 하는 법문을 부연법문敷衍法門이라 한다. 이 작품은 짧은 기본 법문을 한 뒤에 나머지는 부연법문의 형식으로 길게 하고 있음이 특이하다. 그리고 법문 방식이 대화 방식으로 끝없이 부르고 깨우치는 형태를 취하고 있어서 각별하다. 「소소영령 저 심월아…존귀하다 저 심월아…아름답다 저 심월아…견고하다 저 심월아…」 이런 식으로 가다가 뒤에 가서는 「여보소 주인공아…여보소 벗님네야…」 등으로 마무리를 한다. 요컨대 이 작품은 길이는 짧되 상당히 기교적인 작품으로 내용과 형식이 함께 평가 받을 만하다고 본다.

〈착심해탈〉은 328구로 〈교리송〉에 버금가는 장편이다. 육신, 처자권속, 재물, 권세 등 각색의 무상한 욕망에 착심을 두지 말고 해탈하여 진정한 즐거움을 찾자는 내용인데 풍부한 거례와 비유로 설득력 있게 전개된다.

(1) 기사 : 처음~무애 광명 얻으리라(해탈 필요성)

(2) 승사 : ① 해탈 공덕 얻으려면~해탈 안정 얻어 보소(해탈공부법)

② 사대 색신 좋다 하나~불사법신 증득하네(육신 해탈)

③ 처자 권속 친절타나~영세선영 가족 되네(권속 해탈)

④ 전토 재산 좋다 하나~인천 복전 멀지 않네(재물 해탈)

⑤ 사환작록 좋다 하나~공덕 무쌍하리로다(권세 해탈)

⑥ 환과고독 저 사람도~모든 욕락 해탈하소(원착 해탈)

(3) 전사 : 세간 만사 착을 두어~적은 지혜 아니로다(해탈락)

(4) 결사 : 어떠한 하근지는~끝(참회 해탈)

기사에선 해탈의 필요성을 주로 말하고, 승사①은 해탈을 하기 위한 공부법을, 승사②는 육신 애착의 해탈을, 승사③은 처자권속에 대한 애착의 해탈을, 승사④는 재물에 대한 애착의 해탈을, 승사⑤는 권세에 대한 애착의 해탈을, 승사⑥은 원한에 대한 착심의 해탈을 말한다. 전사에선 집착에서 벗어난 해탈의 즐거움을 말하고, 결사에선 온갖 상相을 떠나서 참회하고 해탈하자고 권유한다. 그러면 육신에 대한 집착이 허망함을 말하는 대목을 보자.

변태무상 아닐런가/일평생에 노예 되어
좋은 의복 좋은 음식/다 먹이고 다 입히며
더웁다면 서늘하게/추웁다면 따뜻하게
아프다면 복약하기/괴롭다면 편안하게
목욕 시켜 화장하기/온갖 공경 온갖 정성
한시 반시 잊음 없이/살생 해물 하여 가며

기르고 받들어도/무상할사 이놈 심사
은혜 모른 이 몸 행사/온갖 괴롬 다 끼치고
온갖 까탈 다 내다가/원치 않는 흰 털이며
곱던 얼굴 험해지고/성턴 이빨 다 빠지고
폈던 허리 굽어지며/필경에는 죽어지고
썩어지고 흩어지니/애착할 게 무엇이며
이놈 종질 하느라고/죄 지을 것 무엇인가

재물 집착을 해탈하라는 대목을 하나 더 보자. 오늘날의 말투로선 더러 한자 성어가 거슬리긴 해도 훌륭한 문학적 어휘 구사라고 할 만하다.

전토 재산 좋다 하나/또한 노예 될 뿐이라
모든 재미 여기 붙여
예의염치 불고하고/항상 부족하는 마음
백원에서 천원 모고/천원에서 만원 모기
백석에서 천석 쌓고/천석에서 만석 쌓기
저의 욕심 한이 없고/재물 또한 한이 없네
자기 있는 권능대로/온갖 모계 다 써가며
없을 때는 못 구할까/구해 놓면 없어질까
온갖 번뇌 다 끓이며/황금 하에 고직[41] 노릇

41) 庫直(창고지기)

충성 있고 정성 있네/정성 충성 다 들어서
태산같이 모아논들/일식삼승 야와팔척[42]
별 재미가 무엇인가/별 재미는 고사하고
재물 변해 재앙 될 줄/아는 사람 몇몇인가
서리 같은 도적 칼과/차마 못 볼 골육상쟁
모두 다 여기 있네

가사는 삼산문학의 진수다. 그 중에도 한 치의 빈틈도 없이 교리 해설을 전개한 〈교리송〉이나 〈낙도하는 가정소식〉처럼 모범생 스타일의 작품도 있고, 〈안심곡〉 〈심월〉 〈착심해탈〉처럼 아름다운 작품도 있고 〈설중에 박노래〉처럼 파격적인 시험작도 있어서 다양한 면모를 보이고 있음이 특기할 만하다. 종교적 측면뿐 아니라 문학적으로도 소태산의 가사를 가장 훌륭하게 계승한 제자라고 할 것이다.

라) 수필

수필이라 부를 삼산의 산문은 8편이 있는바 이들은 불법연구회 기관지인 월말통신, 회보 등에 실려 전한다. 가사에서 보인 그의 문학적 재질은 산문에서 더욱 빛을 발하는 느낌이 있다.

〈나의 무기는 인내다〉(월말통신, 4호)는 세상 만물이 자기를 지키기 위하여 가지가지 무기, 예컨대 미물 곤충까지도 날개, 발톱, 독기, 갑옷, 이빨, 색

42) 日食三升 夜臥八尺(하루에 석 되 양식이면 되고, 잠자리는 여덟 자 공간이면 충분하다). 행복한 삶을 위해 그리 큰 재산이 필요한 건 아니라는 뜻. 전거는「大廈千間 夜臥八尺 良田萬頃 日食二升」(명심보감, 성심편)이니 '二升'이 '三升'으로 바꾸인 건 삼산의 착오인 듯하다.

깔 등을 다 자기를 보호하고 적을 치기 위한 무기로 가지고 있는데, 인간인 자신은 삼독심으로부터 자신을 지키고 세상을 평화로 구하기 위해 인내라는 비장의 무기를 쓰고 있다는 것이니, 설득력이 강하다.

〈일마가 무궁한 악업을 짓는다〉(월말통신, 5호)는 중국 폭군 주왕紂王의 타락 경로를 좇아 색욕이란 악마를 잘못 다스림으로써 파멸에 이르렀다는 진단을 하고 있는 감각문[43]이다.

〈꽃이 너무 황홀하면〉(월말통신, 9호)은 앞에서 이미 언급한 작품으로 역시 감각문이다. 번거로운 말이나 글이 진실을 잃고 허황되기 쉽다는, 짧으나 알찬 글이다.

〈근검과 수도인〉(회보, 6호)은 회설(사설)로서 여러 가지 고사를 예로 들면서 근검의 미덕을 수도인의 필수 조건으로 설득하는 논설문이다.

〈대중살이 하는 데 몇 가지 감상〉(회보, 6호)은 자신의 성격과 습관에 대한 반성을 적나라하게 적은 고백적 감상문[44]이다.

> 밥상은 반상이라든가 겸상이 없고 항상 독상만 받아먹어서 겸상을 하면, 저는 얼마나 깨끗한 듯이, 저 사람의 입에 들어갔던 수저가 반찬 그릇에 함부로 들고나고 하였다 하여 추한 생각을 느끼게 됩니다. 또 본래 성질이 본래 밥이 된 것을 좋아하는지라 조금 질면 질다 체증이 나서 가슴이 쓰리다 하여 온갖 트집이 납니다. 옷으로 말하여도 조금 길면 길다, 조금 짧으면 짧다, 풀이 세

43) 일상생활 중에서 불법의 진리를 깨우치는 일을 원불교용어로 감각(感覺)이라 한다.

44) 일상생활 가운데서 불법의 진의에 부합하는 사물을 접하고 가지는 느낌과 생각을 원불교용어로 감상(感想)이라 한다.

면 세다, 풀이 죽으면 죽다, 이리하여 트집이 많게 됩니다. 그리고 주처로 말하여도 독방을 좋아하는지라 대중방을 싫어하고 좀 좁으면 좁다 더우면 덥다 차면 차다 코골고 더 궂이 자는 사람이 있으면 시끄럽다 하여 별별 트집이 많았습니다.

〈술 취한 운전수를 보고〉(회보, 9호)는 술에 취하여 위태로운 운전을 하는 승합차 운전자를 보고 느낀 바를 적은 감상문인데 그 비유가 극히 적절하여 감동적이다.[45]

우리 승객들의 생명과 아울러 운전수, 자동차 운명까지도 모조리 다 운전수의 손에 달리었구나. 운전수는 책임이 가장 중한 자이다. (중략) 이렇게 생각하다가 이 생각이 찰나 간에 옮기어서, 아, 자동차 운전수가 있느냐, 자동차만 자동차냐, 비유하면 나의 몸도 자동차요 마음도 운전수이다. 그뿐이냐, 한 집도 자동차요 한 호주도 운전수다. 한 사회 한 국가도 자동차요 한 국주(國主) 한 사장도 운전수이다. 이로써 관하면 너도 나도 할 것이 없이 다 운전수의 책임이 있다. 한 몸의 운명은 마음의 운전에 있고, 한 집안 한 국가 한사회의 운명은 그 주장인들의 운전하는 데에 있다.

〈무형한 함정〉(회보, 15호)은 맹수가 함정에 빠져 꼼짝없이 목숨을 잃듯이 사람은 삼독심의 함정에 빠져 죄를 짓고 고초를 당하게 된다는 이야기를 재미

---

45) 《회보》 34호에 실린 조전권의 분절형 가사 〈마음 운전수〉는 같은 주제로 된 작품이어서 비교가 된다.

있는 우화를 빌려 설득하고 있다.

〈원이 없는 자는 마른 나무와 같다〉(회보, 17호)는 봄 동산에 들어가 복사꽃이 만발한 것을 구경하다가, 말라 죽은 한 그루 나무가 있음을 보고 여기서 느낀 바 있어서 쓴 감상문이다. 사람도 도道에 대한 발심과 서원이 없이 살아간다면 아무리 성현이 나서도 구제받을 수 없다는 뜻이다.

삼산의 수필은 그것이 감각, 감상, 강연 등 원불교의 교리 훈련 방법에 의한 것들이므로 그 주제와 내용이 종교적 범주를 벗어날 수 없도록 되어 있거니와, 삼산은 딴 장르에서와 마찬가지로 적극적 자세로 교법의 해설과 해석을 도모하고 있다. 다만 그가 생경한 교리 나열이나 건조한 설교에서 벗어나 표현의 미와 수사의 기법을 나름대로 활용하였음에서 그 문학성을 찾아볼 수 있다.

삼산 수필에서 쓰인 기교적 특색으로는 다음과 같은 것을 지적할 만하다.

첫째, 고전의 인용이 풍부하다는 것이다. 한학을 많이 한 삼산으로서는 한문투가 몸에 배어 있어서 우리말 가사나 산문을 씀에 있어서도 자연 한문 용어와 한문 고사의 인용이 빈번했다. 달마의 말씀에 '직지심불 견성성도'가 나오고 노자의 『도덕경』에 이러이러한 구절이 있었다는 식이 그것이요, 또 요순임금 고사에 이런 것이 있고 걸주와 여와의 전설엔 저런 것이 있다는 식이 그런 예이다.

둘째, 비유 혹은 우화를 풍부히 쓰고 있음이다. 이 역시 문장에서만 보이는 특이한 현상은 아니고 삼산의 일상 언어생활의 방식이었던 것 같다. 도우道友와의 문답토론 한 대목을 보자. 한 도우가, 미신이 성하여 민심을 현혹하니 이를 막기 위해서는 교단이 나서야 하는데 원불교는 선교에 소극적이니 불만이라는 말을 하자 삼산이 다음과 같이 설득한다.

우리의 법이 정법이 아니라면이어니와 사실 정법만 될진대 그네들(미신으로 민중의 정신을 妖惑하는 자)은 우리들 선교사니 우리가 애쓸 것이 무어요. 그네들을 선교사라 하는 나의 말을 알기 어려울진대, 한 비유로 들어 말하리라. 얕은 물에 수달이가 고기를 찾으면 그 고기는 깊은 물로 들어갈 것은 정한 정리요, 평원에서 저리(매)가 새를 습격하면 놀란 새가 깊은 숲속으로 날아갈 것은 사실이라. 못과 숲은 별로 구하지 않았건만 물건을 용납할 만한 기량을 가짐으로써 고기와 새를 얻었으며, 수달과 저리는 제 욕심을 채우기 위해서 애를 썼건만 결국 못과 숲을 위한 몰이꾼에 불과한 것이다.[46]

삼산의 수필 속에는 간단한 은유로부터 흥미로운 우화까지가 풍부히 담겨 있다.

6) 마무리말

이제까지 다룬 삼산문학 연구를 정리하면 아래와 같다.

① 삼산의 작품 24편을 가사 6, 창가 7, 한시 3, 수필 8 등 장르별로 발표순에 따라 제시하고, 〈하단회가〉의 삼산 창작설을 비판하였다.
② 삼산문학의 배경으로서 그의 인간됨과 학문적 전력을 소개하고 사상적 배경을 탐구하고자 그의 종교생활을 검토하였다. 그의 문학관은 동양적 전통

46) 《월말통신》 9호.

을 벗어날 수 없었으니, 문학이 도덕성과 교훈을 담는 그릇의 역할을 충실히 해야 한다는 것이요, 아울러 문학 · 언어는 불립문자를 이상으로 하여 최소한 번삭한 수사를 피하고 소박 간명함을 지향하자고 주창하였다.

③ 삼산의 창가 작품을 검토한 결과, 율격은 8 · 5조의 완벽성을 추구했음이, 어휘 사용에서는 그 역동성이 주목되었다. 내용은 원불교 교법과 제도에 대한 예찬, 교조 소태산에 대한 찬양이 주조를 이루고 있다. 당대 창가의 전반적 현상이지만, 메시지 전달의 비중이 과중하다는 것은 약점으로 지적받을 만하다. 아울러 〈육일가〉의 경우 가사와 창가의 장르적 갈등상을 보여주는 율격적 특이성에 주목하였다.

④ 한시는 5언절 2편과 『철자집』이 있는데, 절구 중 하나는 작시법에 타당하나 다른 한 편은 어긋나 있는 것으로 보아 역시 형식미보다는 내용 전달을 우선한 것으로 보인다. 다만 시적 표현미는 유념한 것으로 판단하였다. 한편 철자집은 천자문 류의 4언고시로 보고 내용을 분석하였다. 정서적 표현미보다는 교화적 논리성이 압도하는 분위기이다.

⑤ 가사는 삼산문학 중 문학성이 가장 탁월한 장르로서, 〈교리송〉이나 〈낙도하는 가정소식〉처럼 교리 해설에 충실한 작품도 있고, 〈안심곡〉 〈심월〉 〈착심해탈〉처럼 문학성이 가미된 작품도 있고, 〈설중에 박노래〉처럼 파격적인 시험작도 있어서 다양한 면모를 보이고 있다.

⑥ 수필은 삼산이 종교적 감각 · 감상을 적어 발표한 것이거나 강연 설교를 남이 받아 적은 것이기에 그 내용이 원불교적 인식을 벗어날 수 없었다. 그러나 고전 · 고사의 풍부한 인용, 비유 · 우화의 적절한 활용으로 정서적 유용성이 크며, 종교성과 문학성의 절묘한 조화를 통해 깊은 감동을 자아낸다고

평가했다.

동양의 전통적 문학관이 「글이란 도를 담는 그릇」이란 인식의 틀을 벗어날 수 없다고 볼 때, 이 문학관을 가장 충실히 따른 이들은 유 · 불을 막론하고 도학 엘리트들이다. 그런 의미에서 삼산도 이 부류에 속하는 인물이다. 그러나 삼산의 문학에는 종교성만으로 설명할 수 없는 문학적 매력과 향기가 있다. 종교문학으로서 그의 문학 중 상당 부분이 평가받아야 할 점은 종교성과 문학성이 이상적으로 결합한 흉지 않은 모델이 될 수 있다 함이다.

다. 응산 이완철의 문학

1) 들머리말

응산應山 이완철李完喆은 소태산과 같은 영광 출신이고 나이는 6년 연하이다. 초기 원불교 문학인으로서 응산의 특징은 그가 표 나는 늦깎이였다는 점이다. 각기 16세에 동진출가를 한 주산 송도성이나 대산 김대거의 경우와는 비교할 수도 없는 것이 그는 이미 14세에 조혼하여 1남 4녀를 둔 가장으로서 34세에 겨우 출가했다. 19세에 출가한 정산 송규에 견주더라도 한참 늦다. 겨우 견줄 만한 상대는 공식적으로 35세에 출가한 삼산 김기천이지만, 알고 보면 그도 소태산의 최초 9인 제자로서 27세부터 사실상의 출가 상태였다. 응산의 늦은 출가에 의미를 부여하자면, 그의 학문적 연마와 문학적 역량이 출가 전에 이미 성숙할 만큼 성숙했으리란 것으로 정리할 수 있지 않을까 싶다.

소태산의 제자가 되고 출가하여 35년을 수행과 교화로 일관하였다. 그는 비록 늦깎이였지만 최고의결기구인 수위단의 단원으로 23년 장기 재임을 할 만큼 교단에서 최상의 권위를 누렸다. 또한 생전 소태산의 신임은 물론 오래도록 종법사에 버금가는 대중의 신망을 받았다.

응산은 이런 종교적 위상 못지않게 문학적 위상도 높다. 창립기 소태산의 제자 가운데서 그만큼 왕성하게 문학활동을 한 사람은 찾기 힘들다. 한글시가와 한문시가, 운문과 산문을 가릴 것 없이 그는 문학작품을 즐겨 짓고 많이 발표하였다.

응산 열반 후 10년 만인 1975년에 문집『불법(佛法)의 묘용(妙用)』이 나왔고, 다시 6년 후인 1981년에 『응산종사문집』이 나왔다. 후자가 전자의 증보판이니 두 문집은 대동소이하다. 여기서 다루는 작품들은 이 두 문집에 실린 것으로 원문은 영인본 『원불교교고총간』 등에서 확인하였다.

2) 응산 이완철의 생애

응산 이완철은 1897년 영광군 묘량면 함평이씨 집성촌에서, 부친 이동범과 모친 김해 김씨의 5남2녀 중 삼남으로 태어났다. 사숙에서 한학을 공부하였고, 앞서 말한 바와 같이 14세에 강릉 유씨와 결혼하여 1남 4녀를 낳았다. 친형 이동안의 안내로 소태산을 만나 제자가 되어 완철이란 법명을 받은 것은 원기 6년(1921)인 25세 때였다. 출가를 서원하였지만 부친의 반대와 소태산의 만류로 미루다가 1930년, 34세에 출가를 단행한다. 공교롭게도 같은 해에 17세 된 맏딸(태연)이 출가의 길로 들어섰다.

익산 총부에서 농업부원이 되어 처음 맡은 일이 겨우 쇠꼴이나 베는 말단으로 시작하였으나 3년이 지난 37세에는 경성(서울)지부 교무가 되기에 이르렀다. 47세에 수위단 단원에 피선되니, 이 해에 소태산 열반을 겪게 된다.

63세에 최고집행기구인 교정원의 장에 피선되고, 1962년에 종법사 정산 송규가 열반하매 잠시 종법사 권한대행이 되기도 했다. 대산 김대거를 종법사로 추대한 후 최고사법기구인 감찰원의 장으로 지내다가 1965년 10월 3일 「불법은 물과 같다. 물 쓰듯이 활용하라」는 최후 실법을 마치고 3일 후에 열반에 드니, 세수는 69세요 법랍이 35년이었다. 열반 후 법위가 제2위인 출가위로 사정되어 종사위에 올랐다.

문학으로 말하면, 그는 출가 3년차인 36세시부터 교단 기관지에 작품을 발표하기 시작하여 이후 69세 열반하던 해에 이르기까지 꾸준히 활동하였다.

3) 응산 이완철의 문학유산

응산의 작품은 교단 기관지 《회보》 및 《원광》에 실린 것이 태반이지만, 지면에 발표하지 않은 작품들도 있다. 미발표 작품도 문집에선 거개가 수렴된 것으로 알고 있다.

『응산종사문집』의 서序에서 편집위원장 이공전은 응산의 문학유산을 다음과 같이 정리하고 있다.

> 40편의 논설 수필, 20편의 시가, 40여 편의 한시, 70여 통의 서한이 갖춰 담겨진 이 풍부한 응산 수원(水源)에서 우리는 그 어른의 수덕상을 다시 비추어보고 산 불법의 묘용을 물 퍼 쓰듯이 활용해 보자.

그러나 문학작품으로 다루기 어려운 것이나 문학성이 처지는 것은 제외하였다. 일단 시가는 전편을 대상으로 하였고, 문장은 서한과 〈法說片片(법설편편)〉을 빼고 나머지를 논의의 자료로 삼았다. 여기에 추가로 발굴된 한시 1편(남원교당낙성축시)[47]이 있다.

---

47) 양은용이 이공주 유품에서 다른 작품과 함께 발견한 것으로 「『선진한시록』(1948)의 세계」(원불교사상과 종교문화, 27집, 2004)로 발표하였다. 여기에는 응산 외에 경산 조송광, 고산 이운권 등의 시도 실려 있다.

① 한글시가 : 〈해제의 이별〉 〈우리의 보물〉 〈자비와 미의 찬미〉 등 20편

② 한시: 〈재영산음〉 〈경포대〉 등 44편

③ 문장: 〈사람을 지도하려면 신이 되어야 한다〉 〈화엄 송광 기행〉 등 30편

4) 응산문학의 배경과 문학관

첫째, 학문과 문학의 배경을 보자.

응산은 사숙에서 한학을 공부하였는데 총명이 동문에서 출중하였으며, 글공부를 좋아하고 학문이 우수하여 5형제 가운데서도 가장 수승했다 한다. 그의 학문과 문학에 대한 역량이 축적되는 과정을 짐작할 내용으로 다음 글이 참고가 될 것이다.

> 그의 손에서 언제나 책이 떨어질 날이 없었다. 생업이 농사짓는 일이라 가사를 돌보아야 되었지만 그는 틈만 있으면 글을 보았고 구겨서 버린 종이라도 무심히 넘기지 않고 글이 새겨져 있으면 반드시 펴 보았다. (중략) 그는 살림을 사는 데는 별로 재미를 붙이지 못하였고 틈만 있으면 경서를 보는 데 정성을 다하였다. 풀을 베러 가서 한 짐 풀을 지고 오면서도 골똘히 책을 보노라 풀 다발이 떨어지는 줄도 몰랐고, 밭에서 일을 하다가도 틈나면 흙 묻은 손으로 경서를 보기에 열중하였다. 그는 오로지 글공부에만 재미를 붙였다. 이 무렵 그는 정주학에 심취하여, 나도 그분들처럼 살아야겠다는 신념을 굳혀 그들의 행적을 본받기에 주력하였다. 읍내 향교에 있는 유학자들도 형중(인용자 주:응산의 속명)의 사람됨을 알아보고 때때로 그가 향교 출입을 하면 더불어 경서를 담론하고 시를 지어 서로 주고받았다.

(응산종사문집, p.367)

요컨대 한문학과 유학이 상당한 경지에 이르렀고, 천성이 호학이어서 유생들과 더불어 경서와 풍월을 함께했던 것으로 보겠다.

둘째, 가계와 사상의 배경을 보자.

앞에서 본 것처럼 응산의 사상배경은 유학이다. 그가 소태산에게 귀의한 것은 먼저 귀의한 친형 이동안 등의 영향이 컸지만, 마음으로부터 소태산을 받아들인 것은 역시 유학과 관련이 큰 것으로 보인다.

이완철이 한번은 몸살이 나 집에 누워 있었다. 드러누워 있기만 그래서 논어를 보는데 구절구절이 소태산이 말씀하신 것과 같고, 처사하는 것도 공자와 꼭 닮았다. '대체 바로 공자님이시구나' 하고 스승을 생각하였다. (중략) 소태산은 이상스러운 이야기라든가 신기한 행적은 보이지 않았고 그냥 평범한 언동 가운데 세상사는 법을 가르쳤다. 어떤 일이든 대의에 맞았으며 과불급이 없었고 중도에 맞았다.

(응산종사문집, p.378)

응산 가家(영광 묘량면 신흥리 함평이씨 집안)에서 처음 소태산에 귀의한 사람은 6촌형인 일산 이재철이었지만, 이어서 일족들이 대거 출가하여 소태산의 제자가 되었는데, 이는 원불교 교단사상 기록적인 현상이다. 응산의 형제 다섯 중 요절한 아우와 가계를 돌볼 맏형을 제외한 3형제가 출가한 것을 비롯해 6촌 이내에서 그 자손까지 합하면 60여 명에 육박한다. 응산의 직계에서도 외아들과 손자, 딸 둘과 사위, 외손자 셋 등이 출가에 합류하였다. 이런 막강한 종교적 배경은 응산을 떠받치는 힘이기도 하고 그를 지배하는 짐이기도 했을 것이다.

셋째, 그의 문학관을 보자.

유학의 기본을 갖추고 출가한 응산은 〈공부인의 경계할 바 네 가지〉에서 그 가치관을 잘 드러내 보인다. 여기서 그는 수양〉지해, 덕〉재주, 실질〉형식, 실력〉명예를 선후본말의 관계로 대비하여 잘 설명하고 있는데 그 일부를 인용한다.

> 수양을 소홀히 하고 지해에만 치우치는 자는 마치 터를 닦지 않고 집을 짓는 자와 같다. 번쇄한 지식을 주워 담기 위하여 심장적구(尋章摘句)를 일삼아 문자의 노예가 되며 기이한 이론을 추구하기에 급급하여 해박한 지식인으로 자처하면서 지식의 원천인 자성을 전연 망각하나니 이는 뿌리를 찾을 줄 모르고 다못 가지를 끊고 잎을 따는 격이다. (중략) 그가 자랑 삼는 지식은 마치 여름밤에 반짝이는 반딧불과 같고 장마철 웅덩이에 고인 물과 같을 것이다. 한때 미사여구로 세인의 안목을 현란케 하며 교언능변(巧言能辯)으로 대중의 이목을 경동케 할 수는 있겠으나 실지로 진리의 글이 아니요 정의의 말이 아니라 영원한 가치를 보존치 못하여 쉽게 사라지고 말라 버릴 것이다. (응산종사문집, p.114~5)

다음 평은 주로 응산의 한시를 놓고 한 말로 보이지만 응산이 추구한 문학의 세계를 확인시키기에 충분하다.

> 무릇 재사(才士)가 글을 쓰면 기승(奇勝)하기 쉽되 도인(道人)이 글을 쓰면 호연

히 독존하여 명월과 같이 장조(長照)한다. 글이란 관도(貫道)의 그릇임을 선생은 알고 있다. 어찌 도에 깊지 않고 여기 이르랴. (중략) 세상은 도(道)에 들되 시(詩)를 겸하기 어렵고 시가에 들되 도를 통하기 어렵거늘 선생은 시와 도에 쌍전을 이룰 수 있었으니 이는 만해(萬海)나 해안(海眼) 같은 분들에게서나 볼 수 있는 바이다.

(박항식, 『불법의 묘용』 序)

5) 작품론

응산문학의 분류는 전례를 따르지 않고 한글시가, 한시, 문장 등으로 단순화하여 논하기로 한다. 어중간하게 걸쳐 있는 작품 때문에 장르 구분을 일목요연하게 하기가 불가능하다. 이는 한글시가 때문인데 신시, 시조, 가사 등으로 나누기를 시도는 해보았지만 변이형이 많아서 적용하기가 쉽지 않았다. 당대 아마추어 문인들이 대개 그렇듯, 응산은 한글시가에 있어서 장르의식 자체가 거의 없었던 듯하다. 정형률을 엄수한 그의 한시와는 대조가 되는데 이는 뒤에 상론하기로 한다.

가) 한글시가

번호	장르 및 길이	제 목	발표시기	발표지
1	가사 32구	解制(해제)의 離別(이별)	1934	회보 12
2	〃 24구	가을 뜰의 菊花(국화)	〃	〃 13
3	〃 26구	丈夫(장부)의 願(원)	〃	〃 〃
4	〃 28구	인생의 길	1935	〃 15
5	시조	봄소식	〃	〃 〃

6	〃	우리의 보물	〃	〃 16
7	가사 24구	늦은 길 바쁜 걸음	〃	〃 17
8	신시 32행	慈悲(자비)와 義(의)의 讚美(찬미)	〃	〃 20
9	가사 14구	신년을 맞으면서	1936	〃 22
10	〃 18구	고해를 건너면	〃	〃 25
11	〃 16구	임에게 바칠 것	〃	〃 26
12	〃 14구	眞理(진리)	1937	〃 40
13	〃 22구	갈 길	〃	〃 〃
14	(1,2)가사 54구 (3)가사 18행	京城敎堂離任作 (경성교당이임작) 1,2,3	1945	미발표
15	가사 48구	産業部農園(산업부농원)의노래	1949	원광 3
16	신시 14행	법신불 노래	1958	〃 23
17	가사 36구	天地恩(천지은)	〃	〃 24
18	〃 36구	天地報恩(천지보은)	1959	〃 29
19	〃 30구	父母恩(부모은)	〃	〃 31
20	〃 40구	父母報恩(부모보은)	1960	〃 34

응산의 한글시가는 율격으로 보아 ①4 · 4 · 4 · 4 기본의 정격가사 ②4음보를 지키되 파격을 구사하는 변격가사 ③가사로 보기엔 파격이 심하여 신시로나 분류해야 할 것 등 세 부류가 있다. ①에 속한 것으로는 〈해제의 이별〉 〈가을 뜰의 국화〉 〈장부의 원〉 〈인생의 길〉 〈늦은 길 바쁜 걸음〉 〈고해를 건너면〉 〈임에게 바칠 것〉 〈경성교당 이임작(1,2)〉 〈부모은〉 〈부모보은〉 ②에 속한 것으로는 〈신년을 맞으면서〉 〈진리〉 〈갈 길〉 〈경성교당 이임작(3)〉 〈산업부농원의 노래〉 〈천지은〉 〈천지보은〉 ③에 속한 것으로는 〈자비와 의의 찬미〉 〈법신불 노래〉 등이다. 이 밖에 시조로나 분류할 〈봄소식〉과 〈우리의 보물〉이 있는데 이도 굳이 나눈다면 ②에 속한다고 할 수 있다.

(1) 정격가사

〈해제의 이별〉은 응산이 처음 발표한 작품으로 원기 19년(1934) 회보 12호에 실었다.

〈해제의 이별〉 일부

> 오월 유화 꽃 필 적에 결제 날을 맞았더니
> 팔월 금풍(金風) 내달으니 어느 덧 해제런가
> 수양 연구 과정 삼아 정진하던 진진 락은
> 혹서(酷暑) 삼하(三夏) 긴 세월이 일조(一朝)같이 달아났네

3개월 하선夏禪(하안거)을 마치고 해제에 임하여 그 동안 함께 공부하던 동지들과 이별하게 되는 서운한 회포를 피력하고, 선중에 공부한 바를 가정과 사회에서 활용하도록 당부하는 내용이다. 「동지지정(同志之情) 동문애(同門愛)는 하해같이 깊어졌다/섭섭하고 난창하다 해제가 일회성(一回聲)에/동서남북 분산하니 만단 회포 어이 하리」는 석별의 정이요 「푸른 산 맑은 물은 나의 혼자 주장이요/흰 구름 밝은 달은 모두 나의 차지로다/귀가하신 여러분께 부디 한 말 부탁노니」는 당부의 전제다. 다소 상투적 표현이 없지 않지만, 주제를 잘 소화하여 아름답고 감동적으로 표현한 작품이다.

같은 해에 나온 회보 13호에는 〈가을 뜰의 국화〉 〈장부의 원〉 두 작품이 실린다. 발표지의 편집자는 '신시'라고 분류해 놓았지만 실제로는 제목만 신시 같지 작품 율격은 전형적 가사다. 앞엣것은 4 · 4조에 드물게 3 · 4조가 있고, 국화의 청고한 절개를 노래했다. 진부한 주제에 비해 수사는 참신하고 우리

말 구사가 아름답다. 뒤엣것은 거의 완벽한 4 · 4조로 수도인의 서원을 주제로 노래했다. 호연한 기상이 넘치는 작품이다.

〈가을 뜰의 국화〉 전문

어젯밤 찬바람에 모진 서리 부딪히니
산과 들에 각색 화초 넋을 잃고 울고 섰네
고운 자태 다 변하여 시들시들 이울리니
처참한 그의 꼴은 차마 볼 수 없었더라
일시 번영 가졌다고 무한년(無限年)을 자랑터니
오늘날의 이 허망을 네가 어찌 몰랐더냐
저 밑에 남모르게 숨어 있던 국화님은
이 시절을 반겨 맞아 활기 띠고 홀로 서서
저네들을 비웃는 듯 벙실벙실 웃고 있다
제 아무리 풍상인들 내 정절을 어쩌랴고
엄연 자태 뽐내면서 씩씩하게 자랑하니
청고(淸高)한 네 절개를 이제야 알았노라

〈인생의 길〉은 원불교의 교법으로 개인에겐 광명이 되고 사회엔 평화가 온다는 내용인데 한학자의 분위기가 풍기는 용어 선택이 눈길을 끈다.

〈인생의 길〉 일부

방향 잃은 저 인생들 미(迷)에서 방황하여

지도자를 찾느라니 목자 없는 양이로다

천리가 순환하여 무왕불복(無往不復) 하였어라

하수(河水) 맑고 봉이 울어 어시호(於時乎) 이때로다

주목되는 작품으로 39세에 지은 〈늦은 길 바쁜 걸음〉이 있다. 앞에서도 말했듯이 맏딸이 같은 해에 출가의 길에 나설 만큼 늦깎이가 된 응산으로서, 그야말로 '중천(中天)'에서 '반서천(半西天)'으로 날은 저물고 길이 멀어 초조함을 안 느낄 수 없었으리라. 「목적지를 못 다 가고 중도에서 저 해 지면/정한 계획 다 틀려서 이 실패를 어이 하리」 같은 대목에 이르면 읽는 이의 명치끝조차 뭉클하다. 주제나 내용은 물론 시어 선택이나 수사에 이르기까지 공감과 감동을 불러일으키기에 넉넉한 수작이라 하겠다. 예컨대, '산고수장(山高水長)'과 같은 투어도 「산은 어이 높고 높아 물은 어이 길고 길어」로 참신하게 번안한다든가 '둔전둔전' 같은 낯선 의태어를 쓴 것이나 '여구두연(如救頭燃)' 같은 용사用事도 재미있다. 『선가귀감』에 나오는 말로 '머리에 붙은 불 끄듯이' 정도의 말이다.

〈늦은 길 바쁜 걸음〉 전문

갖은 계획 품에 품고 이른 아침 행장 차려

희망봉 바라면서 멀고 먼 길 떠났었네

산은 어이 높고 높아 물은 어이 길고 길어

가는 길이 끝이 없어 둔전둔전 지체했네

아차 중천 바라보니 사정없는 저 일력은

차츰차츰 빨리 가서 반서천이 늦어졌다
목적지를 못 다 가고 중도에서 저 해 지면
정한 계획 다 틀려서 이 실패를 어이 하리
이제부터 바쁜 마음 걷잡을 수 정히 없어
일분일각 여삼추라 여구두연 하리로다
피로 권태 다 이기고 바쁜 걸음 재촉하여
목적지 절정봉에 뛰어올라 좌정하리

〈고해를 건너면〉은 인간을 고해로, 대도진리를 구제선으로 비유하여, 수양 · 연구 · 취사 3학의 힘으로 피안의 별천지로 가자는 내용의 짧은 가사다.

〈임에게 바칠 것〉은 영생의 큰 이상을 위하여 임에게 일편단심을 바치겠다는 맹세를 다지는 짧은 가사다.

〈부모은〉과 〈부모보은〉은 원불교 기본교리 4은 가운데 있는 것을 노래한 것이다. 흔히 효를 말하기는『효경』『부모은중경』인데 이 작품의 주제도 거기서 벗어난다고는 못 할지라도 우리말 쉬운 표현이 도드라져 보인다.

〈부모은〉 일부

자신 먹기 잊으시고 이 몸 먼저 먹여 주며
자신 입기 돌보잖고 이 몸 먼저 입히셨네
온갖 것을 다 주어도 아까운 것 전혀 없고
갖은 희생 다하여도 괴로운 것 다 잊었네
때려 주는 매 속에도 참된 애정 어리었다

이 은혜를 말하자니 마음 아파 못 하겠네

다음으로 〈경성교무이임작〉을 보면 '떠나가는 마음' '여러분에게 드리려 하는 것' '여러분의 눈물' 등 3부작으로 되어 있다. 13년 간 서울교당 교무로 근무하고 나서 교도들과 석별의 정을 나누며 앞일을 당부하는 작품인데 기관지 등에 발표하지는 않았다. 그런데 이 작품은 1,2부가 정격가사체인 반면 3부는 겨우 4음보를 유지할 뿐으로 1,2부와는 현격한 차이가 난다.

• 1부(떠나가는 마음) 일부

동지 순정 받으면서 떠나가는 나의 마음

입과 붓을 다하여도 형용키 어려워라

낙타산 뜬 구름은 어이 그리 무심찮고

한강상 흐르는 물은 너무도 구슬프다

• 3부(여러분의 눈물) 일부

섭섭히 떠나가는 동지를 위해서

충정에 솟아오르는 눈물을 흘리네

여러분의 눈물은 순정의 눈물

심경의 진예를 다 씻어 가노니

(2) 변격가사(시조 포함)

〈신년을 맞으면서〉는 새해를 맞으면서 천태만상으로 변하는 세월 속에 불변하는 진리를 찾아 본분을 다하리라는 다짐이다. 그런데 7행 중 6행은 정격 가사의 틀을 정확히 지키는데 마지막 1행은 조선전기의 가사에서 종종 보이듯이 시조 종장 형태가 나타난다. 「세월은 가거나 말거나 나의 본분 할 뿐이라」 이런 마무리 방식이, 온 세상 사람들이 악의 길을 가더라도 나만은 인생의 정로로서 정의로운 길을 가겠다는 다짐의 짧은 가사 〈갈 길〉에서는 「너의 뜻 깊이 안다고 깊은 암시 보여 주네」로 나타난다. 더구나 〈봄소식〉 등에서는 재미있는 모습도 보인다.

〈봄소식〉은 발표지에서 '시'로 분류하였지만 아무래도 시조, 그 중에도 엇시조 정도로 봄이 맞을 듯싶다.

〈봄소식〉

봄이 왔네 봄이 왔네 설리춘풍 봄이 왔네
반가운 이 소식을 저 桃李(도리)가 어찌 알리
아름다운 이 매화가 먼저 와서 전해 주니
아마도 좋은 춘풍 머지않아 불어올까 하노라

1행은 초장, 2~3행은 중장, 4행은 종장으로 구조 분석이 된다. 재미있는 것은, 종장의 「아마도 ……」이다. 고시조 종장에도 흔히 보이는 투어라고 할 바이지만, 응산의 여타 작품, 예컨대 〈진리〉에서는 「아마도 이 진리는 막을 자 없을까 하노라」로, 〈산업부 농원의 노래〉에서는 「아마도 이상천국은 여기인가 하노라」로 마무리를 하였다. 참고로 〈봄소식〉과 함께 실린 이중화의 〈우리의 찾을 길〉을 보면, 「아마도 우리의 찾을 길은 도덕인가 하노라」가 나온다.

구투이긴 하지만 당대에 시조, 가사를 불문하고 이것이 애용되었음을 알 만하다.

응산의 작품 중 또 하나의 시조는 〈봄소식〉에 이어 바로 다음 호에 발표한 〈우리의 보물〉이다. 그런데 종장에서 쓰인 음수율(3 · 4 · 3 · 4)이 평시조의 매력적인 틀을 깨뜨려 평범하게 만들었으니 이것이 흠이다.

〈우리의 보물〉

여기에 있는 미옥 깊이 감춰 두오리까
세상에다 팔으리까 팔기야 팔 테지만
그 사람 기다려서 그 값을 구하노라

〈산업부 농원의 노래〉는 익산 총부의 기구 중 하나인 산업부에서 이른바 주작야선晝作夜禪으로 농원에서 일하는 모습을 노래한 것이다. 정격이 많으나 부분적으로 율격 파괴가 심하다. 내용은 상당히 사실적인 묘사로 매력이 돋보인다.

〈산업부 농원의 노래〉 일부

먼지 떨고 몸을 씻어 소쇄한 심신으로
하루 일 끝마친 한가로운 등잔 아래
무사도인 되었어라 단란히 모여 들어
화기가 애애하여 평화세계 벌어진다
글을 읽고 도를 말해 진리 왕국 들어가니

고상한 이 취미를 알아볼 자 몇몇이리
왕공의 큰 부귀를 넌지시 비웃노니
아마도 이상천국은 여기인가 하노라

〈천지은〉과 〈천지보은〉은 앞의 〈부모은〉 〈부모보은〉과 더불어 기본교리 4은에 속한다. 그러나 〈부모은〉 등에 비하여 율격 파괴가 보인다.

• 한 자욱 한 자욱 걸을 때마다 저 땅 은혜 밟아 가도다
• 감사합니다 감사합니다 이 큰 은덕 감사합니다

—<천지은>에서—

• 그 도 따라 행하오면 이가 족히 갚음이 되겠네
• 원융무애 큰 도량 편착심을 다 떼어버리세

—<천지보은>에서—

(3) 신시

③의 〈자비와 의의 찬미〉와 〈법신불 노래〉 등 신시로 분류한 작품들을 살펴보자.

〈자비와 의의 찬미〉 일부

자비 없는 인간은 사막과 같고
정의 없는 인생은 맹수와 같다
자비의 품 안엔 만물이 안기고

정의의 눈앞에는 사마가 없다

〈법신불의 노래〉 일부

우주광겁 묻혀 있던 거룩한 님
우리 종사 밝혀 내사 우리의 앞에
역력하신 그 정체를 나토시었네
시방계에 두루 하니 광대한 몸
고여금을 관통하니 그 수가 무량

음수율은 대개 7 · 5 내지 8 · 5를 기준으로 하여 한두 음절의 드나듦이 더러 있다. 그러나 이들 작품을 좀 더 분석하면, 〈자비와 의의 찬미〉의 「평화의 세계를 다 함께 건설하자」처럼 난감한 경우도 없지 않고, 〈법신불 노래〉의 뒤쪽에는 「아 영원한 몸 지도하신 스승님 여기 계시네」와 같이 음수율을 따질 수 없는 파격도 있다.

제목에서 이미 찬미니 노래니 하여 가창을 전제로 한 듯도 하지만, 길이가 길어도 일반 창가에서 보이는 분절이 없고 음수율의 안정성도 없는 것으로 보아 실제로 노랫말을 의도한 것은 아닌 것으로 판단된다.

내용은 설교적이고 설명적이어서 시가적 매력도 적고 작품성은 높지 않다.

나) 한시

응산의 한시는 상당량 남아 있지만, 원불교문학을 논하는 자리에선 함께 다루기 힘든 작품들이 많다. 원불교 교무 혹은 재가교도가 지은 것이라 하여 모두 원불교문학이 될 수 없음은 이미 밝힌 바 있지만, 응산의 시 42편을 모두 논의의 대상으로 삼기엔 무리가 있음이 사실이다.

응산의 한시를 일단 넷으로 분류하고자 한다. 정통 선시에 해당하는 것을 ①선시, 선시로 분류하기엔 문제가 있지만 종교적 성격의 시를 ②종교시, 회고적 서정과 서경 및 풍류를 읊은 것을 ③서정시, 그 밖에 시사時事, 좌우명 등 앞에 넣을 수 없는 것을 ④기타시로 나누어 보았다.

(1) 선시

선시의 내용적 조건은 초논리적 직관에 의하여 존재의 본질을 파악하는 것이요, 방법적 조건은 압축과 비약, 역설과 비유 및 고도의 상징화다. 이런 의미에서 볼 때 응산의 한시에는 아쉽게도 선시적 접근이 필요한 것은 그다지 눈에 안 뜨인다. 응산의 한시는 소태산의 한시나 대산 김대거의 선시에서 보듯이 압운이나 평측을 무시한 막무가내 작품이 거의 없다. 전통적으로 선시는 한시의 율격 같은 것에 구애받지 않는다는 점에서 보더라도, 한시(특히 금체시)의 율격을 반듯하게 지킨 응산의 한시에서 선시가 드물다는 것은 수긍할 바가 있다. 즉 그는 선시를 쓰려고 작정코 한시를 지은 것이 아니라는 얘기다. 출가 이전부터 당시唐詩 등 금체시에 익숙한 응산은 불교적 선시보다는 조선 선비 문인들이 즐기던 유가적 한시를 지향했던 셈이다.

그런 대로 〈도운전망(道運展望)〉 〈초연명(超然銘)〉 〈제원교당대각전낙성운(濟原教堂大覺殿落成韻)〉 〈우감(偶感)〉 정도를 선시로 보고자 한다.

〈道運展望〉

宇宙冲融一理眞(우주충융일리진) 우주가 화하니 하나의 진리로다

東方露出大精神(동방노출대정신) 동방에 솟아 드러난 큰 정신이여

洋洋聖道流行處(양양성도유행처) 양양하다 거룩한 길 흘러가는 곳

三十六宮都是春(삼십육궁도시춘) 삼십육궁 모두가 봄이로세

1933년 월보 43호에 게재된 시다. 압운은 眞 · 神 · 春이 진운眞韻으로 7언 절구다. 기구에선 진리의 유일성을 나타내는바 원불교의 일원一圓을 말한 것이고, 승구는 조선 영광 땅에 난 소태산 박중빈과 그 교법을 이름일 것이다. 전구와 결구에서는 요컨대 원불교 법이 널리 미쳐 세계가 고루 평화와 번영을 이룰 것을 예언한 것이라 할 만하다. 이 작품을 선시로 승격시키는 것은 결구 때문인데 기실 결구는 창작이 아니다. 11세기 중국의 상수학象數學 대가 소강절邵康節이 지은 시에서 天根月窟閑往來(천근과 월굴을 한가로이 왕래하니)의 바깥짝으로 쓰인 구절이다. 비록 그렇긴 해도 후천개벽의 전반세계를 생각하며 용사를 아주 적절하게 했다. 제목도 원불교 회상과 법의 운수를 전망했다는 의미에서 나왔다.

〈超然銘〉

得失從緣(득실종연) 얻고 잃고는 인연을 따름이니

心無增減(심무증감) 마음에선 늘 것도 줄 것도 없네

遇苦忘苦(우고망고) 괴로움 만나더라도 그것을 잊어버리면

苦變成樂(고변성락) 괴로움 바뀌어 즐거움 된다네

인연이 닿으면 얻을 것이요 인연이 다하면 잃을 것이니 이해득실에 마음조차 흔들려서는 안 된다는 것이다. 얻었다고 좋아하고 잃었다고 슬퍼할 것이 아니니, 설령 괴로운 일이 오더라도 초연히 그 고를 잊도록 하라. 괴로움도 때가 되면 즐거움으로 바뀌는 법이다. 대강 그런 뜻이리라. 4언고시 형태로, 응산 한시에선 유일한 것이다. 앞의 2구는 선시로서 품격이 있으나 뒤의 2구는 평범하다.

〈濟原教堂大覺殿落成韻〉

法身佛殿孰曾營(법신불전숙증영)

법신불 모신 대각전 누가 일찍이 지었던가

宇宙中間本自成(우주중간본자성)

본디 우주 사이에 스스로 이뤄진 것이라네

巍乎高大通三界(외호고대통삼계)

우뚝하게 높고 커서 삼계에 통하였고

豁爾寬平包四生(활이관평포사생)

활짝 넓고 평평하여 사생을 포용하였다

法輪常轉無時歇(법륜상전무시헐)

법의 바퀴 돌고 돌아 쉴 새가 없고

道海長流隨處行(도해장류수처행)

도의 바다 길이 흘러 어디나 간다

自此無形呈有像(자차무형정유상)

이로부터 없던 모습에 형상이 드러나니

濟原精舍現分明(제원정사현분명)

제원정사가 나타남이 분명하구나

충남 금산군 제원면에 있는 제원교당 대각전 낙성 때에 지은 것이다. 압운은 營·成·生·行·明이 경운庚韻으로 7언율시다. 기련(1,2구)부터 예사롭지 않다. 법신불 일원상을 모시는 대각전을 놓고 유형有形의 건물을 떠나 우주에 편만한 법신으로 본 것이다. 누가 짓고 만들어서야 존재하는 것이 아니라 스스로 존재하는 것이니 그래서 노자는 무위자연이라 했으리라.

함련과 경련은 각기 대구를 이룬다. 법신(진리)은 삼계육도에 두루 통하고 사생(중생)은 이 품 안에서 생명을 누린다. 삼계·사생 같은 익숙한 용어를 巍乎高大나 豁爾寬平 같은 개성적이고 참신한 대구로 살려냈다. 또한 진리의 수레바퀴는 잠시도 쉬지 않고 작용하며 도덕의 바닷물이 안 미치는 데가 없다. 법륜상전이야 독창적이라 할 수 없으나 도해장류는 창의성이 돋보이는 비유다. 진리의 속성을 정확히 짚어내고 있다.

미련을 보자. 평지조산이라 했으니 무에서 유를 창조한 어려운 불사를 기리고 있다. 평범하고 상투적인 비유다. 그러나 교당 이름 '濟原'에선 중의법이 쓰였다. 이는 단순한 지명에 그치지 않고 '중생 제도의 근원'임을 뜻하는 것이다. 전반적으로 세련미 있고 아름다운 선시라 할 것이다.

〈偶感〉

惑霧迷雲消散盡(혹무미운소산진) 미혹의 안개구름 다 없어지니

性天慧月一輪孤(성천혜월일륜고) 성품 하늘에 지혜 달 하나가 둥글도다

但存義理胸中樂(단존의리흉중락) 다만 의리 지녔으매 가슴은 즐거워도

更以治平天下憂(갱이치평천하우) 다시 세상 일 때문에 천하가 걱정이라

三界皆空惟我在(삼계개공유아재) 삼계가 다 비매 나 혼자만 있고

萬機俱息是心無(만기구식시심무) 만기가 다 쉬매 이 마음도 없다

苦海茫茫須可度(고해망망수가도) 고해가 망망하나 모름지기 건널만하거니

慈航何日試雄圖(자항하일시웅도) 자비로운 배는 어느 날에 큰 꿈을 시험하려나

7언 8구에 함·경련이 대구이니 율시가 될 법하지만 율격은 파격이다. 孤·無·圖는 우운虞韻으로 각운이 맞으나 盡과 憂는 벗어났다.

1,2구의 惑霧迷雲이나 性天慧月은 비록 관용적인 시어들이긴 하지만 선시의 면목을 확실히 보여주는 은유로 조합되어 있다. 3,4구에서는 성불의 기쁨과 제중의 근심이 대를 이루고 있고, 5,6구에선 새삼 선취가 물씬 풍긴다. 끝으로 7,8구에서는 출가 수행자로서 작자가 가지는 자비로운 사명감을 잘 드러내고 있다.

(2) 종교시

응산의 종교시라 하면 당연히 원불교적 성격의 시라고 하겠지만, 범불교적 주제나 내용을 다룬 것이면 이에 해당한다. 여기에 서정적 풍류나 서경이 가미되는 경우도 있지만 그것은 장식적 비중일 뿐이다.

〈재영산음〉〈해인사〉〈추모혈인기념음〉〈영산즉사〉〈난후과영산구옥〉〈산서교당낙성운〉〈계룡산용추음〉〈별유산선생〉〈억유산〉〈경성석별〉 및 남

원교당낙성축시(제목없음) 등 11편이 이에 해당한다.

〈在靈山吟〉

蔚然靈氣繞山川(울연영기요산천) 빽빽이 서린 영기가 산천을 둘렀으니
已定神區曠劫前(이정신구광겁전) 신령한 터로 점지된 건 광겁 전부터라
晩日輕風飄野艇(만일경풍표야정) 해질녘 산들바람은 나룻배에 나부끼고
淸湖淡月照仙筵(청호담월조선연) 고요한 호수에 맑은 달은 신선자리 비춰 주네
佛恩長遍三千界(불은장편삼천계) 부처은혜는 삼천세계에 두루 미치셨고
道運初開五萬年(도운초개오만년) 오만 년 대도 운수는 비로소 열리었다
誰知聖業發源地(수지성업발원지) 거룩한 사업의 발원지가 여기인 줄 누가 알까
後日洋洋峻極天(후일양양준극천) 훗날에 양양한 발전이 저 하늘까지 닿으리라

雨餘衆水赴長川(우여중수부장천) 비 갠 뒤 모든 물길이 긴 내로 흘러드니
滿地波濤動檻前(만지파도동함전) 땅 가득 머름 앞에까지 파도가 뒤챈다
風襲砌花香滴榻(풍습체화향적탑) 바람이 섬돌 꽃을 치니 향기가 평상에 떨어지고
鳥棲庭樹露侵筵(조서정수노침연) 산새가 뜰 나무에 깃드니 이슬이 대자리를 침노한다
海闊魚游波萬里(해활어유파만리) 바다 너르니 물고기는 물결 따라 만리를

헤엄치고

松高鶴老月千年(송고학로월천년) 소나무 높으니 두루미는 달빛 따라 천년을 늙어간다

晩來更覓桃源境(만래갱멱도원경) 늦게 와서 다시 도원경을 찾고 보니

始識人間別有天(시식인간별유천) 인간계의 별천지임을 비로소 알겠노라

1958년, 원광 22호에 실린 작품으로, 영산은 원불교의 발상지(영광군 백수읍 길룡리) 일대의 성지를 가리키는 말이다. 34세에 출가하여 익산 서울 등지에 머무르다가 59세에 영산지부장으로 돌아온다. 내용으로 보아 이 작품이 그 무렵에 지어졌을 수도 있지만, 발표년도는 그가 교정원장 대리로 익산에 있던 62세 때다.

7언율시 두 수로 된 작품이다. 각운은 선운先韻으로 川 · 前 · 筵 · 年 · 天이 두 수에 공통으로 쓰였다. 앞엣것에서는 소태산이 태어나 대각을 이룬 성업 발원지 영산을 시간적으로는 광겁 전에서 오만 년(후천 주기)까지로 확대하였고, 공간적으로는 삼천대천세계에 하늘까지 닿는 것으로 확장하였다. 뒤엣것에서는 주로 서경에 치중하여 자연 묘사가 뛰어나다. 특히 함련과 경련에서 보여준 대구는 風花 · 鳥樹, 海魚 · 松鶴이 아름다운 조화를 이루면서 별유천지비인간의 도원경을 공감하게 한다.

유사한 상황에서 지어졌음직한 〈영산즉사(靈山卽事)〉도 7언율시다. 성지 영산에서 소요 자재하는 한가로운 정서를 천상에 비유하여 읊은 작품이다.

〈재영산음(在靈山吟)〉이 원불교적 소재와 주제를 가졌다면 〈해인사(海印寺)〉는 불교적 소재와 주제로 쓰인 작품으로 비교가 된다. 미래지향적 〈재영

산음〉에 비해 〈해인사〉는 천년고찰 해인사의 회고적 소재와 거룩하고 창연한 분위기가 돋보인다.

〈海印寺〉

靈嶽伽倻出海東(영악가야출해동) 해동에 솟아난 신령스런 가야산에
伽藍永與天壤同(가람영여천양동) 가람은 천지와 더불어 길이 함께 하리
群生渾潤慈悲雨(군생혼윤자비우) 중생은 자비 빗물에 촉촉이 젖고
法界常吹道德風(법계상취도덕풍) 법계는 도덕 바람을 늘 불리네
盡日山眠雲影裏(진일산면운영리) 산은 종일토록 구름 속에서 잠이 들고
幾年石老水聲中(기년석로수성중) 돌은 몇몇 해를 물소리 가운데서 늙는다
畵難描得詩難寫(화난묘득시난사) 그림으로도 못 그리고 시로도 다 못 쓰니
始識天公造化功(시식천공조화공) 조물주 조화의 공을 이제사 알겠네

牛頭山下武陵東(우두산하무릉동) 우두산 아래 무릉의 동쪽이니
地與西方靈鷲同(지여서방영취동) 땅은 서역 영취산과 닮았구나
石逕僧歸荒草裏(석경승귀황초리) 돌길의 스님은 거친 풀을 밟고 돌아오고
梵宮鍾落暮雲中(범궁종락모운중) 절집의 쇠북은 저녁 구름 뚫고 울린다
幽溪波漲千峰雨(유계파창천봉우) 그윽한 시내에 넘치는 물은 천 봉우리 빗물이요
深壑凉生萬樹風(심학양생만수풍) 깊은 구렁 서늘한 기운은 만 나무의 바람이로다
高樓寶塔儼然在(고루보탑엄연재) 높은 다락 보배로운 탑 엄연히 있으니

仰祝諸師積累功(앙축제사적루공) 여러 스님들 쌓은 공덕을 우러러
기리노라

7언율시 두 수를 이었는데, 동운東韻을 가진 東 · 同 · 風 · 中 · 功을 거듭 써서 기교를 부렸다. 각운과 무관함에도 3,5구의 마지막 글자로 裏 · 雨를 같이 쓴 것도 의도적이다. 이런 것은 응산이 시의 내용에 앞서 형식과 율격을 우선적으로 배려하였음을 뜻하는 것이다. 아마 7구 끝 글자(寫 · 在)마저 통일하지 못한 것이 내심 아쉬웠을 것이다.

형식 못지않게 내용도 기교적이다. 특히 「盡日山眠雲影裏(산은 종일토록 구름 속에서 잠이 들고) 幾年石老水聲中(돌은 몇몇 해를 물소리 가운데서 늙는다)」 같은 것은 선취가 느껴진다. 견강부회일까 모르겠지만, '幾年石老水聲中'이 소태산의 〈변산시〉(石立聽水聲)를, '幽溪波漲千峰雨'가 소태산의 〈상량시〉(溪合千峰細雨鳴)를 상기시키는 것은 피할 길이 없다.

다음은 〈追慕血印紀念吟〉이다.

〈追慕血印紀念吟〉

濟生大任降斯人(제생대임강사인) 중생 제도 큰 책임 이들에게 내리시니
師命從容許殺身(사명종용허살신) 스승님 명 조용히 따라 제 한 몸
버리기로 했네
丹心一決驚天地(단심일결경천지) 붉은 마음 한 번 결단에 천지가 놀라고
重誓初成泣鬼神(중서초성읍귀신) 중한 맹세 대뜸 이루니 귀신도
울리었지

焚香默禱眞誠動(분향묵도진성동) 향 사루고 묵묵히 기도하는 참 정성이 움직이고

懷釼安行正氣新(회일안행정기신) 칼 품고 태연히 행하니 바른 기백 새롭구나

血印歷然沾白紙(혈인역연첨백지) 핏도장 역력히 백지를 물들이거니

諸天公認政分明(제천공인정분명) 하늘이 공인하심은 분명코 틀림없다

8월 21일은 원불교 4대 축일의 하나인 법인절이다. 원기4년(1919)에 정산 송규 등 9인 제자가 소태산의 명을 받아 살신성인의 서원으로 천지신명에게 기도하여 백지혈인의 이적으로 법계의 인증을 받은 일을 기념하는 날이다. 이 일을 소재 삼아 썼으니 가장 원불교적인 내용을 갖춘 시다. 7언에 人 · 身 · 神 · 新이 진운眞韻인데 마지막에 쓰인 明은 경운庚韻이어서 어긋났다. 앞에 나온 〈제원교당대각전낙성운〉의 마무리가 (現)分明이듯이 이 시에서도 (政)分明으로 의미를 강조하고 싶었던가, 작정코 파운破韻을 선택했다.

〈난후과영산구옥(亂後過靈山舊屋)〉은 7언율 2수를 연이은 작품이다. 한국전쟁을 겪은 후 영산 성지의 황량한 모습을 보여 주고 있다. 田園荒廢不堪愁(황폐한 전원을 보자니 시름겨워 못 견디겠다) 정도로 마음을 다치지만, 道友仙朋續舊遊(우리 동지 다시 만나 이전처럼 살아보세) 하면서 재기를 다짐하며 복구를 꿈꾼다.

다음은 〈계룡산용추음(鷄龍山龍湫吟)〉이다.

〈鷄龍山龍湫吟〉

同尋別境際新凉(동심별경제신량) 함께 찾은 별경 서늘바람 불 때

道友仙朋會一場(도우선붕회일장) 도 닦는 벗들이 한 자리 모였네

宿去暮山雲影倦(숙거모산운영권) 저녁 산에서 자고 가니 구름 그림자는 게으른데

磨來疊石水聲狂(마래첩석수성광) 포개진 돌을 갈며 흘러오니 물소리도 요란하다

塵情便盡禪心現(진정편진선심현) 속된 정서 문득 다하니 선심이 나타나고

法話方濃道味長(법화방농도미장) 법의 말씀 바야흐로 무르녹아 도미가 진진하다

諸德淸儀超俗累(제덕청의초속루) 덕 높은 이들 맑은 기품이 속진을 떨치니

可觀草木摠生光(가관초목총생광) 푸나무도 다들 빛깔이 싱싱하여 가히 볼만하구나

역시 7언율에, 각운은 凉·場·狂·長·光이 모두 양운陽韻이다. 용추는 원불교 훈련기관인 삼동원三同院이 있던[48] 계룡산 신도안 가까이 있어서 선객들이 종종 이동하여 법석을 마련하기도 했었다. 자연과 일체가 되어 선심으로 법담을 나누며 탈속의 도미를 만끽하는 모습을 노래한 것이다.

〈산서교당낙성운(山西教堂落成韻)〉은 전북 장수군 산서면에 있는 산서교당 낙성식에서 읊은 7언율이다. 「團合精誠滄海淺(단합한 정성은 창해보다 깊고) 經營功力泰山輕(경영의 공력은 태산보다 무겁다)」 하여 다소 입에 발린 칭찬으로, 교당 건물을 마련한 교도들의 공로를 위로하며 사바세계 제도에

48) 1980년대 정부에서 3군 통합기지(계룡대)를 설치하기 위해 수용한 후 논산군 벌곡면 천호산으로 옮겼다.

큰 공덕이 나타나기를 빌었다.

다음은 〈별유산선생(別柳山先生)〉이다.

〈別柳山先生〉

論事論心久共留(논사논심구공류) 일과 마음 논하며 함께 머무른 지 오래거니

幾時歡喜幾時愁(기시환희기시수) 몇 때나 기뻐하고 몇 번이나 시름했던가

三載情談松月下(삼재정담송월하) 송풍나월에 정다운 대화 삼년이나 되었는데

一宵別淚石橋頭(일소별루석교두) 하룻밤 사이 돌다리께서 이별 눈물이라네

望眼不窮雲漠漠(망안불궁운막막) 바라보는 눈 다하지 않아 구름은 막막하고

離程無限水悠悠(이정무한수유유) 떠나는 길 끝이 없어 물은 아득하구려

相送江南留後約(상송강남류후약) 강남에서 만나자 훗날을 기약하고 서로 보내노니

杏花三月好相遊(행화삼월호상유) 살구꽃 피는 삼월에 서로 놀기 좋으리다

1959년에 지은 것이다. 유산은 유허일 교무의 법호인바 그는 1958년 12월에 열반에 들었고, 교정원장 자리에 있던 응산은 원광 26호(1959년 1월)에 고사告辭 〈유산 선생 편안히 가십시오〉를 싣기도 했다.

7언율로 각운은 留 · 愁 · 頭 · 悠 · 遊에 우운尤韻이다. 연배는 차이가 있으나 한학자인 유산과 통하는 것이 많았을 듯하다. 〈억유산(憶柳山)〉이란 시에

서 응산은 「生命眞源應有自(생명의 참 근원은 저마다 지녔거니와) 須將餘歲共陰晴(괴로우나 즐거우나 모름지기 남은 생을 함께 하세)」라 했듯이, 유산과는 자별하던 사이인지라 슬픔과 아쉬움은 남달랐을 것이다. 그러나 생사거래의 원리를 깨친 도인으로서 내생을 기약하고 「杏花三月好相遊」라 한 심경은 범부의 경지와 다를 수밖에 없다. 미련에 선불교적 함축이 그윽하다.

〈경성석별(京城惜別)〉은 7언율로, 경성을 떠나 영산으로 임지를 옮기면서 석별의 정을 감성적으로 쓴 것이다. 그래도 「法緣他日約三生(법연은 훗날에 삼생을 기약하리)」은 역시 도인다운 이별법이라 할 것이다.

남원교당낙성축시(제목없음)는 경운庚韻의 城 · 名 · 淸 · 明 · 生 등을 지정하여 창화한 7언율시로 기 · 함 · 경의 3개 연이 모두 서경이지만, 미련에 가서 「俯看苦海無邊際(굽어보매 고해가 끝이 없으니) 願把慈航度衆生(원컨대 자비의 배로 중생 건지소서)」라 하여 종교적 색채를 두렷이 했다.

(3) 서정시

응산의 한시는 이 서정시 분야에서 그 양적 비중이 크고 질적으로도 빛을 발한다. 그러나 도학파 아닌 사장파 전통에 뿌리를 둔 서정시 내지 서경시들은 종교문학(원불교문학)을 논하는 자리에선 논외로 할 수도 있겠다 싶다. 하지만, 장식용으로나마 종교적 장치가 종종 보이기도 하니 아주 제외함도 균형을 잃는 처사요, 아울러 응산 문학의 성격과 본질을 파악하기 위해서 참고할 여지도 있을 것이다.

먼저 유서 깊은 명승지 내지 관광지를 찾아가서 아름다운 경치와 회고의 정을 읊은 작품들을 살펴보자.

〈南原 廣寒樓〉 일부

遠訪湖南第一樓(원방호남제일루) 호남에서 제일간다는 누각을 멀리서 찾아와

遙吟俯暢倚欄頭(요음부창의란두) 아득히 읊조리며 구부리며 펴고 난간에 기대노라

佳人已去名猶在(가인이거명유재) 미인은 이미 갔으나 이름 오히려 남았고

詞客今來恨不收(사객금래한불수) 시인은 이제 왔으나 한탄이 아니 거두어지네

錦岫僧鍾雲裏曉(금수승종운리효) 금암봉 범종소리 들리니 구름 속에 새벽오고

蓼川漁笛月邊秋(요천어적월변추) 요천 어부 피리 들리니 달 옆에 가을 왔네

料得浮生渾若夢(요득부생혼약몽) 덧없는 인생 온통 꿈같다는 건 헤아려 알거니와

幾時歡喜幾時愁(기시환희기시수) 기쁠 때는 몇 번이며 시름겹기는 몇 번인고

〈鏡浦臺〉 일부

昔聞關東第一城(석문관동제일성) 관동에서 제일간다는 성을 소문으로 듣다가

登臨此日不勝情(등림차일불승정) 오늘 와서 올라 보니 감정을 추스르기 어렵다

松間高閣雲端出(송간고각운단출) 솔숲에 높은 다락은 구름 끝으로 솟아오

르고

湖上扁舟鏡裏行(호상편주경리행) 호수에 뜬 조각배는 거울 속으로 가는구나

飛鳥游魚皆自得(비조유어개자득) 나는 새 헤엄치는 물고기는 제 스스로 즐기거니

佳山勝水是誰成(가산승수시수성) 아름다운 산과 빼어난 물은 그 누가 지었을까

四時若問詩人興(사시약문시인흥) 만약 춘하추동 시인의 흥을 누가 묻는다면

只說秋江好月明(지설추강호월명) 다만 가을 강에 밝은 달을 사랑하노라 말하리라

두 작품 역시 응산의 장기인 7언율로 단정한 격식을 갖추었다. 광한루와 경포대라는 명승을 구경하고 읊은 서경과 서정이 아름답다. 종교적 의미를 부회할 여지가 별로 없다. 예컨대 〈남원 광한루〉의 '遙吟俯暢'은 왕발王勃의〈滕王閣序(등왕각서)〉에서 따온 것이요, 〈경포대〉의 '飛鳥游魚皆自得'은『시경』의 '鳶飛魚躍'에서 착상한 것이지만[49] 이런 것들도 현학적 용사用事로 보일지언정 생에 대한 진지한 고뇌나 종교적 깨달음을 모색하려는 노력과는 무관하다.

이런 흐름은 원불교적 제재를 가지고 쓸 적에도 예외가 아니다.

〈荷島吟〉의 일부

49) (하늘에선) 솔개가 날고 (연못에서는) 물고기가 뛰어 논다는 뜻이다. 모든 사물은 저마다의 특성이 있고 각자 자신의 특성에 맞게 살아가면서 삶을 누린다는 말이다. 같은 취지로 응산은 〈우중음(雨中吟)〉에서 魚自洋洋鳥自飛라는 표현도 하고 있고, 산문 〈사람을 지도하려면 신이 되어야 한다〉에서는「소리개는 하늘에서 날고 고기는 물에 뛰도다」라 하였다.

客來遠自水之東(객래원자수지동) 손이 멀리 물 동편에서 오니

踏盡烟霞路幾重(답진연하로기중) 안개와 놀을 밟고 올 제 길은 몇 굽이런가

孤島渺茫浮海上(고도묘망부해상) 외로운 섬은 아득히 바다 위에 떠 있고

仙嶺隱約鎖雲中(선령은약쇄운중) 신선의 산봉은 은은히 구름 속에 잠겼더라

白石蒼波皆別景(백석창파개별경) 흰 돌과 푸른 물결 모두가 별경을 이루고

疎松寒竹自淸風(소송한죽자청풍) 성근 솔과 차가운 대는 저절로 청풍을 불리도다

俯看塵界眞堪笑(부간진계진감소) 티끌세상 내려다보니 참으로 우습다

百代繁華總是空(백대번화총시공) 백대의 부귀영화 이 모두가 헛것이로다

〈靈山吟〉의 일부

天公特許此靈山(천공특허차령산) 하늘이 여기에 영산을 특허하니

明月淸風萬古閒(명월청풍만고한) 밝은 달 맑은 바람이 만고에 한가롭다

庭花飛落蒼波上(정화비락창파상) 뜰에 핀 꽃은 푸른 물결 위에 날아 떨어지는데

海棹穿來碧障間(해도천래벽장간) 바다에 뜬 돛배는 푸른 산봉 사이로 뚫고 온다

漁笛細沾朝雨去(어적세첨조우거) 어부의 피리소리는 가는 아침 비에 젖어 사라지고

樵歌晚帶夕陽還(초가만대석양환) 나무꾼의 노랫소리는 늦은 저녁볕에 묻어 돌아간다

修禪論道團欒席(수선론도단란석) 선을 닦고 도를 논하여 단란한 이 자리

에선

白髮靑衿總好顔(백발청금총호안) 늙은이 젊은이 모두가 좋은 얼굴이로세

하도(하섬)는 소태산이 변산에 머물 무렵에 쌍선봉에서 바라보고 점지한 섬으로 이후 원불교에서 매입하여 경전 편수 등 불사를 한 곳으로 성지에 준하는 곳이다. 영산은 전술한 바대로 교조의 탄생 및 대각의 성지다. 그러나 이런 배경을 가지고 있더라도 응산은 이곳을 아름다운 풍광으로 바라보고 노래했을 뿐이다. 두 작품의 마지막 연에 더러 티끌세상이 공空이니, 선을 닦고 도를 논하느니 한 것은 장식처럼 보인다.

실제로 응산의 시에는 선禪(禪味, 禪心, 修禪, 禪窓)보다는 선仙(神仙, 仙家, 仙人, 仙鄕, 仙台, 仙朋, 羽化仙, 仙筵, 仙境, 仙庄, 仙浦, 仙嶺)의 쓰임이 다종다량이듯이, 이 분류에 속한 한시에서 응산이 사물을 보는 눈은 불가佛家의 눈이 아니라 선가仙家의 눈이다. 아니 어쩌면 종교나 이념의 눈이 아니라 문학의 눈, 시의 눈이라 함이 더 맞을지도 모른다. 그는 작품 속의 자신을 종종 시인詩人, 사객詞客으로 지칭했거니와 도인의 소속감을 잊고 원불교 교리에 반하는 시상조차 거리낌 없이 보여 주고 있다.

- 一杯只可醉風烟(한 잔 들며 풍연에 취할 만하도다)－<登盃山>
- 黃花酒熟家家樂(국화 피고 술 익으니 집집마다 즐겁네)－<田家秋事>
- 一竿風月釣魚汀(풍월 더불어 물가에서 물고기를 낚노라)－<南原 錦水亭>
- 漁棹晩歸靑峰外(고깃배는 푸른 봉 밖에서 느지막이 돌아온다)－<感興>

살생을 말라든가(보통급 1조) 술을 마시지 말라든가(보통급 4조) 하는 계문 정신으로 볼 때 이들 표현이 도인(교무)에게는 어울리지 않는 것이 사실이지만, 시인에게는 전혀 문제 될 것이 없다.

이 분류에 속하는 작품으로는 앞에 언급한 것들 포함하여 〈갑사음(甲寺吟)〉〈내원사(內院寺)〉〈설악음(雪岳吟)〉〈등미륵산(登彌勒山)〉〈계룡산(鷄龍山)〉〈돈암정사(敦岩精舍)〉〈돈암정사춘일낭음(敦岩精舍春日朗吟)〉〈유산서교당(留山西教堂)〉〈방장수교당정산종사요양시(訪長水教堂鼎山宗師療養時)〉〈등삼척죽서루(登三陟竹西樓)〉〈등북악(登北岳)〉〈송도회고(松都懷古)〉〈낙산사음(洛山寺吟)〉〈고암청유(古庵淸遊)〉〈신추음(新秋吟)〉〈우중음(雨中飮)〉〈우후음(雨後吟)〉〈한중음(閒中吟)〉〈감흥(感興)〉〈영파초(詠芭蕉)〉 등 모두 28편에 이른다.

(4) 기타시

여기엔 〈효공의기〉〈영팔일오해방〉〈조해공선생〉〈팔양명〉 등 4편을 넣었다.

〈영팔일오해방(迎八·一五解放)〉은 해방의 기쁨을 노래한 것이고, 〈조해공선생(弔海公先生)〉은 해공 신익희의 돌연사를 조상한 것이다. 〈팔양명(八養銘)〉은 '浩然正大 以養其氣' 같은 식으로 8자 8행으로 된 좌우명이다. 여기서 '以養'은 모든 행에 반복해서 들어간다. 엄격히 말해서 시라고 하기는 어렵다.

그런데 응산의 작품 가운데 뜻밖에도 정치성이 강한 작품이 나타난다. 〈曉空義旗〉가 그것이다.

〈曉空義旗〉

義旗大擧太洋東(의기대거태양동) 태평양 동쪽에 의로운 깃발 크게 들려
瑞日新光滿曉空(서일신광만효공) 상서로운 햇빛 새벽하늘에 가득하였다
枯槁悉潤平和雨(고고실윤평화우) 평화의 빗물이 목마른 초목을 모두 적시고
穢濁渾消義烈風(예탁혼소의열풍) 의열의 바람이 더러운 쓰레기를 다 쓸어 버리네
實行公約人皆信(실행공약인개신) 공약을 실행하니 백성이 믿기를 다하고
嚴立紀綱吏盡忠(엄립기강리진충) 기강을 엄립하니 관리가 충성을 다한다
彈惡興仁必從道(탄악흥인필종도) 악을 치고 인을 세우되 반드시 도리를 따르고
剛柔緩急執其中(강유완급집기중) 강유와 완급은 그 중도를 잡을지니라

이것은 1961년 7월에 나온 원광 36호에 실렸으니 5.16쿠데타로부터 불과 1개월 남짓이다. 이 작품엔 '祝五一六革命'이 부제처럼 덧붙어 있다. 종법사 다음으로 교단을 대표하는 교정원장 자리에 있던 응산이 왜 이런 작품을 썼을까? 정교분리 원칙에 반하는 것이기도 하지만, 정통성 있는 정부를 전복한 쿠데타를 平和雨와 義烈風으로 찬양하는 일이 왜 일어났을까? 교단 수호를 위한 방편이었을까? 아니면 개인적 소신에 의한 것이었을까?

다) 문장

흔히 하듯이 문장을 용도와 성격에 따라 실용적인 글, 논리적인 글, 문예적인 글로 갈라놓고 보기로 한다.

우선 '실용적인 글'을 보자. 특정 시점에 기념인사 삼아 써야 했던 공적인 글들이다. 〈개교사십년을 맞아 동포 여러분에게〉는 원불교 개교 40년 기념으로 나온 방송 원고이고, 〈본 대학의 교육본의를 체득하라〉는 교립 원광대학교 교지 창간호에 실린 글이고, 〈경성지부 신축낙성에 제하여〉은 원불교경성지부(서울지부 전신)의 신축낙성에 즈음하여 그 경위를 적은 것이요, 〈금강단의 출현을 보고〉는 교단 출가청년들이 결성한 모임인 금강단의 기관지 《금강》 창간호에 실은 격려문이요, 〈중앙선원 발족에 대하여〉는 중앙선원이란 기관 발족에 대한 취지문이다. 대개 이런 식이다. 이런 글들은 응산이 가진 교단적 위상에 따라 감당해야 했던 글들이기에, 거의가 실용문에 속하다 보니 애초 문학적 가치를 논할 처지가 아니다.

다음은 '논리적인 글'이다. 일부 법문을 포함하여 대개 논설문이다. 이들 글 가운데는 중수필에 속하는 에세이가 다수 있다. 주목할 작품으로 〈사람을 지도하려면 먼저 신(神)이 되어야 한다〉 〈종교인의 삼대요소〉 〈불교의 윤리적 활용〉 〈합리적 기도를 여행(勵行)하자〉 〈은혜의 생활〉 〈종교심의 발로〉 〈불법을 활용하자〉 등이 그런 예이다.

> 우리의 눈앞에 삼연(森然)하게 벌여 있는 우주만물은 모두 신(神)의 창조이며 신의 표현이다. 거룩하신 신이시여, 무량한 공간을 통하여 충만히 안주하였으며 무한의 시간을 긍(亘)하여 약여(躍如)히 활동하고 있도다. 저 우뚝 솟아 있는 산봉우리에도, 넘실거리는 바닷물에도 그 진면목을 볼 수 있으며, 봄 동산에 움터 오르는 풀의 싹에도 아침 뜰에 피어오르는 꽃의 웃음에도 그의 마음을 볼 수가 있도다. 소리개는 하늘에서 날고 고기는 못에 뛰도다. 이

는 그의 활발한 활기를 움직이고 있으며, 공중에는 별이 반짝거리고 골짜기에서는 구름이 일어난다. 이는 그의 유한한 정취이다. 지저귀는 새소리, 측측거리는 벌레소리, 이따금 그의 음성을 전해 준다.

자연계로 본다면 신은 잠재적이요, 동물계로 본다면 신은 활동적이다. 이에 이른바 신이란 것은 저 유신론자의 인격적 신을 이름이 아니요, 오직 우주적 진리, 천지에 미만한 영기(靈氣)를 지칭함이다. 이를 불(佛)이라 일러도 옳고 천(天)이라 하여도 가하고 도(道)라 하여도 틀림없다.

이는 〈사람을 지도하려면 먼저 신이 되어야 한다〉의 첫머리다. 에세이라 하여도 퍽 정서적인 대목이지만, 응산의 논리적인 글들은 대단히 정연하여 누구도 반박할 여지가 별로 없을 것이다. 원불교적 입장에서 유신론을 수용하는 방법을 논리적으로 매끄럽게 보여 주고 있다.

• 우리는 다 불법(佛法) 가운데서 살고 있다. 우주의 본성이라, 눈으로 보고 귀로 듣고 손으로 잡고 발로 밟고 살면서도 그것을 모르고 산다. 새소리 물소리 풍가월저(風柯月渚)가 다 불법의 현현이다. 눈앞에 전개된 것이 모두 불법이다. 우리가 알고 살거나 모르고 살거나 불법은 여여히 흐르고 있다. 동서고금을 막론하고 성품의 원리는 흐르고 있고, 생사의 이치는 흐르고 있고, 인과보응의 이치는 흐르고 있다. 얼음은 동서가 다 차고 불은 고금이 다 뜨겁다. 사람의 마음도 동서가 다 좋은 것을 보면 기쁘고 나쁜 것을 보면 싫다. 우주의 원리가 하나의 이치이기 때문이다. 그 이치를 알고 모르는 것이 다를 뿐 진리를 아는 이나 모르는 이나 다 불법 속에서 살지

떠나 살 수는 없는 것이다.

-<불법을 활용하자> 일부-

• 당나라 선비 한유(韓愈)는 말하되「그 천상(天常)을 멸하여, 아들이로되 그 아비를 아비로 하지 않으며, 신하로되 그 임금을 임금으로 하지 않으며, 백성이로되 그 일을 일로 하지 않는 이적(夷狄)의 법」이라 하였고, 정명도(程明道)는「간성난색(奸聲亂色)과 같이 멀리 하라」하였고, 주회암(朱晦庵)은「허무적멸지도(虛無寂滅之道)로 그 이론은 대학보다 높으나 실지의 용(用)이 없다」하였으며, 근세 일반 유자 간에 비방하는 구실에 의하면「불교는 허무적멸의 도로서 인·의·예·지의 성(性)을 모르므로 忠·信·孝·悌의 행이 없다. 나라를 섬기지 아니하여 국가 흥망을 괘념치 아니하며, 사·농·공·상에 벗어나서 국민의 의무를 잊으니 국가에 불충이요, 인정을 끊고 친척을 떠나서 부모를 섬기지 아니하고 자손의 후사를 없게 하니 가정에 불효라.」

-<불교의 윤리적 활용> 일부-

이런 문체가 응산은 설법 스타일이다. 평이하고 시적이기까지 하다가는 한학자로서의 본색을 감추지 못하고 고준한 문자가 튀어나오고, 고문이나 고사의 인유가 줄줄이 이어지기도 한다.

마지막으로 '문예적인 글'이 있다. 〈화엄송광기행(華嚴·松廣紀行)〉은 화엄사와 송광사를 여행하고 쓴 기행문이요, 〈봉래산실상사탐승기(蓬萊山實相寺探勝記)〉는 소태산이 머무르던 변산 성지의 석두암 유허지 및 실상사 옛터를 탐승한 기행문이요, 〈돈암정사기(敦岩精舍記)〉는 '경성지부 신점기지 소개'라는 부제가 붙었듯이 원불교경성지부 기지를 소개하는 서경적 문장이다. 〈지환선(池歡善) 씨의 독실한 정성을 보고〉는 교도의 미행담이며, 〈신년소감(新年所感)〉은 새해(1933년)를 맞이하는 소감과 다짐을 적은 글이다.

• 자욱하던 아침 안개는 차차 걷혀 맑고 깨끗한 가을 하늘의 정체를 나타내며 따스한 햇볕이 유난히도 온정을 베풀어 준다. 일기는 매우 명랑하고 바람은 심히 서늘하다.

어느 덧 부안읍을 거쳐 우리 지부 앞에 잠깐 멈추었다가 멀리 변산을 향하여 달린다. 들판의 남녀들은 추사(秋事)에 분망하고 수확의 기쁨에 잠겨 있다. 산마을 웅기중기한 농가에는 빨갛게 익은 감나무가 풍요히 들어서서 농촌 풍경이 아름다워 보인다.

산허리를 횡단하여 굽이치는 신작로는 거의 반공으로 연하여졌다. 여기는 속칭 우실재라 한다. 조심조심히 허덕이고 올라가는 자동차는 간신히 마루턱을 넘어 가쁜 숨을 내쉰다. 승객 일동도 아슬아슬하게 졸이던 심경이 겨우 풀린다.

-<봉래산실상사 탐승기> 부분-

• 여기저기 놓여 있는 반석은 유희객의 보좌로 점지하였고, 좌우로 접해 있는 봉만은 소창객의 망원대가 적당토다. 서천을 찌를 듯이 괴고 있는 삼각산은 무슨 보호를 줄 듯이 멀리 바라보고 있다. 장절기절(莊絶奇絶)한 개중에는 만장홍진의 대시가를 지척에 등지고 복잡한 세상 소식 꿈속으로

사라진 듯하다. 혹은 너무나 적막함을 깨뜨려 주기 위함인지 간간이 창신동 꼭대기로 바람을 따라 넘어오는 전차소리며 앞으로 성북동 가로를 통행하는 자동차 소리는 시가 소식을 실낱같이 전해 준다.

–<돈암정사기> 부분–

언급하지 않은 응산의 기타 문장에는 〈경잠(警箴)〉〈치가요결(治家要訣)〉〈처세요결(處世要訣)〉〈삼외삼치삼락(三畏 · 三恥 · 三樂)〉 등 잠언이나 좌우명 등 아포리즘에 해당하는 글들이 있으나 문학성을 따질 자료는 못 된다.

6) 마무리말

응산 문학 중 한글시가는 정격가사, 변격가사를 포함하여 가사가 주류를 이룬다. 이들 가사는 길이가 모두 짧고, 제목은 길고 설명적이다. 소태산이나 정산, 삼산까지도 보이던 '–곡, –가, –사' 등은 가사명에 쓰이지 않았다. 하긴 소태산이 이미 〈만장〉〈전반세계가〉 등 짧은 가사를 지었고, 삼산은 〈설중에 박노래〉〈낙도하는 가정소식〉 같은 긴 제목을 썼으니 응산은 이를 답습한 것이라 할 여지도 있다. 하지만 응산 가사의 길이가 짧은 것이나 제목이 설명적인 것은 가사와 창가의 임무교대기에 나타난 현상이란 설명이 타당할 듯도 하다.

응산 문학의 진수는 한시다. 출가 전 유생들과 한시를 주고받는 등 금체시를 익힌 응산은 7언율시 등 정격 한시를 즐겨 지었다. 그러나 소수의 선시에 상당량의 종교시도 있긴 하지만, 이들 시의 태반은 명승지나 고적을 찾아가

풍류를 즐기는 서정시 내지 서경시의 성격을 띤 것들이 많다. 한글시가가 원불교적 소재와 주제에 충실했던 것에 비하면, 한시는 종교적 성격을 탈피한 것들이 많다 함이 특징이다.

응산의 문장은 실용적인 글, 논리적인 글, 문예적인 글이 다 있지만, 주목할 것은 논리적인 글이다. 에세이풍의 논리적 문장들은 상당히 정연하고 탁월한 바 있다. 문예문은 기행문이 태반이며 서경성이 돋보인다 하겠다.

라. 주산 송도성의 문학

1) 들머리말

주산 송도성은 원불교 회상에서 독특한 위상을 누리고 있다. 2세 종법사인 정산 송규의 유일한 아우이기도 하고, 교조 소태산의 사위이기도 하다는 혈연적 위상도 물론 무시할 수 없다. 또한 비록 사후 추존일망정 법위가 원불교 교법상 최고위인 대각여래위에 올라 있다. 그는 40세 요절이지만 순교에 버금가는 순직을 하였으니 그 헌신만으로써도 생전, 사후를 막론하고 한결같은 존경을 받고 있다.

문학적 측면에선 어떠한가? 조숙했던 그는 짧은 생애에도 불구하고 비교적 풍부한 문학 활동을 했다. 사후 61년이 되는 2007년에 460쪽에 이르는 문집이 발간되었다. 이는 그의 문필 업적을 전반적으로 수렴한 것이기에 좁은 의미의 문학작품만은 아니지만 아무튼 문학적 자취가 만만치 않음을 알겠다. 특히 이 가운데 문학작품은 거의가 공적 지면에 발표된 것이란 점이 주목할 만하다. 생산만 된 것이 아니라 소비가 되었고, 소비된 만큼 교단에서 그의 문학이 상당한 영향력을 발휘했다는 얘기가 된다.

2) 주산 송도성의 생애

1907년 경북 성주에서 야성 송씨 인기寅驥(법명 碧照)와 연안 이씨(법명 雲外)를 부모로 하여 태어났다. 본명은 도열道悅이고, 도성道性은 법명이며 주산

主山은 법호이다. 필명으로는 금강원인金剛院人, 직양直養 등을 사용하였다.

어려서부터 한학을 배우다가 형 정산의 인도로 일가 모두 소태산에 귀의하여 영광으로 이사하니 이때 주산의 나이는 13세였다. 16세에, 변산 봉래정사에 미무르던 소태산을 찾아가 출가를 서원하고 곧 시자 생활을 시작했다.

20세에 이미 교무敎務가 되어 경성교당(서울출장소) 초대교무로 부임했다.

22세에 소태산의 장녀 박길선과 혼인하고, 이후 각종 행정 요직에 참여하였다. 행정수반인 교정원장에 취임한 것이 31세였고, 소태산이 열반하고 정산이 종법사에 취임함에 즈음하여 그가 수위단 중앙단원이 된 것이 37세 때였다.

39세시, 해방이 되자 전재동포구호사업에 뛰어들었고 강연과 방송설교 등 대사회활동에 나섰다. 1946년 3월, 서울에서 구호사업에 몰두하는 중에 이재민으로부터 전염병(발진티푸스)에 감염되어 열반하였다. 법랍이 22년이고, 세수 40세였다.

3) 주산 송도성의 문학 유산

2007년 주산종사추모사업회에서 엮고 원불교출판사에서 낸 '주산송도성종사법문집'『마음은 스승님께 몸은 세상에』에 주산의 문학이 알뜰히 수렴되어 있다. 이 가운데서 먼저 눈길을 끄는 것은 상당량의 수필법문受筆法門이다. 이는 소태산 법문을 받아 적고 정리하여 교단 기관지 등에 발표하거나 필사본으로 묶어 두었던 것들이다. 그러나 손수 만든 본인의 작품이 아니므로 이들을 주산의 문학 유산에 넣을 수는 없다.

다음으로 검토할 부분은 전기문학에 〈대종사 약전〉과 〈불해탐주〉가 있다. 앞엣것은 소태산의 일대기요 뒤엣것은 조사전祖師傳이다. 조사전(불해탐주)은 고문헌에서 발췌 편역한 것이기에 그다지 창작성은 없는 듯하고, 〈약전〉은 정산 송규의 〈불법연구회창건사〉와 내용이 겹치므로 비교 검토의 여지가 있는 흥미로운 자료다. 그리고 〈수심결역해〉가 있으나 이는 비문학 자료의 번역문이기에 문학연구에서는 참고자료일 뿐이다.

본격적 연구자료가 될 문학유산은, 추모사업회 편집(분류)에 따르면 논설문, 추도문, 견문록, 기행문, 시가, 서한 등이 될 듯하다.

논설문은 〈대업을 완성토록 용왕매진하라〉 등 15편이요, 추도문은 〈굴기하심하셨습니다〉 등 4편이요, 견문록은 〈대화삼제〉 등 4편이요, 기행문은 〈마이산행감〉 1편이다. 서한은 〈종부주 하감〉을 비롯하여 35편이 보인다. 그러나 이들 중 실제로 문학작품으로까지 인정될 것은 또 소수다.

그렇게 보면 문학성이 가장 높은 분야는 시가로 분류된 작품들이다.

번호	장르	제 목	발표시기	발표지
1	4언고시	出家詩	미발표	(1922년 작)
2	가사(44구)	新年道歌(새해의 도 노래)	1930	월말통신 34
3	신시(가사체)	바쳐서 永遠	1932	월보 41
4	〃	靈山歌	〃	〃 〃
5	창가	人材養成創立團歌	1933	회보 2
6	〃	회가(3인 합작, 1차 개정분)	1934	〃 6
7	시조	大丈夫	〃	〃 9
8	신시	心燭	〃	〃 〃
9	〃	새끼소	〃	〃 10

10	〃(가사체)	心琴	〃	〃 11
11	시조	大聖人出世	〃	〃 〃
12	신시	寂滅의 宮殿	〃	〃 13
13	〃	心衡	1935	〃 15
14	언시조	眞境	1936	〃 24
15	신시	오! 四恩이시여(나의 祈禱)	〃	〃 〃
16	〃(가사체)	좌선을 마치고서	1938	〃 43
17	〃(가사체)	放自然(자연에 맡긴다)	〃	〃 45
18	5언절구	禪後感韻	미발표	
19	7언절구	靈山禪座韻	〃	
20	5언율시	金山寺韻 I	〃	
21	7언절구	金山寺韻 II	〃	
22	〃	謹和張漢燁氏	〃	
23	〃	(無題)	〃	(1946년 작)

4) 주산 문학의 배경과 문학관

연보에 의하면 주산은 4세부터 사숙에서 조부 송성흠에게 한문을 배우기 시작하여 신동 소리를 들었고, 13세에 두문불출하며 정진하여 문리를 터득했다 한다. 조부는 물론 부친인 구산 송벽조, 형인 정산 송규 등 집안이 온통 학문적 환경이었으니 일찍이 한학에 입문한 것은 당연하기도 하지만, 천성이 호학에다 학문적 성취 역시 조숙했던 모양이다. 주산은 한문을 우리말로 번역했을 뿐 아니라, 소태산의 법문을 많이 받아 적으면서도 스승이 우리말로 한 법문을 한문으로 번역하여 받아쓰기를 했을 정도였다. 법문집(마음은 스승님께 몸은 세상에)에 나온 〈법해적적(法海滴滴)〉이 모두 그런 예다. 뿐만 아니라 그의 서한조차 한문으로 된 것이 많다. 상대가 한문에 능하지 못하면 한글로 쓰고, 능하면 한문으로 썼다. 이런 것은 그의 한문 실력을 드러내는 것도 되지만 그의 문자관 내지 언어관을 드러내 보이는 것이기도 하다. 조선 선비들이 그랬듯이, 그에게는 한문이 기록의 주된 수단이요 한글은 보조물에 불과했던 것이다.

원기 4년(1919) 13세 때에 집안이 영광으로 이사하고, 주산이 소태산을 처음 만나서 법문을 들은 후 즉석에서 제자 되기를 청한다. 이를 기특히 여긴 소태산은 "네가 어떻게 그런 마음이 났느냐"고 물었다. 이때 주산은 "夫心者는 至廣至大物이니 修練精神하여 擴充其至大之心而耳입니다"[50]라고 대답하여 소태산을 감동시키매, 소태산은 "네가 도의 성품을 알았구나. 앞으로 도성道性이라 이름하여라" 하고 법명을 내린다. 참으로 당돌하리만큼 숙성하다. 그런데 이 한문구절에 나오는 '至廣至大'는, 『맹자』에서 호연지기浩然之氣에 대한 공손추의 질문에 맹자가 '至大至剛'이라 한 말에서 발상한 것으로 보인다.[51] '擴充' 역시 맹자의 수양론에 나오는 핵심 용어 중 하나이다. 필명으로 쓴 직양直養(혹은 直養生, 直養閒人)이 같은 문장[52]에 나오는 것으로 보더라도 역시 『맹자』를 읽은 영향일 듯하다.[53] 비록 그렇더라도 주산의 학문적 조숙과 비범

---

50) (새김)대체로 마음이란 것은 지극히 넓고 지극히 큰 것이니 정신을 수련하여 그 지극히 큰 마음을 확충할 따름입니다.

51) 증산 강일순의 지음이라는 『中和經(중화경)』에 '至廣至大之理'라는 구절이 나온다. 주산의 형인 정산 송규가 한때 증산교에 심취하여 온 가족에게 증산교 주문을 행하게 하는 등 증산교와 인연이 있었는데 주산은 이때 11세로서 가족과 합류한 바 있다. 그러나 전후 사정으로 보아 주산이 이 책을 보거나 여기서 인용했을 가능성은 희박하다.

52) 그 기야말로 지극히 크고 지극히 굳세니, 바르게 길러(直養) 손상함이 없다면, 하늘과 땅 사이에 충만하니라.(其爲氣也 至大至剛 以直養而無害則 塞于天地之間)

53) 추모문집 『민중의 활불 주산 종사』(p.57)에서 이운권은 「주산 종사는 특히 불교의 『능엄경』과 유교의 『맹자』를 애독하였다.」고 증언하고 있다.

한 의기意氣를 부정할 순 없으리라.

1922년, 16세의 주산은 소태산이 머무는 변산 봉래정사로 가서 출가를 허락받는데 그 자리에서 한시 한 수를 써 올림으로써 다시 한 번 스승을 감동시킨다. 뒤에 다시 보겠지만, 그 나이에 이만큼 탁월한 출가시를 내놓을 수 있었으니 그의 인품과 더불어 한학과 문학의 역량을 과시한 셈이다.

주산에 대한 추모의 글 가운데서도 그의 문학관을 엿볼 자료가 보인다.

- 틈나면 필묵을 즐긴 것도 빼놓을 수 없는 기억인데 붓을 들 때는 언제나 나를 불러 먹을 갈게 하고 주로 소동파의 시구들을 즐겨 썼었다. 지금도 기억나는 것은 소동파의 시구 가운데 "廬山煉雨折江潮 未見千般恨不消 到得歸來無別事…"이다. 아마 목표 달성을 위해 매진할 때는 그 목표에 기대를 걸지만 그 경지에 닿고 보면 그 원리가 평범한 것임을 반추한 것 같다. 나는 주산님이 즐겨 쓴 시구들을 모아 '江湖風月集抄'라는 노트를 만들어 그 시들을 애송하였다. …주산님은 이처럼 시문을 즐기는 구도자였다.

  —김정용,『민중의 활불 주산 종사』pp.81–82

- 그 어른의 글들은 한 편도 함부로 지은 허튼 글이 없다. 골격이 꼭 짜이어 물샐 틈이 없고 그 위에 글월의 멋이 넘쳐흐른다. …고금의 선구들을 고루 쓰시되 특히 "溪聲便是長廣舌" "廬山煉雨折江潮" "素紈不畫意高哉" 등 소동파의 선시들을 가장 많이 즐겨 쓰시었다. 다 쓰시고 나서는 그 중의 한 두 수를 고성으로 낭음도 하시고 붓을 놓으시었다. …자동차를 타시면 멀미를 하셔서 자동차 길 여행은 되도록 삼가시었으나 명승고적을 그대로 지나치지는 아니하셨다. 뜻 맞

는 한두 분과 명승지에 가시면 한시도 낭음하시고 시조도 읊으시었다.

—이공전, 앞의 책 pp.92–95

아울러 주목할 바는 저널리즘에 관한 그의 관심이다.

첫째, 정보 소비자로서의 측면을 보자. 그는 경서뿐 아니라 신문, 잡지, 문학서적에 이르기까지 보고 듣는 데 게으르지 않았다고 했다.[54] 특히 주산은 신문을 애독하였다. 신문을 받으면 보던 사무라도 그치고 읽으며, 급한 일이 있을 때는 기사의 제목만이라도 본 후에야 안심하고 사무에 착수하였다. 소태산이「네가 소소한 신문 하나 보는 데 그와 같이 정신을 빼앗기니 다른 일에도 혹 그럴까 근심이 되노라」하고 경계할 정도였다.[55]

둘째, 정보 생산자로서 그의 면목이다. 원기 13년(1928) 4월에 주산은 교단사상 최초로, 소식지를 발간하자는 제안을 한다. 이 안이 채택되자 몸소 주간이 되어 5월에 월간으로《월말통신》을 창간하였다. 이를 발전적으로 승계한《월보》발간도 주도하였고, 이어《회보》에 이르기까지 가장 많은 글을 싣는 열성을 보였다.

또 다른 면모는 주산이 서예에 뛰어나고 선화禪畵도 잘 그렸다는 점이다.[56] 특히 달마도는 변산에서 머무를 때 월명암에 주석하던 백학명 선사에게 배운 것이었다.

---

54) 앞의 책, p.69에서 이은석 증언.

55) 이 일로『대종경』수행품 20이 나왔다.

56) 앞의 책 p.92에서 이공전은「그 어른은 또한 당시에는 우리 회상 독보적 대표적 서예가시었다. 한 평생 수많은 서화를 원하는 모든 이에게 고루 써 주시었고, 초기 우리 교당에는 그 어른의 선서화가 걸리지 않은 곳이 거의 없었다.」라고 전했다.

5) 작품론

주산문학에 대한 연구물로는 박원현의 「주산종사의 문학-시조 '眞境'을 중심으로-」가 있고, 박용덕의 「『대종사약전』고」도 참고가 된다.[57]

시가에서 가사, 창가, 시조, 신시, 한시 순으로 다루고, 전기(소태산약전)와 문장을 대상으로 다루고자 한다.

가) 가사

먼저 〈신년도가(新年道歌)〉를 보면, 주산이 처음으로 발표한 작품이자 유일한 가사라 할 것이다. 4 · 4조 위주에 3 · 4조가 약간 나오고 예외로 5 · 3조 구가 한 개 나온다. 44구에 불과한 작품에 4음보 아닌 6음보가 4행이나 나오지만, 전통 방식의 제목에 가사로서의 격식을 아쉽잖게 갖추었다. 구성은 다음과 같다.

(1) 기사 : 처음~극락세계 여기로다

(2) 승사 : 사은사요 원만교리~소소영령 나타난다

(3) 전사 : 허물 된 일 보아내어~다시 여한 무엇인가

(4) 결사 : 오는 해를 맞아서는~끝

57) 이상 두 편은 추모문집『민중의 활불 주산종사』(원불교출판사, 2007)에 실려 있다. 박용덕의 논문은 《원불교사상》10 · 11합집(1987)에 같은 이름으로 실렸던 것이고, 박원현(영학)의 논문은《원불교사상과 종교문화》37집(2007)에「주산종사의 시적 소통에 관한 연구」-진경을 중심으로-란 이름으로 실렸던 것이다.

기사에선, 다행히 대도 초창에 만났으니 공부 사업에 전심하면 복혜를 누리고 극락생활을 하게 된다고 한다. 승사에선 원불교의 교리를 사은사요, 삼학팔조부터 계문, 일기법까지 조목조목 열거한다. 전사에선 허물을 고치고 고락의 근원을 알아 복락의 길을 가자고 권유한다. 결사에선 새해에는 더욱 공부 · 사업 잘하여 만세동락하자면서 마무리한다.

11월호임을 감안하면, 묵은해를 잘 마무리하고 새해를 맞이하는 각오를 미리 다지는 성격의 작품이다. 전반적으로 교도들에게 하는 교훈적 격려사에 해당하며, 작품성은 논할 여지가 별로 없다.

이밖에 3~4음절을 한 음보로 하여 4음보 1행인 가사체 작품이 4개 더 있다. 가사체로 쓰인 운문은 모두 가사 작품이라고 한다면 이들 작품도 가사로 분류할 여지가 없지 않다. 그러나 가사체는 내간체, 역어체처럼 하나의 문체로 놓고 보면, 창가나 신시도 가사체를 원용할 수 있다는 점을 인정해야 할 것이다. 이는 해당 작품을 논할 때 다시 언급될 것이다.

나) 창가

〈인재양성창립단가(人材養成創立團歌)〉를 보자. 이른바 7 · 5조(3음보)에 매절 4행으로 3절짜리 창가다. 원기 12년(1927)에 주산의 제안으로 육영부창립단을 조직했고, 이듬해 인재양성소창립연합단으로 발전하였던바 그 인연으로 지은 노래일 듯하다. 왜 그 단가가 1933년에 와서 회보 2호에 뒤늦게 나왔는지 모르나 1934년에도 조송광의 〈인재양성단가〉가 회보 6호에 실리는 것으로 보아 그 무렵 이 단체의 활동이 더욱 부각되는 계기가 있었는가도 모르겠다.

각 절별로 ①우리 도를 널리 빛낼 일꾼을 길러 공도사업에 바치자, ②천신만고가 있어도 굴하지 말고 정성을 바치자, ③도덕회상 창립주 되는 보람을 누리자, 그런 정도다. 이는 조송광이 지은 예의 〈인재양성단가〉에 비하면 세련미가 떨어지고 내용도 미숙한 것이 사실이다.

주산이 지은 또 하나의 창가로는 삼산 김기천, 구타원 이공주와 더불어 지은 〈회가〉가 있다. 한 절이 8 · 5조 4행으로 되어 4절까지 있다. 회보 5호(1933년)에 발표하고 곧 회보 6호(1934년)에 1차 개작을 재발표하고, 회보 26호(1936년)에 2차 개작을 다시 수록하였다. 1차 개작은 상당한 수정이 있었으나 2차 개작은 표기법 수정 외에 실제로는 단어 하나 고친 데 불과하다.[58)]

처음 발표한 것은 한 달 만에 개작한 것으로 보아 자문용 시험작에 불과하다고 보고, 1차 개작을 원작 삼아 논의하고자 한다. 1절에선 교조(소태산)의 대각개교가 가지는 시대적 의미를, 2절에선 교법의 위대성을, 3절에선 교도들의 사명을, 4절에선 도덕의 무궁한 발전을 노래했다. '自修成覺' '度衆生' '樂受用' '萬有貫通' 등 생소한 한자어들이 눈에 띄지만 작품 자체로는 잘 짜인 구조와 품위 있는 수사로 평가할 만하다. 특히 2절에서 「미묘하온 자비 바람 우주에 불고 찬란스런 공덕 꽃이 시방에 피네」 같은 경우는 선미禪味가 깃든 아름다운 표현이다.

다) 시조

주산이 지은 시조는 단시조單時調 2수와 연시조 1편이 있다. 처음 발표된 것

58) 4절 3행에서 「삼라만상 갖은 문명 기대 삼아서」가 「삼라만상 갖은 문명 기계 삼아서」로 고쳐졌다」 '기대'는 期待인지 깃대(旗–)인지 혹은 단순 오철이었는지 알 수 없다.

은 회보 9호(1934년)에 나온 작품이다.

〈大丈夫〉

이 천지 정대원기(正大元氣) 나 한 몸에 다북-고
대우주 넓은 무대 횡행활보(橫行闊步) 걸음 하니
세상은 그를 일러 대장부라 함

원문을 보면 작품 머리에 '시조'라 밝히고 있다. 장르 의식을 가지고 쓴 것이 분명하다. 초장에서 마지막 음보가 4음절이 안 되니 '다북-고'라 하여 '-'표로 한 음절에 맞먹는 음량값을 계산하고 있음도 재미있다. 그러나 종장 제2 음보가 4음절밖에 안 되는 것은 아쉽다. 창을 의식해 마지막 음보를 생략하는 것은 그렇다 쳐도 아주 없애진 못하고 '함' 한 글자를 살린 것도 궁색하다.

'정대원기'는 맹자의 '호연지기'와 같은 뜻일 법하다. 스승 소태산에게 제자 되기를 청했을 때 했던 '擴充其至大之心'의 그 초심을 잃지 않고 있음이다.

주산은 그의 형 정산과 더불어 장부의식 내지 자유의지가 유난히 강했다. 그는 회보 39호 〈같은 듯하면서도 다른 것을 밝힘〉에서 「아무리 날로 천리씩 달리는 용총준마일지라도 그 고삐를 한 곳에 매어두고 어찌 천리의 공을 이루며, 만리 창공 높은 하늘을 업수이여기는 거붕대조일지라도 그 몸을 籠(롱) 속에 가두어 두고 어찌 雲宵(운소)에 날기를 기약하랴」고 말하고 있다. 이는 놀랍게도 정산이 14,5세경에 지었다는 시 「海鵬千里翱翔羽(바다 붕새로 천리를 날아갈 만한 깃을 가졌건만) 籠鶴十年蟄鬱身(조롱에 든 학으로 10년 세월을 갇혀 지냈네)」과 의식세계가 일치한다. 주산의 다른 작품 〈바쳐서 영원〉을 보더라도 '군자'와 더불어 '대장부'가 그의 중요한 자의식임을 알 만하다.

〈大聖人出世〉

황하수 일천 년에 다시 한 번 맑았더냐
고해 중 빠진 세상 그저 두기 어려워라
만 생령 건지려고 대성출세

역시 종장 제2 음보가 4음절밖에 안 되고, 마지막 음보는 생략되었다. 여기서 대성인은 물론 스승 소태산을 가리킨다.

백년하청이란 말도 있지만, 늘 흙탕물인 황하의 물이 맑아지면 성인이 나신다는 말이 있다. 수운 최제우의 〈불연기연〉에도 황하가 천년에 한번 맑아지고 이에 따라 성인이 난다는 말이 있듯이[59], 주산은 소태산의 출세를 그렇게 평가한 것이다. 그 출세의 의의를 중생 구제에 둔 것이 주제이다.

〈眞境〉

찼나넌 나눅 자고 비었다면 텅 비어서
두렷한 거울 속에 파도 없는 잔물결이
고요히 움직이나니 이 진경(眞境)인가 하노라
닦자니 본래 맑고 기르자니 근본 커서
교교한 둥근 옥을 아로새김 병통이라

59) 聖人之以生兮 河一淸千年 運自來而復歟(성인의 나심이여! 황하수가 천 년에 한 번씩 맑아진다는 것은 운이 스스로 와서 회복되는 것인가)

아마도 수양심 놓음이 참 수양인가 하노라

소리로 못 전하고 동작으로 형용 못 할
영보국 가는 길을 누구에게 물었관대
남 몰래 찾아온 이들 홀로 즐거워하더라

유일한 연시조다. 앞의 두 단시조가 종장에서 정격을 잃거나 끝 음보를 생략한 것과는 달리 이 작품은 비교적 정격시조에 가까운 틀을 갖추고 있다.[60)] 제목으로 쓰인 진경眞境을 국어사전에서는 ①본바탕을 가장 잘 나타낸 참다운 경지, ②실지 그대로의 경계(境界), 등 두 가지 뜻으로 풀고 있는데, 여기서는 아무래도 ①을 가리키는 것으로 보인다. 자성의 참된 경지를 표현한 것이라 하겠다.

제1연. 일원의 자리는 태허와 같아서 모자람도 없고 남음도 없다(圓同太虛無欠無餘)고 했다. 온전하여 모자람도 남음도 없으니 100%로 다북 찬 것이지만, 그것은 어느 것으로도 채울 수 없는 자리이어서, 비추어 보니 물질이나 마음이나 다 텅 비었다(照見五蘊皆空), 한 것이다. '두렷한 거울'은 성품자리이자 정靜의 경지요, '파도 없는 잔물결'은 마음자리이자 동動의 경지라 할 것이다.

제2연. 자성 자리라면 보태거나 뺄 것이 없으니 기른다는 것도 모순이요, 더러울 것도 없고 깨끗할 것도 없으니 닦는다는 것도 모순이다. 교교皎皎는, 썩 희고 깨끗함을 가리키니 훗날 성가로 채택할 때는 보다 쉬운 말로 바꾸어

60) 다만, 매수 종장 제3음보는 4음절이 정격에 맞으나 웬일인지 모두 5음절을 썼다. 제1수-이 진경인가, 제2수-참 수양인가, 제3수-홀로 즐거워

'조촐하다'로 쓰고 있다. 그러니까 본래 성품이란 완벽인데 여기에 무엇인가 잔재주를 부려 꾸미려한다면 그 천진성을 다칠 뿐이란 것이다. 놓아야 할 '수양심'은 천진을 다치는 작위요 '참 수양'은 원래대로 회복된 무위의 천진이다.

제3연. 영보국이란 낯선 용어는 1927년 원불교 초기교서로 낸『수양연구요론』내에 있는 〈정정요론〉에 나온다. 이는 선서仙書『영보국정정편(靈寶局定靜篇)』에 근거한 것이다. 사람사람이 가지고 있는 본래 성품을 가리키는 것이니[61] 영보도국靈寶道局 또는 영보진국靈寶眞局으로도 쓴다. 영보국 그 자리는 언어도단의 자리이기에 소리로 못 전하고 동작으로 형용할 수 없다고 한 것이다. 그런데도 어떻게 누구에게 소식을 물어 알았던지 그 자리를 알고자 남 몰래 찾아온 이들, 그들은 원불교를 먼저 알고 찾아온 이들이니 그들만은 그 진진한 도미를 즐기고 있다는 자부심이 드러난다.

이 작품은 시조 형식을 띤 선시다. 선시조는 희귀한 예에 속한다. 그래서 더욱 평가받아야 할 작품이다.

라) 신시

신시로 분류한 것 중에는 자수율로 보아 세 가지로 나눌 수가 있다. 〈바쳐서 영원〉〈심금〉〈좌선을 마치고서〉〈방자연〉 등은 4음보 가사체로 되어 있고, 〈영산가〉〈심촉〉〈새끼소〉 등은 3음보 7 · 5조(혹은 8 · 5조)로 되어 있고, 〈적멸의 궁전〉〈심형〉〈오, 사은이시여〉 등은 자수율에서 벗어나 자유시를 지향하고 있다. 처음 것은 가사와, 둘째 것은 창가와 뿌리를 같이 하고 있

61) 〈정정요론〉의 해당 대목은 아래와 같다.「한 하늘 아래에 至極히 妙하고 至極히 寶貝 되고 至極히 착하고 至極히 높은 法은 오직 한 靈寶局이라. 靈寶局은 사람사람이 各各 한 몸 안에 稟賦하여 있나니 곧 하늘이 命하신 나의 本來 性品이니라」

고, 마지막 것은 진보적인 신시의 모습이라 할 만하다. 그러나 주산의 시문학에서 이 세 가지 장르적 지표가 시간차에 따라 일정한 방향으로 진화하고 있지는 않다.

〈바쳐서 영원〉은 가사체(4음보)에 매련 6행씩 2연으로 되어 있다. 누가 알아주든 몰라주든 개의치 않고 도덕 사업에 몸과 마음을 바쳐서 임무를 다함이 대장부다운 일이라는 자부심을 담고 있다. 스승, 동지, 세상이 몰라 줄 때에도 서운하게 생각하거나 기죽지 말자는 뜻이 있다. 그러기에 원불교성가(108장)에서는 이 작품을 조금 고치고 윤문을 가하여 〈안심곡〉이라 개칭하였다. 특히「깊은 산 향풀도 저 스스로 꽃다웁고/삼경 밤 뜬 달도 제 멋대로 밝삽거든」같은 표현은 시정이 풍부하게 느껴진다.

다음 〈심금〉은 가사체로 1연은 5행, 2연은 6행이다. 연별로 행수에 차이가 나는 것만도 자유시를 향한 진전이라면 진전이다.

〈心琴〉

줄 없는 거문고는 나의 마음 거문고요
소리 없는 거문고는 나의 마음 거문고라
만단회포(萬端懷抱) 끓어날 때에 자위하는 거문고요
지기(知己) 자를 만날 때에 울려 주는 거문고라
불의사를 볼 때에는 노호하는 거문고라

줄 없는 거문고나 五音六律(오음육률) 골라 맞고
소리 없는 거문고나 천지만물 화창한다

사람마다 이 거문고 안 가진 이 없나니
네 거문고 내 거문고 한데 합해 치잤구나
정의 사업 행진하며 두덩실 두덩실
불의사마 격퇴하며 두덩실 두덩실

심금이야 언중言衆들에 의하여 개념적으로 이해될 만큼 일상화되어 버린 관용어이기 때문에 더 이상 시적 비유로서 기능할 수 없는 죽은 은유(死隱喩)다. 그럼에도 이 작품은 죽은 은유를 시적 은유로 부활시키려는 기도가 어느 정도 성공한 예라고 하겠다. 아울러 선가禪家의 관용어 '무현금(無弦琴)'의 역어일 망정 '줄 없는 거문고'나 '소리 없는 거문고'에서 보듯 선시적 효과를 아쉬운 대로나마 드러내고 있다.

다음 〈좌선을 마치고서〉는 가사체 6행 단련이다.

〈좌선을 마치고서〉

오늘 아침 좌선 때에 극락 맛을 보았지요
서방정토 안 갔어도 극락 맛을 보았지요
바른 자세 순한 기운 고른 숨결 편한 몸이
한 시 두 시 지내도록 物(물)과 나를 잊었었소
말과 말이 묵묵하고 마음 자취 끊어지니
적적한 빈 천지에 일륜명월 밝았더라

종결어미가 '-지요' '-지요' '-소' '-더라'로 되어 앞의 셋은 존칭이고 마지막 '-더라'는 비칭이니 존비법에서 불일치가 드러났다. 그게 아니라면, 앞의 셋이 대화체이고 마지막 하나는 독백체이니 이렇게 보아도 불일치다. 어쨌건 이건 결함 있는 문장이다.

내용인즉 참선의 진경을 읊은 작품으로 수작이다. 좌선의 세 요소라 할 자세, 호흡, 마음가짐이 고루 갖추어져 있다. 마침내 인무아人無我 법무아法無我의 경지에 이른다. 언어의 길이 끊어지고 심행처心行處가 멸滅한 그 자리의 적적성성한 상태에서 성품의 달, 지혜의 달이 밝게 떠오른다. 그 순간, 고락을 초월한 극락의 맛이 무엇인지 비로소 경험하는 것이다. 선시의 핵심을 잘 짚어낸 작품이다. 성가 183장의 가사로 쓰이고 있다.

다음 〈방자연〉은 가사체로 2행씩 묶인 연이 3개다.

〈放自然〉

가는 맘 잡아 매고 오는 맘 안 받으니
오도가도 않는 마음 일념집중 되었도다

갈래야 갈 곳 없고 올래야 올 데 없어
본연 청정 하옵거늘 일념주착 무삼 일고

낭떠러지 손을 떼라 건넜거든 배를 놔라
백척간두 그 곳에서 용기 있게 한 걸음을

제목을 풀어서 부제를 삼으니 〈자연에 맡기다〉이다. 원불교성가에선 〈가는 맘 잡아매고〉(163장)로 제목을 삼았다.

1연에선 〈휴휴암좌선문〉처럼, 바깥 경계가 안으로 들어오지도 못하고(外不放入) 안의 마음이 바깥 경계에 끌려가지도 않으니(內不放出) 일념집중이 되었다고 했다.

2연에선 청정한 자성에는 생사거래가 본래 없거늘 그 한 생각에 집착함은 무슨 까닭이냐고 자문한다.

3연에선 야부도천冶父道川의 시구 '낭떠러지에서 손을 놓아야 대장부다'(懸崖撤手丈夫兒)가 보이니 장부의식에 투철한 주산의 시상답고, 강을 건넜으면 타고 간 떼배는 놓아버리라던 금강경의 떼배 비유(筏喩) 역시 제 자리에 놓였다. 높은 장대 끝에서 한 걸음 나아가는(百尺竿頭進一步)의 용기를 말하면서, 애써 도달한 '일념' 그마저 놓으라고 일갈한다. 바로 이 대목에서 선시의 본래 면목이 도드라진다 할 것이다. 1 · 2 · 3연의 순차적 전개가 변증법적 논리의 틀을 가볍게 뛰어넘는다.

다음은 3음보(7 · 5~8 · 5) 작품을 보자.

〈영산가(靈山歌)〉는 소태산의 고향인 영산성지를 노래한 2연짜리 시로, 1연에선 경치를 예찬하고 2연에선 소태산의 도덕을 포양하자는 다짐을 한다.

〈심촉(心燭)〉은 4행 1연으로 4연까지 있다. 〈심금〉과 비교되는 작품이지만 비유로 말하면 훨씬 참신하다. 시대적으로 이보다 조금 후에 나온 김동명의 시 〈내 마음은〉에서도 '내 마음은 촛불이요' 하는 은유가 나오지만, 주산의 촛불은 종교성에 충실한 시이기에 서정성은 없다. 제4연이 선시의 성격을 뚜렷이 하고 있다.

끄고 켜기 그 수 몇 번이었나

바람 자고 비 개인 맑은 하늘에

나의 마음 한 낱의 밝은 촛불만

우주 간에 호올로 휘황하더라

윤회를 넘어 삼세를 꿰뚫는 혜안이 아니라면 이 정도의 시상이 나오기 어려울 것이다. 특히 마지막 행은 최고의 시적 성취라 할 것이니, 〈성주〉의 '만세토록 열반을 얻어 항상 홀로 드러난다'(萬世滅度常獨露)의 취지를 십분 살렸다 할 만하다.

〈새끼소〉는 7 · 5조 11행 구조인데 1행의 파격이 있다.[62] 내용은 스승 소태산을 어미소로, 제자들을 새끼소로 비유하는 것이다. 스승의 가르침을 받고 성장하는 제자의 입장을 어미젖을 먹고 자라는 새끼소로 놓았다. 법을 젖으로 은유하여 법유法乳라고 하였다. 시적 승화도 없고 선시적 지취도 없어서 좋은 평가를 할 만한 작품은 아니다. 흥미로운 것은 주산이 열반한 후 그의 제자가 같은 발상으로 써서 발표한 시가 있으니 〈송아지 설움〉이 그것이다.[63]

다음은 자유시 지향의 작품들이다.

〈적멸(寂滅)의 궁전(宮殿)〉, 이 작품은 얼른 보면 무질서하게 보이지만 형

62) 제7행에서 4 · 4(애가 타서 부르짖는)+4 · 4 · 5(무슨 그리 아쉰 사정 있었드메뇨)로 돼 있다. 앞의 4 · 4는 덧붙은 꼴이 되어 5음보가 된 것이다. 생각건대 앞의 4 · 4는 없어도 상관없는 구절인데 실수로 삽입된 듯하다.

63) 《금강》 창간호에 발표한 것으로 작자는 정관이다. 「어린 송아지 고삐 잡아/겨우 멍에만 입혀 놓으시고/사래 긴 밭에 채찍만 꼽아 놓으시고/해 다 졌다고 가시오니/임이여 묵은 밭을/어찌 갈라 하시나이까」(전문)

태를 분석하면 상당한 규칙성을 가지고 있다. 4연으로 돼 있는데 1 · 2 · 3연은 닮아 있지만 제4연은 독특하다. 말하자면 4단 구성에 제4연이 결련인 셈이다. 우선 매련 5행 구조인 1 · 2 · 3연의 형태적 통일성을 지적하겠다.

① 첫 행은 「크다면 온 천지 작다면 한 티끌, 그 위에 터를 잡고 엄연히 서 있는 적멸의 궁전」이다.
② 둘째 행은 「아, 그곳은 나의 유일한 ㅇㅇㅇ(이)외다」이다.
③ 넷째 행은 「나는 ㅇㅇ히……ㄴ다(는다)」이다.
④ 다섯째 행은 「그러면……지요」이다.

그러나 제4연은 아래와 같이 예외적이다.

> 금도 아니요 돌도 아니며 나무도 아니요 흙도 아닌, 구조 아닌 구조의 적멸의 궁전
> 공도 아니요 색도 아니며 유도 아니요 무도 아닌, 존재 아닌 존재의 적멸의 궁전
> 아, 그것은 나의 유일한 피난처요 휴양처요 연구실이외다

니르바나nirvana를 음역하여 열반이라 하고, 이를 의역할 때 적멸이라 한다. 그리고 불상 대신 석가모니의 진신사리眞身舍利를 봉안한 불전을 지칭하여 적멸보궁이라 한다. 부처님의 진신사리를 모심으로써 부처님이 항상 그곳에서 적멸의 낙을 누리고 있음을 상징하게 되는 것이다. 제목 〈적멸의 궁전〉은 아마도 이에서 발상한 것으로 보인다.

1연에서는 그곳이 온갖 마군魔軍으로부터 나를 지키는 피난처라고 했다. 2연에서는 고해 화택으로 피로한 나를 쉬게 하는 휴양소라고 했다. 3연에서는 인생의 여러 가지 복잡한 문제를 푸는 열쇠를 얻게 하는 연구실이라고 했다. 요컨대 니르바나의 궁전에서 스스로를 보호받고 쉬고 연구하는 종교생활의 이상을 보여 준 것이겠다.

이 시는, 심오한 진리를 작품화함에 있어 다양한 은유와 역설을 통해 시적 미학을 추구하기도 하였지만, 표현의 기본이 설명적이라는 약점은 감출 길이 없다. 그 점이 이 시의 한계다.

〈심형〉은 〈심금〉 〈심촉〉에 이은 '마음을 은유한 시' 시리즈 가운데 하나다. 마음을 저울대에 비유한 것이다.

〈心衡〉

저울대 저울대 너의 맘 저울대
무형으로 끈을 달고 직심으로 대를 삼은 너의 맘 저울대
수시응변 저울추와 호리불차 그 눈이라

저울대 저울대 너의 맘 저울대
매일매일 시시때때 천만사물 달고 다는 너의 맘 저울대
희로애락 원근친소 모든 경계 당할 때에 불실공정(不失公正)하여서라

저울대 저울대 너의 맘 저울대
시비선악 분별하고 이해경중 판단하는 너의 맘 저울대

홀로 있는 어둔 방에 슬쩍 한 눈 속인다면 사람 비록 모를지나 하늘눈이 번개 같네

각 연의 1행은 같은 말의 반복이다. 제2행의 마지막도 '너의 맘 저울대' 반복이다. 그리고 이 시를 읽다보면 절로 음보율에 말려들게 된다. 1행은 4음보, 2행은 6음보로 똑같다. 다만, 제3행은 각 연이 4음보, 6음보, 8음보로 2음보씩 늘어난다. 반복성과 규칙성을 보임으로써, 내재율에 의지하는 자유시와는 스스로 거리를 두고 있다.

저울을 가리키는 한자들(衡, 權, 秤)은 사비유로 자리 잡은 지가 오래다. 사물의 경중을 재는 척도나 기준을 가리키는 권형權衡, 혹은 목적 달성을 위하여 그때그때의 형편에 따라 임기응변으로 일을 처리하는 방도를 뜻하는 권도權道, 그리고 법원에서 재판의 공정성을 뜻하는 상징으로 쓰는 천칭天秤에 이르기까지 말이다. 1연에선 수시응변과 호리불차毫釐不差라는 의미를 찾았고, 2연에선 공정이란 덕목을 말하고, 3연에선 신독愼獨의 교훈을 말한다.

전반적으로 수도인의 마음공부를 위한 비근한 본보기로 저울대를 끌어들여 잘 설득하고 있다 하겠다. 그러나 의도가 지나치게 노골화함으로써 차원 높은 시적 승화에는 이르지 못했다.

〈오! 사은(四恩)이시여〉는 '나의 祈禱'라는 부제를 달고 있다. 원불교의 신앙문은 사은(천지은, 부모은, 동포은, 법률은)에 대한 감사와 보은 실천이 핵심이다. 사은은 신앙의 대상인 법신불의 1차 내역이다. 이 작품은 구조로 볼 때 〈적멸의 궁전〉을 빼닮았다. 4연으로 나누어지고, 1 · 2 · 3연은 병렬형으로 1행에서 '오 사은이시여, 거룩하신 사은이시여'가 반복적으로 쓰이고, 2행

에선 '나에게 ㅇ을 주소서 ……-ㄴ(은/는) ㅇ을 주소서'가 이어진다. 그리고 제4연은 결련으로 마무리가 된다.

1연에선 '꿋꿋하고 근기(根氣) 있는 힘'을 달라고, 그러면 두 팔을 부르걷고 일터로 가겠노라고 다짐한다. 2연에선 '밝고 큰 빛'을 달라고, 그러면 자아완성과 사회개선에 온몸으로 뛰어들겠다고 다짐한다. 3연에선 '영원히 식지 아니할 열'을 달라고, 그러면 피땀을 두루치고 냉박한 사회를 개척하겠노라고 다짐한다.

이 작품도 시적 세련이 부족한 것은 사실이나 작가의 열정과 기도의 진정성이 넘쳐나서 독자를 감동시키기에 충분하다. '오! 사은이시여, 거룩하신 사은이시여'를 앞의 3개 연 머리에 반복하고 제4연에선 마지막을 이 말로 장식한다. 그 절절하고 뜨거운 기도의 심정을 썩 잘 드러내고 있다.

마) 한시

주산은 한시를 적잖이 썼을 것이나 남아 전하는 것은 7~8편에 불과하다. 우선 그의 〈출가시〉를 보자.

獻心靈父(헌심영부) 마음은 영부께 바치고

許身斯界(허신사계) 몸은 이 세상에 내놓아

常隨法輪(상수법륜) 늘 법륜을 따르며

永轉不休(영전불휴) 길이 굴려서 쉬지 않으리다

구조가 단순한 4언시다. 제1구, 여기서 영부란 정신적 아버지 소태산을 가리키니 제자로서 신信을 바침이다. 제2구는 세상을 위해 헌신할 것을 다짐하고 있다. 그 다짐대로 그는 전재동포 구제 과정에서 순직하였으니 제중濟衆에 대한 그의 열정은 태생적이라 할 만한 출가 초심이다. 제3구와 제4구는 소태산의 법을 나태함 없이 평생 따르겠다는 뜻이다. 조숙한 16세에 올린 출가시이니, 종교성이 강한 것은 맞지만 각별히 선시라고 할 것까지는 없다.

〈禪後感韻〉

正襟坐曉天(정금좌효천) 옷깃을 여미고 새벽에 앉으니

一法不當前(일법부당전) 한 법도 내 앞에 얼씬을 못 한다

起滅心亡處(기멸심망처) 드나들 마음이 없어진 그 자리

菩提性自然(보리성자연) 그 자리 그대로 우리의 보리성

예의 법문집에 실린 번역이 좋아 그대로 썼다. 天 · 前 · 然이 운자로 선운先韻이니 5언절이다. 〈출가시〉를 제외한 주산의 한시는 모두 금체시의 율격을 충실히 지켰다.

이 시는 한글시 〈좌선을 마지고서〉의 한분판이다. '一法不當前'은 '한 시 두 시 지내도록 物과 나를 잊었었소'와, '起滅心亡處'는 '말과 말이 묵묵하고 마음 자취 끊어지니'와 각각 대응하고, '菩提性自然'은 '적적한 빈 천지에 일륜명월 밝았더라'에 해당한다. 선시로서 수작이다.

〈靈山禪坐韻〉

眞機逈出有無邊(진기형출유무변) 참 기틀은 유무의 편견을 멀리 벗어나

冥合心字本自然(명합심자본자연) 마음의 본래 모습에 깊숙이 합하였도다
或霧妖雲消散盡(혹무요운소산진) 미혹의 안개 요사스런 구름 모두 흩어지니
一輪明月照當天(일륜명월조당천) 한 둥근 밝은 달이 하늘에 비치네

7언절에 邊 · 然 · 天이 운자로 선운先韻이다. '염화미소로 진기를 드러낸다'(拈花微笑顯眞機)[64] 하였으니 진기眞機는 자성 자리로 마음바탕(心地)과 합치한다. 안개 같고 구름 같은 요사스런 미혹을 떨치고 나면 명월만 남는다. 이는 〈목우십도송〉에서 8단계 '달이 구름 뚫고 가면 구름 자취 희어지다'(月透白雲雲影白)를 거치고, 9단계 '밝은 달 바라보며 손뼉치며 노래하다'(拍手高歌明月下)를 넘어, 10단계 '밝은 달빛이 차서 만상이 공했더라'(明月光寒萬象空)에 이르는 과정을 함축하고 있다 할 만하다. 선시로서 수작이다.

〈謹和張漢燁氏〉

托跡江湖閱數年(탁적강호열수년) 강호에 발을 디딘 지 몇 해를 지낸고
故人道我學神仙(고인도아학신선) 오랜 친구 날 보고 신선술을 배운다 하네
夜夜閑觀心上月(야야한관심상월) 밤마다 마음 달을 한가로이 보고
朝朝涵養性中天(조조함양성중천) 아침마다 성품 하늘을 기르고 닦는다오

7언절에 年 · 仙 · 天이 운자로 선운先韻이다. 한시에 능한 장한엽 교도의 시를 받고 화답한 작품인데 장한엽의 시가 어떤 것이었는지 궁금하다.

64) 『염송설화』 소재 목암법충(牧菴法忠, 1084~1149)의 게송에 나온다.

아마도 '신선술을 배운다'(學神仙) 한 것은 장한엽 씨의 말일 듯하다. 이에 답한 것이 전 · 결 2구이니 희한하게도 그 위치에서 대구법을 쓰고 있다. 요컨대 관심觀心 공부와 양성養性 공부를 하노라는 것이지만, 아름다운 표현에 선시적 지취가 물씬 풍긴다.

〈金山寺韻〉 I

慣聞金山好(관문금산호) 금산사 좋단 말은 진즉 들었지만
當來信果然(당래신과연) 와 보니 정말로 과연 그렇네
重重錦繡帳(중중금수장) 금수 같은 산 장막을 겹겹이 두르고
曲曲玉流川(곡곡옥류천) 구슬 같은 시냇물은 굽이굽이 흐른다
屹立千年佛(흘립천년불) 부처는 한 천년을 우뚝 서 있고
優遊半日仙(우유반일선) 신선은 한나절을 편히 잘 놀았다
聖蹟憑何覓(성적풍하멱) 거룩한 자취는 어떻게 찾을꼬
盤桓古塔前(반환고탑전) 옛 탑 앞에서 서성거리노라

5언율로 然 · 川 · 仙 · 前이 운자로 선운先韻이다. 우연인지 모르나 여태까지 나온 시의 운자가 하나같이 선운이다. 주산이 선운을 선호한 것일지도 모르겠다.

선경후사先景後事 기법에 의거하여 함련까지는 서경이 위주다. 경련에 오면, 신라 때 진표율사가 세웠다는 그 유명한 천년 미륵불에 대비하여 자신은 한나절 신선놀음을 하였다고 짐짓 능친다. 이 시의 핵심은 미련이다.

1919년 9월, 방언공사를 마친 소태산이 변산으로 입산하기 전에 금산사에

서 달포를 머물며 짚신을 삼고 휴양한 적이 있다. 그때 소태산은, 고탑 앞에서 기절해 사경을 헤매던 승려(혹은 신도)를 살려준 죄(?)로 김제경찰서에 끌려가 7일간 구류를 살며 왜경에게 심문을 당했었다. 금산사를 방문한 주산은 스승의 이런 일들이 회상되었을 것이다. 「盤桓古塔前(옛 탑 앞에서 서성거리노라)」이 화룡점정이다. 다만 매력적인 종교시이기는 하나 선시라고 하기는 어렵다.

〈金山寺韻〉Ⅱ는 7언절구다. 금산사 경관을 완상하는 서정시다.

한시로서는 이 밖에도 절구 한 수가 있다. 1946년에 서울 한남동 정각사에 머무르던 대산 김대거에게 보낸 서한문 가운데 들어 있는 것이다. 역겁 다생에 함께 일한 동지인데 이 회상에서 다시 만났다는 것과, 도업의 기초를 이룬 후에 좋은 벗으로 서로 산수를 찾아 즐기자는 뜻을 실었다. 별난 뜻은 없으나 '본 뒤 한 번 읊조림으로써 형제 되어 서로 아끼는 정을 나누어보자'(覽罷一吟以遂兄弟相愛之情) 하였다.

독립된 작품으로 다루기는 미흡하나 또 다른 한시 한 수가 더 있다. 팔산 김광선 열반에 즈음한 추도문 말미에 붙은 4언 6구다. 이는 뒤에 다시 언급하겠다.

바) 『대종사약전(大宗師略傳)』(일화)

1943년부터 1945년 사이 어느 때에 쓰인 것으로 보이는 미완의 전기 『대종사약전』은 어떤 의미를 가지는가? 이미 소태산의 전기는 정산 송규가 회보 37호(1937.12)부터 49호(1938.11)까지 연재한 〈불법연구회창건사〉에 포함되어 있는데, 특히 원기 9년(1924) 해당 부분까지는 소태산 전기의 성격이 강하다. 그런데 주산은 왜 굳이 새로운 소태산 전기를 쓰고자 했을까? 추측되는 이유는 ①정산 저술의 잘못된 부분을 수정하고자 한다든가, ②정산 저술에서 부족한 부분을 보충하려 한다든가, 하는 것일 게다. 박용덕의 연구에 따르면 두 가지 이유가 다 해당이 된 것으로 보인다.

문학 쪽에 초점을 맞추고 보면 일화 부분이다. 정산 창건사에는 13개의 일화가 나오지만 거기에 끼지 않은 일화 3편이 약전에 들어 있다.

① 대종사께서 실상사 부근에 수간의 초간을 매수하사 휴양의 처소를 삼으시니, 월명암과 거리가 십리허(許)이라. 학명선사와 상종이 빈번하였으며, 그 후 그곳에서 4~5년간을 지내시며 선사 항상 대종사에게 출세도생(出世度生)하심을 권고하되, 대종사 웃으시며 말씀하시기를 "임연선어 불여퇴이결망(臨淵羨魚 不如退而結網)이란 말과 같이 지금 이러고 있는 것이 곧 중생제도라"고도 하셨으며, 또 혹 웃으시며 "선리 소식(禪理消息)을 통했다는 분이 어찌 수재여모태중(雖在如母胎中)이나 수도중생필(遂度衆生畢)이라는 뜻을 모르느냐"고 농어(弄語)도 하셨다.

② 한 때에는 학명선사 한시 절구 1수를 보내어 은연히 대종사의 출세를 권고하여 가로되

透天山絶頂(투천산절정) 하늘을 뚫을 듯한 산의 절정이여
歸海水成波(귀해수성파) 바다로 돌아간 물이 파도를 이룰지어다
不覺回身路(불각회신로) 몸 돌이킬 길을 깨닫지 못하여
石頭倚作家(석두의작가) 석두에 의탁하고 집을 짓도다

때에 대종사 거처하시는 가옥이 협루(狹陋)하다 하여 시봉 제자들이 상모(相謀)하고 초가삼간을 신축하고 석두암(石頭庵)이라 편액을 붙였던 고로 석두의작가(石頭倚作家)의 말이 나오게 되었던 것이다. 대종사 곧 화시(和詩)를 써 가라사대

絶頂天眞秀(절정천진수) 절정도 천진 그대로 빼어남이요
大海天眞波(대해천진파) 대해도 천진 그대로의 파도로다
復覺回身路(부각회신로) 다시금 몸 돌이킬 길을 깨달으니
高露石頭家(고로석두가) 석두가에 높이 드러났도다

이것은 지금 숨은 석두암이 장래에 드러날 석두암이 될 것이라고 하신 의미이다.

③ 하루는 대종사께서 실상사 주지 한만허(韓滿虛) 화상 동행하여 월명암에 올라가시더니 실상천(實相川) 흐르는 물가에 이르러서 문득 혼자 입속으로
"강류석부전(江流石不轉)이로구나"
하고 가거늘 대종사 뒤에 따르시다가 큰소리로
"강류하처거(江流何處去)오"
하고 외치시니, 만허 화상 작지를 멈추고 서서 아연(啞然)하는지라,
대종사 서서히 가라사대
"석부전강불류(石不轉江不流)로다"
하시고 두어 걸음 걸어가시다가 다시 만허 화상을 부르시어,

"석역전강역류(石亦轉江亦流)라"

하시니, 그때에 수행하던 자 그 뜻을 알지 못하더라.

이른바 선화禪話다. 시문학의 선시에 대응하는 산문문학의 장르라 할 것이다. 다만 이들이 주산의 창작이 아니라 기록이요 전달일 뿐이니, 문학생산자로서 주산의 역할에는 한계가 있다.

① 백학명은 산중불교의 한계를 벗어나고자 애쓴 근세의 명승이다. 그가 보기에 소태산 같은 인물이라면 산중에서 은둔자로 살지 말고 세상에 나아가 중생제도에 힘쓰면 좋겠다고 생각한 것이다. 그러나 소태산이 산중에 온 것은 은둔이 목적이 아니라 시간을 벌며 중생제도의 법을 만들어 세상에 나아가기 위한 준비단계였던 것이다. 그래서 나온 답이 「임연선어 불여퇴이결망」이다. 「못가에서 물고기를 탐내기보다는 물러나 고기 잡을 그물을 만들라」는 것. 이 말은 『한서(漢書)』 동중서전에 나오는 유명한 말이다. 비슷한 말로 『회남자(淮南子)』 설림훈편에 「임하이선어 불여귀가직망(臨河而羨魚 不如歸嫁織網)」이 있다. 요컨대 소태산은 섣불리 세상에 뛰어들기보다 구세의 경륜을 펴기 위한 준비를 철저히 하고 있다는 대답이다. 여기에 덧붙여 「수재여모태중 수도중생필(雖在如母胎中 遂度衆生畢)」이라 했다. 스님은, 석가가 비록 모태 중에 있으나 마침내 중생 제도를 마쳤다, 하는 화두도 모르십니까, 하고 짐짓 놀렸다 함이다. 말하자면, 변산 석두암에 들어앉아 있으나 중생 제도를 마쳤다는 것이다. 누구는 모태 중에서도 중생 제도를 마쳤다는데 낸들 석두암에서 중생제도를 못 할 게 어디 있느냐는 뜻일 법도 하다.

② 이것은『대종경』성리품 19장에 채택된 것으로, 이미 소태산문학 연구에서도 상세히 언급한 바가 있어서 중언부언하지 않으려 한다. 시화와 선화의 결합이라 할 선시화禪詩話로서 그 문학성도 배가된다 하겠다.

③ 이는 선문답으로 법거량法擧量[65]을 한 전형적인 예라고 하겠다. 여기서는 거사 소태산이 선사 한만허를 감히 시험한 희한한 장면인데, 소태산의 도전의식이 돋보인다.

"강물은 흐르는데 돌은 구르지 않는도다."

"강은 흘러서 어디로 가는가?"

기습당한 선사 만허는 이것이 "바다로 간다" 식 우문현답으로 모면할 수 없는 선문답 도전임을 알아차리고 보니 말문이 막힌 것이다. 그러자 이번엔 소태산이 답을 가르쳐 주듯 말한다.

"돌이 구르지 않는다면 강도 흐르지 않는 거야."

아직도 얼떨떨한 화상을 다시 불러 못을 박는다.

"돌도 구르고 강도 흐르는 거라고!"

강이 '류(流)'함이나 돌이 '전(轉)'함을 묶으니 절로 만물유전萬物流轉이 상기된다. 변하기로 보면 강물이나 돌이나 다 변하는 것이요, 불변으로 보면 강물도 돌도 불변하는 것, 이것이 정산 송규가 말한 변 · 불변의 이치일 터이다. 만허의 허점은, 강물은 변하고 돌은 불변한다고 잘못 말해 버린 데 있는 것이다.

사) 문장

65) 선종에서 제자가 화두를 깨쳤는가 여부를 판단하고 인가하기 위하여 스승과 제자가 문답하는 절차.

먼저 논설적, 사색적 에세이들이 상당수 보인다.

〈우리는 한번 변합시다〉 월말통신 32호(1930. 9)에 실린 논설적 에세이다. 「우리는 한번 변합시다. 굼벵이도 변해서 매미가 되고 뱀도 변해서 신룡으로 화합니다. 그러한 미물 곤충도 오히려 변함이 있으려든 하물며 최령하다는 사람으로서야 변하지 않아서 되겠습니까? 만약 사람이 변하지 못하면 화하지 못한 굼벵이가 진애 속에 묻힌 것과 같고 용 못 된 이무기가 개천을 벗어나지 못함과 같아서 이 세상에 아무 소용없는, 한 버린 물건이 되고 말 것입니다」로 시작하여 중생심을 벗어나 성현으로 변하자는 설득적인 내용이다.

〈땀 한 방울의 변화〉 월보 36호(1932. 5)에 실린 에세이로 대단히 호소력이 있다. 앞의 논설문의 연장선상에 있는 글로 「우리는 이렇게 귀중한 땀의 공덕을 알아야 할 것이요, 안 일로만을 즐겨할 것이 아니라 땀 흘리는 노력이 있어야 될 것이요, 같은 땀을 흘리는 가운데에도 여러 가지로 변화할 수 있는 가치 있는 땀을 흘려야 될 줄 믿습니다」로 끝맺는다.

〈꿈을 깨라〉는 회보 32호(1937. 2)에 실린 설교조의 에세이 작품이다. 시대착오적 수구, 부박한 유행 추수, 각종 미신, 투기, 방탕한 생활 등 혼몽에 취한 삶을 청산하고 각성하여 건실한 삶을 살자는 주장이다.

〈안분과 분발〉은 회보 32호(1937. 2)에 실린 에세이다. 불우한 처지에 있는 군자가 남을 원망하거나 신세를 비관하지 않고 안분하고 분발하면 성공할 수 있음을 실례로 설명한다.

〈천진한 생활〉은 회보 33호(1937. 4)에 실린 사색적 에세이다. 「우리는 무엇보다 천진을 공부하자. 또는 천진을 사랑하자. 그리하여 생각으로부터 말로부터 행동에 이르기까지 모든 것을 오로지 천진화시키기에 노력하자」는 말로 시작하여 각종 실례를 들어가며 흥미 있게 썼다.

〈이재문 군의 열반을 보고 더욱 인세의 무상을 감득〉은 회보 37호(1937. 10)에 실린 에세이다. 멀쩡하던 젊은 동지가 하룻밤 사이에 죽은 사건을 당하여 그 충격과 함께 무상감을 쓴 글이다. 애도의 글이 아니라 삶과 죽음의 원초적 의문에 자답한 사색적 문장이다.

이밖에 열반 인사에 대한 추도문이 세 편 있다. 서중안, 김기천, 김광선 등 비중이 큰 요인에 대한 것인데, 그 중 팔산 김광선에 대한 추도문이 주목을 끄는 것은, 첫째 애도의 사연에 심금을 울리는 간절함이 있기 때문이요, 둘째 글 말미에 마치 비명碑銘처럼 붙은 한시가 있기 때문이다. 산문으로 쓴 추도문에 추도시를 첨부하여 애도 정서를 한 단계 고양시키는 구조는 추도문학의 전범이 될 만하다. 그것은 비문이 서序와 명銘의 결합으로 되는 이치와 흡사하기 때문이다.

> 功冠一會 公何有憾(공관일회 공하유감)
>
> 공덕이 회상에서 으뜸이니, 당신께선 무슨 아쉬움이 있으리까
>
> 痛哭痛哭 澤及萬世(통곡통곡 택급만세)
>
> 통곡하고 통곡하노니, 끼치신 은택은 만세에 길이 미치리다
>
> 後生安仰 雲山渺漠(후생안앙 운산묘막)
>
> 후생들은 속 깊이 우러를지나, 당신은 구름 산 너머 아득하구려

또, 주산문학에서 특기할 것으로 기사문이 있다. 월말통신의 기자 겸 주간으로서 활동할 당시 그는 자신이 듣고 본 교도들(당시 불법연구회 회원)의 미

담 사례를 박스 기사처럼 다루었다. 〈보는 대로 듣는 대로〉란을 통해 3회에 걸쳐 연재한 9편이 있다. 〈대화삼제(對話三題)〉라고 하여 회보 27호에 기고한 3편이 더 있어 이것까지 합하면 12편이 된다.

이 가운데 주목할 것은 단연 〈정세월 여사의 호담성과 인자심〉이다. 이 작품은 상대적으로 길이도 길거니와 서사적 수필로 별로 흠이 없다. 요지는 아래와 같다.

> 추운 날씨 황혼 무렵, 웬 남자가 지게에 병든 여인을 지고 와서 남의 집 안방에 부려놓고 간다. 붙잡고 사연을 묻자니, 연국사라는 절에 살며 치료받던 병자인데 절에 재불공(齋佛供)이 들어 부정 탈까봐 아무데나 내보내는 것이라 한다. 놀란 그 집 식구들이, 우리와 하등 관계도 없는 병자를 남의 집에 팽개치고 가면 어쩌냐, 당장 도로 지고 가라고 야단을 치며 옥신각신한다. 이때 밖에서 들어온 주인공 정세월은 병자를 살펴보고 나서 말하기를, 절이나 짐꾼이 한 짓은 괘씸하나 기왕 내 집에 져다 놓은 병자를 이 밤에 내치는 것은 못할 노릇이다, 하고 받아들인다. 그런데 그날 밤 그 여자가 그만 죽고 말았다. 이에 정세월은 경찰서에 통지하고, 장사지내도록까지 모든 절차를 주선하였다.

끝으로 기행문 하나가 있다. 〈마이산행감(馬耳山行感)〉(월말통신 6호, 1928.8)은 일행 몇 명과 진안 마이산 구경을 하고 쓴 글이다. 주산은 자연경치를 완상하기도 했지만, 상당히 비판적 시각으로 견문을 서술하고 있다. 예컨대 자연석에 이름을 새겨 기념하는 악습을 보고, 이름을 남기려면 제명題名보다 향기로운 역사에 그 이름을 남기라고 질책한다. 그런데 놀라운 점은, 크고 작은 숱한 석탑을 쌓아 유명해진 전설적 인물 이갑룡 처사를 만나 대담한 내용이 비교적 상세히 적혀 있다는 것이다. 술객으로서 그의 기이한 언행을 보고 들으며 어이없던 일행이 귀로에 나눈 이야기인즉 비판적 안목이 예리하다.[66]

> 대완 「그자가 평생에 탑만 뭇고 절벽에만 오르내리다가 죽으면 무엇하노?」
> 도성 「다람쥐가 되어서 탑 속에 살 터이지요.」하고 쾌소(快笑).
> 대완 「그것도 우리 인생에게 무슨 필요점 있는 사업이라 할까요?」
> 도성 「필요는 무슨 필요? 혹세자(惑世者)의 마술에 지나지 못한 것.」
> 대완 「여하간 심력은 좀 얻은 모양인데 가석하게도 사도(邪道)에…」
> 도성 「본래 발원이 사도일 터이지.」
> 대완 「참 가련하다. 얻었으되 얻은 줄 모르고 잃었으되 잃은 줄 모르고, 금방석을 똥 기저귀로 쓰는 무식한 인생.」
> 도성 「얻은 것도 분수가 있지요. 사(邪)로 발원하여 사에 힘을 얻은 것과 정(正)으로 발원하여 정력(正力)을 얻은 것과는 그 얻은 것이 어찌 같겠는가?」

6) 마무리말

주산문학은 작자가 40세 요절한 점을 감안할 때 작품이 비교적 풍부한 편

66) 《회보》 30호(1936.11)에는 김정종의 기행문 〈마이산을 구경하고〉가 실려 있는데, 김정종이 이갑룡 처사를 만나고 나서 그의 행적을 비판한 것도 주산의 시각과 거의 일치함을 알 수 있다.

이다. 그것은 그가 교단 기관지에 깊이 간여한 것과도 유관하나, 그보다는 주산이 시문에 관심과 재능이 있었기 때문으로 보인다.

운문 쪽에서 본다면 가사, 창가, 시조, 신시, 한시 등 다양한 장르가 보이고, 신시만 보더라도 다시 4음보 가사체, 7 · 5조 등 3음보체, 자유시 지향 등으로 나누인다. 대체로 교리 서술이나 신앙심의 평범한 표출이 주류이지만, 종교시 내지 선시로서 평가할 만한 것도 적지 않다. 우선 시조에서 보면 연시조 〈진경〉은 희귀한 선시조로 평가할 가치가 있다 하겠고, 신시에서는 〈좌선을 마치고서〉 〈방자연〉 〈심촉〉 등이 우수한 선시라 하겠다. 〈적멸의 궁전〉 〈오! 사은이시여〉 〈바쳐서 영원〉 〈심금〉 등도 종교시로서 평가받을 만하다. 한시에서는 〈선후감운〉 〈영산선좌운〉 〈근화장한엽씨〉 등이 선취가 넉넉한 작품들이다.

『대종사약전』은 미완의 전기이지만 그 안에 들어 있는 일화 3편은 우수한 선화禪話이어서 주목받을 만하다. 그밖에 에세이 풍의 논설문, 기사문, 추도문, 기행문 들이 문학적으로 상당한 가치를 내장하고 있다고 하겠다.

마. 구타원 이공주의 문학

1) 들머리말

구타원九陀圓 이공주李共珠는 소태산의 여제자 중 제일인자다. 당대에 드문 학벌과 더불어 사회적, 경제적 배경 역시 단연 돋보이는 처지였다. 그녀는 소태산의 법설을 가장 많이 기록으로 남김으로써 소태산으로부터 '법낭法囊'(법문의 주머니)이란 별칭까지 얻었고, 후일에 경전을 결집할 때 이바지한 공로가 컸다. 또한 상당한 재산을 소유하고 있어서 궁핍하던 교단에 활력을 불어넣었다.

일본에 유학 후 문학박사가 되어 조선 여성들을 계몽하는 것이 꿈이었던 그녀는 전세계 남녀를 위한 도덕박사가 되라는 소태산의 설득에 감복하여 문학 전공의 길을 포기했다. 그러나 그는 1991년 96세로 열반하기까지 문학 내지 기록에 대한 집념을 거둔 적이 없다. 문학자로서는 작품을 많이 남기기로 교단에서 일인자이고, 기록자로서는 법설을 비롯하여 기록 자료를 많이 남기기로 역시 교단에서 일인자다. 그녀가 10대부터 90대 만년까지 일기를 썼다는 사실도 같은 맥락에서 바라볼 일이다. 또 수집가로도 유명하여 1978년(83세시)에 소장품 전시회를 열어 사회적 주목을 받기도 했다.

2) 구타원 이공주의 생애와 문학배경

1896년 서울에서 부친 이유태와 모친 민자연화 사이에서 3남 3녀 중 차녀로 태어났다. 본명은 경자, 후에 경길로 바꾸고, 법명은 공주共珠, 법호는 구타원九陀圓, 필명은 청하淸河다.

6세에 한글을 깨쳐 7세에는 고소설을 읽었고 8세엔 천자문과 소학을 공부하였다. 12세에, 조선 여성 최초로 미국유학을 한 하란사河蘭史에게서 한문, 영문, 산술 등을 지도받는 행운을 얻었다. 13세에 이화학당 초등과 입학 후 동덕여학교로 전학하고, 14세에 순종 황제의 후비인 윤尹 황후의 시독侍讀으로 창덕궁에 입궐하여 4년간 한문, 일어 등을 수학하였다. 18세에 궁에서 나오자 경성여자보통학교 본과에 입학하여 21세에 수료하였다. 이후 문학을 공부하기 위하여 일본 유학을 추진하였으나 집안의 반대로 포기하고 전라도 갑부의 아들 박장성과 결혼하였다. 두 아들을 낳고 단란한 인생을 꿈꾸었으나 불과 27세에 남편과 사별하는 불행을 겪었다.

남편 상기喪期를 마치자 어머니, 언니와 함께 소태산을 만나 제자가 되었다. 이후 소태산의 각별한 신임을 얻어 종교생활에 몰두하였고, 여자수위단을 조직하매 그 수석인 중앙단원에 임명되었다. 1930년 35세에 정식으로 출가하여 총부 교무 발령을 받았으며 기관지 《회보》의 주간 일도 맡았다. 총부에서 교무부장, 감찰원장 등 요인으로 활동하였으나 한국전쟁 때에 아들 박창기를 잃는 불행도 당한다. 남편으로부터 물려받은 1천여 마지기의 농토를 자산으로 하여 교단 재정을 돕고 숱한 불사를 감당하였다. 당대(1960~70년대)로서는 흔치않은 해외여행 기회를 두 차례 얻어 장기간 홍콩, 태국, 일본, 미국, 캐나다 등지를 다녀왔다.

노년에는 서울사무소장, 서울수도원장 등을 지내며 소태산탄생백주년 성업봉찬회장을 맡기도 했다. 1991년 96세로 열반에 드니 법랍 61년으로 제2

법위인 출가위로 사정되었다.

3) 구타원 이공주의 문학유산

구타원은 교단 기관지인 《월말통신》 27호(1929년 음1월)에 〈본회 전무출신의 부인계에 고함〉이란 제언을 게재한 이래 《월보》《회보》 등으로 이어지며 문학, 비문학을 막론하고 가장 많은 글을 발표하였다. 시가만 보더라도, 『새회상 시가 모음』(원불교출판사, 1982)을 예로 들면, 월말통신 · 월보 · 회보 · 금강 등에 발표된 51명 207편의 시가작품 중 무려 5분의 1인 42편이 구타원 1인의 작품이란 통계가 나온다.

1976년에 엮은 문집 '청하문총' 1『금강산의 주인』에 구타원의 시가와 문장 등이 수습되어 실렸다. 2007년 구타원종사기념사업회에서 낸 '구타원이공주종사법문집' Ⅰ『일원상을 모본하라』의 제Ⅳ편에는『금강산의 주인』 외에『구타원종사 자료집』에 수록된 시가까지 수렴되어 있다. 필자의 연구자료 중 시가는『일원상을 모본하라』에 수록된 68편[67]을 주된 대상으로 하되 여기에 빠진 것을 일부 보충하고, 논설과 감각감상 등 문장(산문)은 '구타원이공주종사법문집' Ⅱ『인생과 수양』에 수록된 것을 대상으로 하였다. 필요에 따라 발표지에 실린 원문을 대조하였다.

4) 작품론

67) 69번까지 수록되어 있으나 5번 〈수도자여〉와 24번 〈입지〉는 거의 같은 작품이므로 68로 계산함. 그리고 송도성, 김기천 등과의 3인 합작인 〈회가〉도 포함되어 있다.

구타원의 시가 68편을 분석해 보면 그 장르적 속성이 다양함에 놀라게 된다. 시조 7편, 가사 3편, 창가 49편, 신시 9편 등이 있고, 이밖에 한시 약간 편과 장편 연시조 1편이 있다.

가) 시조

우선 시조부터 보자. 구타원 유품 가운데 이른바 가투歌鬪라는 것이 상당수 있는데 이는 고시조를 적은 놀이딱지다. 이를 보면 구타원이 가투를 즐길 만큼 시조에 관심이 크지 않았나 추측된다. 구타원은 단시조 5수와 연시조 3편을 남겼다.

〈修道者여〉(회보 14호, 1935)

묻노니 수도자여 뜻을 굳게 세웠느냐
입지가 안 됐다면 신성인들 믿을쏘냐
입지한 연후라야 수도자라 함

〈修道者여〉는 수도자로서 입지立志의 중요성을 주제로 한 작품이다. 종장의 마지막 음보가 생략되는 것은 창唱의 관습에 따른 것인데, 굳이 '함' 1음절을 살리는 것이 재미있다. 주산 송도성의 시조 〈대장부〉의 종장이 「세상은 그를 일러 대장부라 함」으로 끝난 것과 같은 방식이어서 비교가 된다. 그러나 『금강산의 주인』에선 이 작품을 개작하여 제목도 〈입지〉라 하고 종장을 「뜻이 선 연후라야 수도자라 하오리」로 완성시켜 놓았다. 그러나 '묻노니/믿을쏘냐/하오리' 등이 의고체라서 문체의 참신성이 한참 떨어진다.

〈아침에〉

간밤에 불던 바람 살구꽃이 흩어졌다
노파는 비를 들어 쓸어내려 하는구나
낙화인들 꽃 아니리 그대로 두고 보소

〈서글픔〉

내 밝던 눈 어디 가고 눈 뜬 봉사 되었으며
검은 머리 어느 결에 백발이 되단 말가
알고도 막지 못할 일 그를 슬퍼하노라

〈一心工夫〉(회보 12호, 1934)

금옥이 보패라도 연마 않고 광채 나며
인재가 출중한들 닦지 않고 성현 되랴
제군은 방심 말고…… 일심 공부…

〈아침에〉는 17세기 선우협이 지은 명시조 「간밤에 불던 바람 만정도화 다 지거다/아이는 비를 들고 쓸으려 하는고야/낙환들 꽃이 아니랴 쓸어 무삼 하리요」의 모작에 불과하다. 〈서글픔〉은 탄로가歎老歌 이상도 이하도 아니다. 그런데 이 작품 역시 모방성이 두드러진다. 민요나 판소리에 흔한 「되단 말가」도 그렇고, 백호 임제가 황진이 무덤에 가서 읊었다는 「(잔 잡아 권할 이 없으니) 그를 슬퍼하노라」도 그런데, 이는 창의성 없는 관용구다.[68] 여타 작품도 그

68) 창가 〈을미연두시〉 5절에도 「알고도 막지 못할 일 그를 슬퍼하노라」가 들어 있다.

렇지만 〈일심공부〉는 주제나 내용의 진부성이 두드러진다.[69)]

연시조의 경우도 예외가 없다. 〈가을〉에서는 제1수 종장이「아마도 양풍가절은 이때인가 하노라」제2수 종장은「한심타 네 운명도 이뿐인가 하노라」이런 식이다. 〈정진〉의 경우는 종장 마무리가 '하더라/하노라'이다.

또 다른 연시조 〈서울소식 듣고〉의 첫 수를 보자

오백년 왕업지를 무참히도 파괴하니
허공도 눈물지고 산천도 우짖는 듯
어즈버 기미년 만세도 허망 이자(二字) 뿐이로다

잘 알다시피 길재의 회고가「오백년 도읍지를……어즈버 태평연월이 꿈이런가 하노라」의 틀과 착상을 따다 썼다. 이 정도면 모방도가 심하다.

구타원의 시조들은 조사措辭나 표현에서 전반적으로 개성이 없고, 고투나 상투성이 두드러져 진부해 보인다. 가투에서 익힌 학습효과 때문일까 모르겠지만, 내용이나 표현이나 간에 기대에 못 미쳐서 아쉽다.

구타원의 시조는 앞에 나온 것 외에 '청하문총' 3『한 마음 할 길로』(원불교출판사, 1984)에 또 나온다. 한국전쟁 때 아깝게 잃은 아들 박창기를 추모하는 연시조인데 1951년 정초에 쓰기 시작하여 무려 48수나 쓴 장편시조 〈피안아자불망지심(彼岸我子不忘之心)〉이다. 자식 잃은 어미의 절절한 슬픔을 노래한 것이다. 다만 절제되지 않은 감정의 노출이나 숙성熟成되지 않은 사실의 나열이 작품성을 떨어뜨린다는 결점을 지적하고자 한다. 한 수만 인용한다.

69) 종장 처리는 마지막 음보를 생략하느라 그런 모양인데 말없음표를 이상하게 전후로 배치하였다.

(9)

눈바람은 쌀쌀하고 달은 밝아 교교(皎皎)한데
피안아자(彼岸我子) 생각타가 잠은 영영 간 곳 없다
잠조차 가져간 너를 생각 무삼 하리요

나) 가사

다음은 가사를 보자. 〈기회를 잃지 말자〉(회보 22호, 1936) 〈일체(一切)가 유심조(唯心造)라〉(회보 27호, 1936) 〈무지한 탐욕은 중생의 원수이다〉(회보 29호, 1936) 등 3편이다. 제목부터가 그렇지만, 가사체로 쓴 산문이라 할 만큼 대체로 설명적이다. 심지어 〈일체가 유심조라〉의 서두를 보면 「불설에 이르되 일체가 유심조라 하시었나니 다시 들어 말하자면 각자의 흥망성쇠는 오직 각자의 마음이 들어서 짓고 짓는다는 말씀이다」로 시작되니 이는 가사체가 아니다. 이어서 「예컨대…」라 하면서 비로소 가사체가 나온다. 그래도 70구짜리 〈무지한 탐욕은 중생의 원수이다〉는 그 중 가사다운 면모를 보여준다.

독수리가 총쟁이를 피할 줄 알지마는
꿩 먹을 탐욕에 총살을 당하고
저루(새매)가 번개같이 허공에 날지마는
새 잡아 먹으려다 그 목숨을 빼앗기며
성성이로 말하여도 가장 약은 짐승이나
애주에 탐착하여 사람에게 잡히고
사자나 범 같은 사나운 짐승들도

먹을 탐욕 채우려다 함정에 들어가며…

약점이라면 과도한 사례 나열과 훈계조 주제의식의 한계라 할 것이다.

다) 창가

다음은 창가다. 여기서 필자가 분류한 창가의 장르 조건은 ①동일한 음수율의 반복 ②분절 ③각절의 행수行數 일치 등을 조건으로 하였다. 음수율로 구분하면 다시 8 · 5조(3음보)가 13편, 7 · 5조(3음보)가 4편, 가사체(4음보)가 26편, 기타 6편이다. 가사체 창가 중 상당수는 분절체 가사로 분류할 여지도 없지 않지만 편의상 창가로 편입하였다. 기타에 속하는 것 가운데는 〈각자의 발자취〉나 〈맹인을 인도하는 맹인〉처럼 4 · 3 · 4 · 3조나 〈교도의 노래〉처럼 3 · 4 · 4 · 3조라는 별스런 음수율을 고수하는 것이 있다. 심지어 〈본회탄생기념가〉처럼 1행 22~24음절을 지키면서 음보율조차 불규칙한 이상한 경우도 있으나 후렴까지 갖추고 '-가歌'를 표방하다 보니 창가 외의 분류가 불가능한 것도 있다.

창가라는 장르가 본래 문학사적 평가의 대상이지 시문학적 평가의 대상이 못 된다. 당대의 작가층 역시 아마추어 일색이라 해도 좋을 정도지만, 구타원의 창가 역시 평가받을 만한 작품이 많지 않다. 그런 대로 몇 작품을 소개하고자 한다.

기쁘고도 기쁘구나 상쾌하구나
저 세상의 모든 고통 떼어버리고

專務出身(전무출신) 수도하려 출가한 것이
오직 가장 多幸(다행)하고 즐거웁도다

-<出家曲> 제1절-

비로봉에 해 비치고 황하수 물 맑으며
무궁화꽃 새로 피고 도덕 바람 다시 불어
救主(구주)이신 大聖 宗師(대성종사)) 이 세상에 오시었네

-<大宗師 聖業奉讚歌> 제2절-

부처님 法(법)바다에 般若龍船(반야용선) 띄우고
사방의 남녀동지 인연 따라 모여서
진리의 돛대 달고 정의의 櫓(노) 저으니
이상의 피안으로 지체 없이 가누나

-<敎徒의 노래> 제1절-

영산 初(초)에 숯을 팔아 자본 세워서
조수 내왕 바다 막아 堰畓(언답) 만들고
익산총부 건설 당시 엿장사이며
萬石坪(만석평)의 밭 갈기도 눈물겨워라

-<功德塔 노래> 제2절-

高明(고명)한 夜月(야월) 下(하)에 大覺樓(대각루) 올라 앉아
無孔笛(무공적) 비껴들고 昇平曲(승평곡)을 불러보세
無爲自性(무위자성) 반조하여 眞空 自樂(진공자락) 진진하니
石鶴(석학)은 춤을 추고 淸風(청풍)은 반주한다

-<自樂의 淸晨> 제6절-

〈출가곡〉은 1933년 월보 45호에 실린 것으로 구타원이 둘째아들을 잃고 모친까지 죽자 결단하고 출가하면서 쓴 10절짜리 창가다. 아픔을 떨치고 나선 둔세遁世 · 도피逃避의 속마음을「기쁘고도 기쁘구나 상쾌하구나」로 바꾸어 감추려는 안간힘이 읽힌다.

〈대종사성업봉찬가〉는 대종사(소태산)의 출세 기연을「비로봉에 해 비치고 황하수 물 맑으며 무궁화꽃 새로 피고」로 한 것은 썩 성공적인 비유라 할 것이다. 〈교도의 노래〉에서도 '법바다, 반야용선, 진리의 돛대, 정의의 노' 같은 은유는 시적 성공을 거두었다 할 만하다. 〈공덕탑 노래〉는 교단 창립기의 간난하던 세월의 숱한 사연을 몇 줄로 잘 요약하여 성공한 경우다.[70)]

가장 눈길을 끄는 작품은 마지막에 있는 〈자락의 청신〉(원광 11호, 1955.9)이다. 역설과 은유가 풍부하다. '고명한 야월' '대각루' 등이 그대로 은유이며, 「무공적 비껴들고 승평곡을 불러보세」나「석학은 춤을 추고 청풍은 반주한다」와 같은 구절은 선시적 발상임에 틀림없다. 그러나『보권염불문』[71)]에서 해당 구절을 찾아내고는 아쉽고 무색해졌다.

*(가)는 자락의 청신 (나)는 보권염불문

(가)고명(高明)한 야월(夜月) 하(下)에 대각루(大覺樓) 올라앉아

(나)교교(皎皎)한 야월(夜月) 하(下)에 원각(圓覺) 상(上)에 올라앉아

70) 〈대종사성업봉찬가〉(116장) 〈교도의 노래〉(19장) 〈공덕탑 노래〉(117장) 등은 〈원불교성가〉에 채택되어 불리고 있다.

71) 조선 숙종 30년(1704)에 중 명연(明衍)이 미타참경(彌陀懺經)을 간추려서 번역한 책으로『미타참절요』로도 불린다.

(가)무공적(無孔笛) 비껴들고 승평곡(昇平曲)을 불러보세

(나)무공적(無孔笛)을 비껴 불고 무현금(無絃琴)을 높이 타니

(가)무위자성(無爲自性) 반조하여 진공자락(眞空自樂) 진진하니

(나)무위자성(無爲自性) 진공락(眞空樂)은 그 중에 갖췄더라

(가)석학(石鶴)은 춤을 추고 청풍(淸風)은 반주한다

(나)석호(石虎)는 춤을 추고 송풍(松風)은 화답(和答)한다.

이를 놓고 구타원의 창의력 부족을 탓하거나 작가적 윤리의식의 부재를 탓할 일은 아니잖을까 싶다. 구타원은, 교화 방편으로 필요하다면, 누가 쓴 글이고 어디에 나온 말이고를 묻지 않는다. 무슨 저작권을 다툴 일도 아니고, 원작자의 명예를 훔치려는 욕심 역시 없기 때문이다.

구타원의 창가 가운데 평가할 것들은 따로 있다. 〈심전을 계발하자〉 〈구심〉 〈봉래정사가〉 등이 그것이다.

〈心田을 계발하자〉 2 · 3 · 4절

주인공인 우리 맘은 형상이 없건마는

그의 작용 하는 것은 기기하고 묘묘하여

크기로 말한다면 우주를 능히 덮고

작기로 말한다면 미진(微塵)에도 들어 있다

밝기로 말한다면 일월보다 더욱 밝고
어둡기로 말한다면 칠통같이 캄캄하다

〈求心〉 1 · 2절

보려 해도 보이잖고 들으려도 안 들리네
놓려 한들 놓아지며 잡으려면 잡힐손가
명상(名相) 없는 이 물건을 어찌하면 찾아볼꼬

산이메냐 들이메냐 허공이냐 육지이냐
시방세계 다 뒤져도 찾을 곳 정히 없어
망연자실 하던 끝에 본래처(本來處)로 돌아드네

〈蓬萊精舍歌〉 1 · 2 · 3절

정쇄하고 깨끗한 봉래정사는
도덕주인 종사주의 수양처라오
산상에다 초옥 수간 건립하고서
방문 위엔 석두암의 현판 달렸다

전면에는 사시 푸른 죽전이고요
후면에는 층암질벽 장쾌하도다
감나무며 밤나무 등도 무성했으니
이것들이 방가위지(方可謂之) 선과(仙果)이로다

화단에는 각색 화초 새싹이 나고
이곳저곳 고목 끌텅 놓여 있으며
기암괴석 여러 가지 늘어 있으니
우리들의 그려하는 선경이라오

〈심전을 계발하자〉는 회보 19호(1935)에 산문으로 길게 실었던 것을『금강산의 주인』(1984)에서 운문으로 짧게 개작한 것이고, 〈구심〉은 청하라는 필명으로 회보 46호(1938)에 실은 것이다. 두 작품은 마음의 본질인 성리性理를 다룬 선시 계열로서, 창가적 접근으로는 그만하면 평가할 만하다. 〈봉래정사가〉는 월말통신 35호(1932)에 실린 것이다. 소태산이 변산에서 거처하던 봉래정사를 성공적으로 묘사하였다 할 만하다.

라) 기타시(신시, 한시)

다음은 신시로 분류한 것을 보자. 산문시 형태로 된 것이 있고, 분절은 됐으나 율격은 따로 찾을 수 없는 것이 여기에 속한다. 〈화복의 근원은 입으로 많이 나온다〉처럼 회보 등에 발표한 원문은 제목이나 형식과 표현이 짧은 산문에 불과하던 것을,『금강산의 주인』에서 행갈이나 분련分聯을 하여 시가로 둔갑시킨 것이 몇 개 있고, 〈스승님 추억〉처럼 창가적 율격을 무시한 운문이 몇 개 있으나 평가할 만한 것은 없다.

다음은 한시를 덧붙이자. 뒤에 문장에서 언급할 기행문 중에 5언 4구의 한시가 하나 나온다.[72] 압운을 갖춘 절구도 아니고 내용도 설명적이어서 논할

72) 侍衛宗師主 登上毘盧峰 望見四方景 卽見樂天地(종사님을 모시고 비로봉에 올라 사방의 경치를 보자니 곧 낙원을 보는 듯하더라)

여지가 없다. 그러나 『한마음 한 길로』에 나온 〈마음의 등불〉에 한시 한 편이 인용돼 있다. 1959년 5월 21일 새벽 좌선 끝에 홀연 떠올랐다 했으니 일종의 오도송으로 보아야 할지 모르겠다. 이 시 밑에는 "이것을 이공주 선생의 게송으로 한다"는 주註도 달려 있다.

憂喜本無種(우희본무종) 근심과 기쁨이 본래 종자 없으나
自心隨境起(자심수경기) 자기 마음이 경계 따라 일어나나니
若無心與境(약무심여경) 만약 마음과 더불어 경계 없으면
無憂亦無喜(무우역무희) 근심도 없고 또한 기쁨도 없도다

한문이 능한 구타원이지만 한시를 쓴 예는 별로 없었다. 그러나 이 작품은 起와 喜가 지운紙韻이니 작심하고 5언절구를 의도했다. 선시의 격도 갖추었다. 그러고 보니 율곡의 시(偶吟)에 '無憂亦無喜'가 나온다. 만약 구타원이 이 시를 읽었다면 이 결구를 근거로 거슬러 가서 기구에 '憂喜本無種'을 배치한 것은 아닐까 모르겠다. 심지는 본래 무색무취한데 경계를 따라 오욕칠정이 일어난다는 논리는 원불교가 아니라도 도가道家 일반의 상식이니, 이 정도 가지고 한 소식을 했다 하기에는 미흡하다. 은유는 물론 비약이나 역설도 없다. 구타원 시가가 늘 그렇듯 설명적이다. 그러기에 선시로서도 감동이 없으니 아쉽다.

마) 문장

다음은 문장을 다룰 차례다. 먼저 기행문 〈세계적명산 조선금강산탐승기〉

를 보자. 월말통신 27호(1930.음5월)부터 3회 연재한 작품으로 후에 〈금강산의 주인〉이나 〈종사주금강산행계일기〉, 혹은 〈금강산 탐승〉 등의 제목으로도 불리었다.[73] 1930년 5월, 구타원이 이동진화, 신원요 등과 더불어 소태산을 모시고 금강산 기행을 한 기록이다.

1일에 서울역을 출발하여 9일에 서울역에 돌아오기까지 9일간의 행적을 일기체로 꼼꼼히 기록하였다. 그 중에는 시도 삽입되고, 삽화挿話도 있고, 전설과 역사 기록도 있지만, 주로 소태산의 일동일정을 놓치지 않으려고 애썼다. 내용으로 볼 때는, 본래 사물을 기록하는 데 특기가 있는 구타원의 글답게 기록문학적 가치가 뛰어나다. 견문에 대한 소감이나 소신도 비교적 충실하다. 그러나 문제는 문체에 있다. 전반적으로는 우수하다고 하겠으나 옥의 티처럼 눈에 거슬리는 현학적 한문투가 흠이다. '而已오 온천에 입욕하고/方可謂之萬物相이라/일동은 伏悶不已하며'와 같은 표현이 그렇고, '日/畢/伏幸/無他/此所謂' 같은 말투도 현대인에게는 거부감이 클 것이다.

예의 『인생과 수양』에는 논설문이 18편 실리고, 감각감상문으로 분류한 글이 32편 실렸다. 그밖에 의식문도 상당수 있지만, 주목할 문장은 앞의 두 종류라 할 것이다.

시가에 비하여 구타원의 문장은 당대 어느 여류보다도 우수하다 할 것이다. 문체에 관한 불만은 앞에서도 이미 지적했지만, 그것만 빼놓는다면 내용은 알차고 표현은 유려하여 흠잡을 데가 별로 없다. 기본적으로 구타원에겐 선구자적 엘리트 의식이 있고, 종교지도자로서 구세적 사명감이 있다. 그녀가

---

73) 이 글을 「문헌상에 나타난 원불교 최초의 기행문」이라고 판단한 주장(『한 마음 할 길로』 p.79)도 있지만, 실제는 이보다 2년 전인 1928년(월말통신 6호)에 발표된 〈마이산행감〉(송도성)이 있다.

쓴 글의 톤은 훈계조와 설교조가 태반이다. 구구절절이 옳은 말씀, 이것이 그녀의 문장이 품고 있는 강점이기도 하지만, 동시에 한계다. 정서적 감동을 불러와야 하는 문학의 안목으로 볼 때 그녀의 글은 상상의 여백이 부족하고 너무 똑 부러진다.

구타원의 글은 대체로 소태산의 가르침을 충실하게 중계하고 해설한다. 특히 '논설문'이라고 분류한 글이 더 그렇다. 다만, 유식한 그녀에게는 유·불 선성의 교훈은 물론 동서고금의 고사와 예화를 자유자재로 인용 구사하는 능력이 있다. 때로 그녀의 글이 유난히 읽기 좋고 재미있다 싶은 것을 보면 자기 이야기가 아니고 남의 이야기의 인용이다. 〈노군과 장자의 문답〉 〈무자비의 자비〉 〈자신의 추천장〉 등이 대표적 예다. 〈내가 본 주산 선생님〉 〈본회의 삼대여걸을 소개함〉 같은 것을 보면, 남의 생애와 행적을 매끈하게 잘도 정리해 놓고 있다.

아무리 교훈적인 주제라도 내용상 에세이로 다룰 만한 여지가 충분함에도, 『금강산의 주인』이나 『인생과 수양』의 편집자들이 그녀의 글에 '논설/논설문'이라고 딱지를 붙였다. 이는 왜일까? 수필문학의 본질은 자기고백이다. 그러나 구타원은 자기의 프라이버시를 말하지 않는다. 추도문 등에서 다소 예외가 있기는 하지만, 그녀의 글은 항상 공적公的인 글이지 사적私的인 글이 아니다. 공인公人이 아니라, 사인私人의 생각과 정서가 숨 쉴 공간이 없을 때, 문학은 끼어들 여지가 없다.

그런데 이른바 감각·감상문의 경우 뜻밖의 소득이 있음에 주목한다. 회보 등에 발표한 구타원의 글을 살피다 보면, 우리는 그녀가 계몽주의자임을 새삼 깨닫게 된다. 그녀는 자기 이야기, 자기 정서를 말하지 않는 대신 종종 동서고금의 고사, 실화, 사화史話 등을 통째로 끌어다 쓴다. 그러니까 글의 주제를 살리기 위하여 기존의 이야기를 따다 쓰는데, 바로 그 인용한 내용의 비중이 그녀의 글의 태반을 차지해버리는 것이다. 구타원은 없는 이야기를 만들어 내는 창의력은 없으나 남의 글을 잘 다듬어 간접 인용으로 정리하는 데는 도가 텄다. 예컨대 〈몽환 같은 인생〉은 삼국유사에 나오는 설화 〈조신몽생〉을 고쳐 쓴 이광수의 소설『꿈』을 요약 소개한 것이다. 앞의 몇 줄은 구타원의 안내문이고 뒤의 몇 줄은 편집자적 논평이지만, 이걸 빼고는 몽땅 소설의 내용이다.

구타원이 들려주는 이런 이야기들은 당대 독자들에게는 익숙지 않은 것이거나 처음 대하는 것이기에 참신한 감동을 주었을 것이다. 이들 서사물들은 서사문학이 발달하지 못은 원불교문학에 있어 소중한 자료가 됨직하다. 제목만이라도 열거해 보자.

〈순인군(舜人君)의 효양부모〉〈대발명가 에디슨 씨의 사적을 보고〉〈관인대도(寬仁大度)〉〈강의대담(剛毅大膽)〉〈인자은애(仁慈恩愛)〉〈애(愛)의 여함장〉〈독심(毒心)이 변하여 양심으로〉〈몽환(夢幻) 같은 인생〉〈각후(覺後)에 덕성〉〈해(蟹)의 보은〉 등이 있고, 〈동서미담일화〉 시리즈는 8개의 이야기로 되어 있다.

5) 마무리말

기록자recorder와 작가writer의 길은 다르다. 전자는 기억memory을 요구하고 후자는 상상imagination을 요구한다. 방식은 다르나 기억을 저장하는 기능이란 점에서 수집가collector는 기록자와 동류다. 구타원은 기록자, 수집가로서 성공한 인물이다. 그러나 작가(문학가)로서는 그다지 성공하지 못했다.

신구학문을 고루 닦은 당대 최고의 지식인으로서 구타원은 비록 '문학박사'를 꿈꾸었지만 수도자로서 계몽가로서 충실한 삶을 살았을 뿐 작가로서는 한계를 보이고 있다. '도덕박사'로서 문장가는 될지언정 문학가의 길에서는 벗어나고 말았다.

바. 원산 서대원의 문학

1) 들머리말

원산圓山 서대원徐大圓은 원불교문학사에서 독특한 위치에 있는 인물이다. 문인 각론에서 다루는 이들 가운데 출가자들은 모두 법위가 제2위(출가위) 이상에 오른 종사宗師들이지만, 그는 유일하게 제3위(항마위)에 그친 정사正師다. 그는 9인중 유일한 정남貞男으로서 가장 젊은 나이인 36세에 요절했다. 그러나 원산은 누구보다도 일찍 원불교문학에 눈을 떴기에 당대 유일의 분단이라 할 기관지《월말통신》에서《회보》까지 줄기차게 글을 발표하였다. 특히 불교문학 작품을 구하여 소개하고, 당시엔 금기시됐던 소태산 작품을 발굴하여 게재하는 등 적극적으로 문학을 옹호하였다. 빼어난 시조를 짓고, 성가 노랫말을 쓰고, 논설과 논문도 썼다.

그는 31세란 젊은 나이에, 10인으로 조직된 교단 최고위 기관인 수위단首位團에 선출되리만큼 신망을 얻었음에도 일탈 행위로 인해 지위에서 축출되고 출가신분(전무출신)에서도 제명되는 불명예를 안기도 했다. 뿐만 아니라 극단적 신앙행태로 인해 이단시되고 비난받았다. 그러나 원산에 대해서는 종교적 재평가와 더불어 문학적 재평가도 이루어져야 할 여지가 있다.

원산에 대한 연구는 양현수의「원산 서대원의 생애와 사상」(원불교 인물과 사상 I, 원불교사상연구원, 2000) 및「서대원 대봉도의 신앙과 시」(원불교신문, 976호, 1998)가 있고, 정순일이 원불교사상연구총발표회에서 소개한「서대원의 『우당수기』고」(1985)[74]가 있다. 그러나 이들은 문학연구가 아니거나 혹은 본격적인 문학연구에 미치지 못하는 것들이어서 아쉽다.

2) 원산 서대원의 생애

1910년, 전라남도 영광군 백수면에서 부친 서기채와 모친 박도선화의 4남1녀 중 차남으로 태어났다. 모친이 소태산의 누나이니 원산은 곧 소태산의 생질이 된다. 본명은 대웅大雄이며, 대원大圓은 법명이고 열반후 추서된 법호가 원산圓山이다. 필명으로 우당학인愚堂學人, 무위생無爲生, 미륵산인彌勒山人 혹은 산옹 등을 썼다.

4세에, 딸 부잣집인 백부 서규석 가에 입양되었다. 4세 연하이면서 후에 원산의 인도로 출가하여 대성한 용타원 서대인은 바로 이 집의 다섯째딸이기도 하다. 9세에 한문 사숙에서 한학을 시작하여 13세까지 배웠다. 다시 신교육을 받고자 14세에 백수공립보통학교에 입학하여 4년을 마치고, 법성공립보통학교에 편입하여 6년 과정을 졸업한 것이 19세다.

가사를 돌보며 독서생활을 하던 20세의 원산은 익산총부에 와서 소태산을 만나 법명을 받고 3개월간의 교리훈련(冬禪)에 동참하게 된다. 이어서 전무출신(출가)을 서원하고 총부생활에 들어갔다. 이후 사무직으로 일하며 20대에 이미 연구부장, 감사부장 등 간부로 활동하고, 30세 때엔 원불교 소의경전인 『정전』 편수에 참여하고, 31세에 마침내 수위단원에 피선되었다.『대종경』

74) 《원불교사상》 13집(1990)에 발표요지가 실려 있다.

신성품 18장을 보면 서대원의 인망이 송규, 송도성과 어금버금했음을 알 수 있으니, 당대에 원산의 교단적 위상이 얼마나 높았는지 짐작할 만하다.

이 사이에 건강 등 이유로 세 차례에 걸쳐 4~5년을 휴무한 경력이 있다. 수위단원 피선 후 본분을 일탈하고 산사에 가서 좌선과 간경에 몰두하는 등 규범을 어기다가, 34세시(1943) 공식적으로 직과 신분을 박탈당하는 사태에 이르게 된다. 이에 원산은 중국 선종 제2조 혜가慧可의 선례[75]를 본받아 불변의 신심을 증거하고자 손을 끊은 사건을 일으켜[76] 소태산으로부터 크게 꾸중을 들었다. 이 사건 얼마 후 소태산의 열반을 맞게 되고, 정산 송규의 종법사 취임과 더불어 원산도 사면되어 업무에 복귀하게 되었으나 건강이 악화하여 1945년 5월, 36세로 열반에 들었다.

3) 원산 서대원의 문학유산

비록 짧은 생애를 살았고, 건강이 좋지 않아 여러 해 휴무를 하며 요양하는 처지였지만, 원산의 문학유산은 적지 않다.

2000년 6월에 원산의 문집『천상락과 인간락』이 발간되었다. 편집은 총 6부로 구성됐는데, 제1부 법문, 제2부 시가, 제3부 감각감상과 수필, 제4부 교리관련 연구논문과 논설, 제5부 불경번역, 제6부 추모의 글과 자료 들로 되어 있다. 핵심 문학유산은 제2부에 거의 수렴되었다고 하겠다.

75) 중국선종 초조 보리달마가 소림굴에 머물 때에 2조 혜가가 밤새도록 눈이 쌓인 한데서 제자 되기를 청했으나 달마가 쉽게 허락하지 않자, 신(信)을 바치는 표시로 칼을 들어 자기 팔을 베어 바침으로써 달마의 문하에 참예하도록 허락받았다는 '雪中斷臂求法'의 고사가 있다.

76) 서대원의 '손을 끊은' 사건은 발생 시기나 절단 부위에 대한 이설이 아직 정리되지 않고 있다.

원산이 남긴 문헌 자료는 다음과 같이 분류하여 정리해 볼 수도 있을 것 같다.

첫째는 소태산의 법설을 받아 적은 이른바 수필법문受筆法門이다. 1932년, 월말통신 36호에 게재한 〈공부인의 대병처(大病處)〉를 비롯하여 1937년 회보 34호의 〈불타은(佛陀恩)과 국왕은(國王恩)〉까지 15건에 이른다. 그러나 이것은 원산의 문학작품으로 볼 수는 없으니 논외로 한다.

둘째는 기존 문헌을 소개하는 글이다. 1935년 발표한 〈불설윤전오도죄복보응경해(佛說輪轉五道罪福報應經解)〉(회보, 14호) 등 고경을 번역, 강독하거나 문답한 것 등이 6건 있고, 불교가사와 소태산가사 여러 작품을 소개하기도 하였다. 이들도 그의 문학작품으로 볼 여지는 없다.

셋째는 자기 생각을 적은 글이다. 1929년에 쓴 회설 〈금번 수해는 우리의 수험기(受驗期)〉(월말통신, 28 · 29합병호)를 시작으로 하여 논설문이 8편 있고, 논문으로는 1938년에 쓴 「일본불교의 개설」(회보, 47~8)과 1939년에 쓴 「일원상의 유래와 법문」(회보, 54~6)이 있다. 이들도 원칙적으로는 문학으로 분류할 만한 것이 매우 적을 것이다. 기타 감상, 의견안 등도 6편 있는데 그도 여기에 속할 것이다.

넷째는 원산이 손수 지은 작품들이다. 좁은 의미의 문학작품으로 분류되는 시조, 시가, 기행문 등이 원산문학의 핵심이 될 것이다.

이밖에 필사본 문집 『우당수기(愚堂手記)』(가칭)가 있는데, 여기에는 소태산의 법문과 갖가지 경서에서 초록한 문장과 시가가 체계 없이 실려 있다. 주목할 부분은 약간 편의 미발표 자작시문도 있다는 점이다. 원산의 문학작품을 정리하면 아래와 같다.

① 시조: 〈신년송〉〈님 찾아 가는 길〉〈우주의 광(光)〉〈염불〉〈연화대〉〈내 영광〉〈보리수〉〈먼저 내 맘부터〉 등 8편은 회보에 실린 것이고, 이밖에 기행문 〈성지순례기〉에 시조 4수가 삽입되어 있지만 중복을 피하여 여기서는 할애한다. 『천상락과 인간락』에는 『우당수기』에서 찾아낸 시조 5편을 원산 작으로 보고 있는데 이 가운데 〈흐르는 물을 따라〉 1편을 제외한 〈인생〉〈각설 현덕이〉〈산촌에 밤이 드니〉〈허허 날 속였네〉 등 4편은 원산 작이 아니다. 〈인생〉은 노산 이은상의 작품이고, 나머지는 고시조다. 그리고 『천상락과 인간락』에는 출전이 밝혀지지 않은 〈임〉이란 작품이 실려 있다. 3련으로 되어 있는데 결함이 있지만 연시조로 볼 만하다.

② 노랫말 : 〈영산춘풍 다시 불어(찬송가→대종사찬송가)〉〈어리석은 우리 중생(찬불가→석존찬송가)〉〈번뇌에 속타던(결제가)〉〈거룩하신 스승님들(해제가)〉〈우리 회상 법고 소리(개교경축가)〉〈풍랑이 그치었으니(위령가)〉〈스승님을 뵈옵던 그날부터(추모의 노래)〉 및 〈영산회상 봄소식이(회가→교가)〉 등 8편으로 본다.

③ 문장: 기행문 〈성지순례기〉(회보 60, 1939) 1편이 있고, 이밖에 10편쯤의 수필류가 있는데 〈연분〉〈연두의 살막이〉 정도가 주목할 만하다.

④ 기타: 『천상락과 인간락』에는 『우당수기』에서 찾아낸 〈소년 향락이〉란 시와, 이성신 교무 소장 작품이라는 〈일여선〉이 실렸는데, 뒤엣것은 대산 김대거의 〈일여선가〉를 베낀 것으로 보인다.[77] 또한 『천상락과 인간락』에는 원산의 작품으로 본 한시 두 수가 실려 있다. 하나는 회보 57호(1939. 8)에

77) 28행 중 26행이 동일한데, 다만 행의 배치가 다르고 적지 않은 오자가 보인다.

게재한, 추산 서중안의 열반에 즈음한 추도문 〈본회의 동량이 꺾이었습니다〉에 들어 있는 5언시 〈풍랑이 쉬면〉(가제)(幻海風浪息 · · · ·)이요, 다른 하나는 회보 51호(1939. 1)에 게재한 감상문 〈연두의 살막이〉에 들어 있는 5언시 〈연꽃이 피네〉(가제)(一念心淸淨 · · · ·)다. 이 가운데 뒤엣것은 중국 방거사의 유명한 게송을 원산 작품으로 오해한 것이니 해당 없다.

4) 작품론

원산이 관심 가진 장르는 시조와 가사歌辭였다. 시조로 말하자면, 1937년부터 부지런히 작품을 발표하였는데 남아 전하는 시조만도 10여 편에 이른다. 그리고 그는 1939년 8월부터 무려 8회에 걸쳐 회보에 불교가사를 연재하였고, 40년 1월에는 회보 62호에 '종화록'이란 제목으로 4편의 소태산가사를 발굴하여 소개하였다. 불교가사는 1938년 휴무를 하고 계룡산 갑사에 들어갔다가 얻어가지고 온 작품으로 보이고, 소태산가사는 1939년 영산성지(소태산 고향)를 다녀오면서 찾아낸 작품으로 보인다.

시조는 본래 유교적 배경 하에 유가에서 낳아 유가에서 선호하는 장르요, 가사는 불교적 배경 하에 불가에서 태어나 불가에서 선호하는 장르다. 원산은 유가적 배경에서 성장하여 9세부터 한문을 익혔지만 한시나 한문을 지은 것은 거의 없고, 대신 유가적 장르인 시조를 연마한 듯하다. 주목할 것은, 1940년 이후로 시조의 틀을 벗어난 노랫말을 꽤 활발하게 지었다는 사실이다. 아울러 아쉬운 것은, 그가 늦게나마 가사 장르에 주목했으나 손수 짓기를 시도하지는 못하고 열반에 들었음이다.

가) 시조

원산의 시조는 고시조의 묵은 옷은 벗지는 못했지만 시상은 참신한 것이 많다. 그는 선사들이 한시체로 쓰는 선시를 시조형식으로 쓰고자 하였고, 일정 수준은 성공하였다고 본다.

〈신년송〉(1937.1, 회보 31)

병자를 간다 말고 정축을 온다 마라
간다고 어데 가며 온다고 에서 오리
일 없는 사람들은 오네가네 하더라

〈신년송〉은 병자년(1936)을 보내고 정축년(1937)을 맞이하여 썼다. 중 · 종장이 시간의 본질을 꿰뚫는 선시적 발상을 보이고 있다. 시공간은 상대적 분별세계에서는 존재하나 절대적 평등세계에선 존재하지 않는다. 제4구에 나오는 '에서'는 '어데서'의 준말로 보인다.

〈님 찾아 가는 길〉(1937.1, 회보 31)

산 넘고 물 건너면 우리 님 계시거니
바람 불고 비 오신다 가던 길 아니 가리
가다가 쓰러져도 굳이 가려 하노라

〈우주(宇宙)의 광(光)〉(1937.3, 회보 33)

천운(天運)이 순환하사 무왕불복(無往不復) 이때로다

우담화 삼천년에 성사(聖師) 다시 나단 말가

우리도 도문(道門)에 들었으니 천양동락(天壤同樂)

〈님 찾아 가는 길〉과 〈우주의 광〉은 소태산에 대한 지극한 숭배심을 보이는 작품이다. 소태산의 출세는 석가 이후 삼천년에 한 번 핀다는 우담바라의 개화다. 그러므로 그것은 '우주의 광'이다. 「천운순환 무왕불복」은 주희가 대학장구 서문에 쓴 명언이고, 수운 최제우도 〈논학문〉에서 '無往不復之理(한 번 간 것은 반드시 돌아오는 이치)'를 말했다. 이 말을 소원溯源하면 『주역』의 효사까지 들먹이게 되지만, 어쨌건 「천운이 돌고 돌아, 한번 가고 다시 돌아오지 않는 것이란 없다」는 이치를 말한다. 즉, 석가세존이 다녀간 이후 그와 맞먹는 성사聖師 소태산이 다시 왔다는 인식이다. '천양동락'은, 천지와 더불어 즐긴다는 것이니, 요컨대 영원토록 즐기자는 뜻이다.

〈신년송〉이나 〈님 찾아 가는 길〉이나 종장 둘째 음보가 4음절인데 〈우주의 광〉에선 7음절이다. 5음절 이상 한두 음절 늘어나는 것은 정상이다. 제 자리를 찾은 셈이다. 그러나 종장 마지막 음보를 생략하는 시조창의 관습이 여기서 나왔다. 굳이 마무리를 한다면 '천양동락 하리라'가 될 것이다.

〈염불〉(1938.6, 회보 45)[78)]

부르면 부를수록 부처도 나도 없다.

불(佛)과 내가 구공(俱空)커늘 천지인들 있을쏘냐

78) 원불교성가 84장 〈염불좌선가〉의 1절(염불 부분)에 수정되어 들어갔다. 「한 마음 한 소리로 부처를 부르오니/부르면 부를수록 부처도 나도 없네/한 마음 아미타불 이 몸이 부처일세/한 소리 아미타불 여기가 극락일세」

진대지(盡大地) 우주 안에 아미타불 소리뿐!

〈연화대〉(1938. 9, 회보 47)[79)]

연잎에 비내리니 구슬만 궁글더라

그다지 나린 비가 흔적이 어디런고

이맘도 저러하면 연화대인가 하노라

이들은 원산 시조문학의 정수라 할 작품이다. 차례대로 보자.

〈염불〉을 이해하기 위하여는 굳이 『우파니샤드』의 범아일여梵我一如까지 들먹거리지 않아도 된다. 소태산의 '염불법'에 이미 나와 있듯이, 염불의 목적은 아미타불의 신력으로 서방정토극락에 나는 것이 아니라 자심미타에 귀의하여 자성극락에 돌아가는 것이다. 그래서 불아구공佛我俱空의 염불삼매에서 천지 내지 우주와 일체화하는 체험에 이른다.

〈연화대〉, 연꽃에 구르는 빗방울처럼 어떤 경계에도 물듦이 없는 마음을 얻는다면 그 자리가 곧 불보살의 경지다. 그래서 연화대蓮花臺요 연화좌蓮花座다. 양현수는 예의 「서대원 대봉도의 신앙과 시」에서 〈연화대〉를 원산의 오도송이라고까지 했으나 작품의 흐름을 볼 때, '연화대'는 자신의 도달 단계가 아니라 목표 단계라고 봄이 옳다. '이맘도 저러하면'은 쉽게 말해 '만약'이라는 조건이 붙어 있기 때문이다. 원산은 『우당수기』에서 감각과 감상이란 용어적 구별을 다음과 같이 비교한 바 있다. 「물건을 보고 물건에 대한 생각을 얻은

79) 원불교성가 110장 〈연화대〉에 온전히 채택되었다.

것은 감상이요, 그 물건을 보고 그 물건을 떠나 엉뚱한 딴 것을 깬 것은 감각이다. 즉 천(淺)한 것은 감상이요, 심(深)한 것은 감각이다.」 원산의 〈연화대〉가 감상인가 감각인가? 설혹 감각적 요소가 다소 있다 해도 「별을 보고 별에 대한 감상을 얻은 것이 아니라 엉뚱한 도를 깼다」(같은 책)는 감각의 수준에는 많이 못 미친다.

다음 시조 세 수는 '선창한음(禪窓閑吟)'(1940.6, 회보 65)이란 큰 제목 아래 쓴 시조들이다. 참선을 하는 중에 틈을 내서 한가롭게 읊조렸다는 말이다. 그러니까 참선의 경지에서 읊은 것이다.

〈내 영광〉

부귀도 실소매라 공명인들 원 있으랴
초야에 나고 나서 남모르게 지내와도
님의 곁에 모신다면 그 영광 위없겠네

〈보리수〉

보리수 옛 끝텅에 새 움이 돋소매라
아이야 함부로 짓밟지 말지어다
모처럼 길어난 그 싹 행여나 상후리

〈먼저 내 맘부터〉

내 맘 가지고도 내 맘대로 못 하거든

내 안 가진 남의 맘 내 맘 쓰듯 하려 드나

남의 맘 쓰는 자 되려면 먼저 내 맘부터

〈내 영광〉은 부귀공명이란 세속적 욕망을 초월하여 님을 모시는 구도적 열정만으로 영광을 노래했다. 〈님 찾아 가는 길〉에서 밝힌 의지와도 일치한다. 다만, '실소매라'가 이상하다. '실(싫)소'에 '-매라'가 붙은 형태인데 이렇게 되면 어법에 맞지 않는다. 옛말에 '-노매라'는 동사나 형용사의 어간 뒤에 붙어 감탄(-구나/-는구나)을 나타내는 종결어미다. 원산이 이 말을 잘못 쓴 것이 아니라면, '실소매라'는 '실(싫)노매라'의 오식일 것이다. 그런데 같은 상황이 〈보리수〉에서 반복된다. '돋소매라'다. '돋노매라'로 바꾸면 해결된다. 원산의 육필 습관이 '노'와 '소'를 오독하게 돼 있었을까도 모르겠다.

〈보리수〉는 상징성이 돋보인다. 보리(菩提, Bodhi)에는 ①깨달음으로 가는 지혜 ②깨달음의 지혜를 얻으려는 구도求道 등의 뜻이 있다. 나무의 싹처럼 구도의 열정, 그 싹을 소중히 키워 가리라는 다짐이 보인다. '상후리'는 '상(傷)할세라' 정도의 뜻이리라.

〈먼저 내 맘부터〉는 소태산 법설 「세상에 두 가지 어리석은 사람이 있나니, 하나는 제 마음도 마음대로 쓰지 못하면서 남의 마음을 제 마음대로 쓰려는 사람이요……」(대종경, 요훈품 16)를 시화한 것으로 보인다.

분별성과 주착심이 없는 선의 경지에 들어, 첫 수(내 영광)는 스승을 자기화하여 다짐하고, 둘째 수(보리수)는 자신을 객관화하여 격려하고, 셋째 수(먼저 내 맘부터)는 타인을 자기화하여 비로소 평상심을 회복하는 일련의 과정으로 볼 수 있다.

〈흐르는 물을 따라〉

흐르는 물을 따라 바다로 나갈거나
거슬러 막대론 저 구름 헤칠거나
화개동(花開洞) 물가에 서서 오도가도 못하노라

〈흐르는 물을 따라〉는 실제로 원산이 지리산 화개동 계곡에 가서 느낀 감상을 쓴 것인지 알 길이 없다. 이 작품을 수도자의 심경을 은유한 시조로 본다면 재미있는 추측이 가능하다. 초장에서 바다를 고해로 보고, 중장에서 '저 구름'을 깊은 산중이라 한다면[80], 원산이 불법연구회(원불교)와 산사(불교)를 놓고 고민하는 것으로 볼 여지가 생기는 것이다. 원불교를 세속(고해)에서 하화중생下化衆生에 방점을 찍는 종교로, 불교를 세속을 떠나 상구보리上求菩提에 방점을 찍는 종교로 본다면, 원산의 갈등을 유추할 만도 하다. 무단으로 회중을 떠나 산사를 드나듦으로 해서 교단에서 중징계를 받은 원산의 속내가 그런 것이었을까? 더 나아가 '화개동'조차 특정 지명이 아니라 깨달음을 상징하는 '花開'일 수도 있지 않을까?

〈임〉

임 뫼셔 사온 지가 몇 겁이나 되었던고
임 그려 우는 이 맘 못내 설워합니다
내 가오리 임 찾아 우는 마음 달래면서

---

80) 불가에서 구름은 번뇌와 욕망을 은유하는 용어이니 여기서는 중의적 용도로 쓰였다 할 수 있다.

이 바다 건너서면 임 계신 곳 거기련만
돛 없는 이 배 타고 이 바다를 어이 가리
파도소리 울릴 때마다 내 맘 조급합니다

아쉬운 내 마음 임 그려서 갑니다
몸 지쳐 쓰러진들 무슨 한이 있으리까
폭풍우 거친 바다 내 굳이 가오리라

〈임〉은 출처가 아리송하지만, 〈님 찾아 가는 길〉 등 원산의 여타 시에서 보여준 시상과 일치한다. '임'은 소태산이다. 대산 김대거의 작품 〈구봉산 상봉에서〉나 〈피안의 님〉과 시상이 혹사하다. '바다 · 배 · 돛 · 파도 · 폭풍우' 등이 모두 보편화한 은유이므로 이해하기 어렵지 않다.

나) 노랫말(歌詞)

원산은 한시도 가사歌辭도 안 썼듯이 창가라든가 신시를 의식적으로 쓴 것은 없어 보인다. 그런데 처음부터 가창을 전제한 노랫말을 적잖이 썼다. 이는 근대문학에서 과도기적 시가장르로 쓰이던 창가와는 다르고, 그렇다고 신시로 분류할 여지도 없다. 부득이 노랫말로 부르겠다. 현재 원불교에서 원산의 작품을 성가 가사로 채택하여 쓰고 있는 10개 작품(공동작 포함) 중에는 이들 노랫말 말고서 시조 〈연화대〉 같은 예도 없지는 않다. 그러나 뒤에 소개할 작품들은 처음부터 성가 노랫말로 작정코 지은 것, 아마도 주문(청탁)을 받아 지은 것들로 보인다.

〈찬송가〉

(1)영산 춘풍 다시 불어 우담발화 꽃이 피니
악도중생 건지고자 우리 종사 나시었네
(2)대중화로 지은 법을 아무라도 가져가니
부처님의 넓은 혜택 시방세계 빛나도다
(3)팔만사천 무량법문 자비로이 주셨으나
우리 종사 아니시면 주신 은덕 알을 손가
(4)찬송하세 찬송하세 종사 은덕 찬송하세
영겁에서 영겁으로 찬송하며 갚아 보세

〈찬불가〉

(1)어리석은 우리 중생 고해 중에 건지고자
우리 석존 강생하사 제도문을 여시었네
(후렴)
영겁에서 영겁으로 찬송하고 찬송하세
무량세계 무량겁을 찬송하고 찬송하세
(2)묘법으로 장경 되고 장경으로 묘법 삼아
무삼 도리 생각타가 생사고락 해탈하세
(3)삼계도사 우리 석존 만령자부 우리 석존
거룩할사 자비바람 육도중생 춤을 추네

위의 두 작품은 1940년 성가위원회에서 제정한 것[81]으로 『불법연구회근행법』(불교시보사, 1943)에 실려 있는데, 후에 〈찬불가〉는 〈석존찬송가〉(성가, 12장)로 이름만 바뀌고 〈찬송가〉는 윤문을 거쳐 〈대종사찬송가〉(성가, 6장)로 거듭났다. 이들은 교조 대종사(소태산)와 연원불 석가세존을 찬송하는 지극히 중요한 성가다. 아마 당시에 이 가사를 지을 적임자로는 원산을 능가하는 이가 없었을 것이다. 그는 이때 1938년 휴무와 계룡산 입산에 대한 오해로 풍파를 겪은 후지만, 소태산의 명으로 소의경전인 『정전』 편수에 참여하고 이듬해 수위단에 피선되는 등 득의만만하던 무렵이다.

〈찬송가〉는 윤문이 불가피했지만, 〈찬불가〉는 흠잡을 데가 없다. 소태산대종사와 석가세존을 다 같이 찬송하되 차별화를 도모한 솜씨도 수준급이다. 그런데 〈찬불가〉 2절의 '무삼 도리'가 무엇인가? '무삼'은 '무슨'의 옛말이지 별것 아니다.

- 사람사람 무삼 도리 행하와야 허망된 법 다 버리고(만공, 참선곡)
- 理平(이평)은 옳거니와 고락은 不平(불평)하니 이게 무삼 도리던고(금오, 유묵)
- 이 무삼 도리와 나무아미타불을 벗을 삼아(소태산, 조선불교혁신론)
- 자연을 벗 삼아 '이 무삼 도리'로 참 나를 찾고 기르는 때이다(김대거, 정전대의)

---

81) 『예전 · 성가』(원불교정화사 편찬, 1968)에 그리 되어 있다. 이하 성가위원회에서 1943년에 제정했다는 작품들의 경우도 마찬가지다.

위의 둘은 '무슨 도리'일 뿐이다. 그런데 아래 둘은 그렇게만 풀면 아리송해진다. 이 해답은 대산 김대거의 『대산 법문집』(원불교출판사, 1988)의 공도편에 보인다. "노년기가 되면…'이 무삼 도리인고?' 하고 본래 면목을 찾는 기간으로 하자 하셨다"에서 쓰인 '이 무삼 도리'는 원불교의 성리공부요 선종의 간화선을 가리키는 셈이다. '이 뭐꼬?'와 동류다. 그러나 '이 무삼 도리인고'를 '무삼 도리'로 줄여 써도 되는지 난감하긴 하다.

매행 4 · 4 · 4 · 4조로 일관하여 가사체를 원용했다. 작곡에 부담을 안 주려는 배려가 아니었을까 싶다.

〈결제가〉 〈해제가〉는 1943년 성가위원회에서 제정하였다. 〈결제가〉는 음수율 3 · 3 · 3을 두 차례 반복함으로써 18음절로 1행을 삼는 방식으로 일관하고 있다.[82] 〈해제가〉는 다소 융통성을 발휘하여 각절 1,2행은 4 · 4 · 4 · 3 중심의 4음보로 하여 약간의 드나듦이 있고 3,4행은 4 · 4 · 5조로 일관하고 있다. 어떤 전통 양식도 아니고 창가 음수율도 아니다. 창의성을 가지고 개성적인 율조를 만들어 냈다고 하겠다.

〈결제가〉

(1)번뇌에 속 타던 형제들 이 선(禪)에 정력(定力)을 익후라

고요한 자성의 정(定) 속에 시원한 동산이 솟았네

82) 성가 32장(결제가)에서 작곡자 김세형은 이 작품을 오독한 듯하다. 1~3절 제1행 '○○○-○○○-형제들'이 3 · 3 · 3이고 다시 '이 선에-○○을(를)-○○라'로 다시 3 · 3 · 3이 되는 것인데, '이 선에'에서 '이'를 앞 악절 끝에 붙여 '형제들이'로 부르도록 작곡하고 말았다. '이'는 앞에 붙는 조사가 아니라 뒤에 놓이는 관형사다. 1968년판 『성가』 부록 가사편(歌詞編)에는 '煩惱에 속 타던 兄弟들, 이 禪에 定力을 익후라' 식으로 정확히 구분되어 있건만, 문집 『천상락과 인간락』(p.10)에서는 '번뇌에 속 타던 형제들이 선에 정력을 익후라' 식으로 같은 잘못을 범했다. 3 · 3 · 3 자수율은 문맥으로 보나 제4절의 경우를 보나 의심의 여지가 없다.

(2)어둠에 헤매던 형제들 이 선에 지혜를 밝히라
영령한 자성의 혜(慧) 속에 온 가지 사리가 빛나네
(3)죄악에 시달린 형제들 이 선에 정의를 세우라
청정한 자성의 계(戒) 속에 순결한 의의 꽃 피었네
(4)계정혜 삼학을 닦아서 피안에 건너 간 형제들
영원히 즐겁게 살지니 다 같이 꾸준히 나가세

1~3절에서는 행의 마무리를 '-라'와 '-네'로 통일하였는데 4절에 와서는 이에서 벗어났다. 1~3절은 정 · 혜 · 계 삼학을 열거한 것이기에 통일성이 필요했고, 4절은 삼학을 모아서 대미를 꾀했다고 하겠다.

〈해제가〉

(1)거룩하신 스승님들 자비 방편 베푸사
어둔 마음 밝혀 주고 업장 녹여 주시니
자성불의 본래 면목 드러나도다
자나 깨나 잊지 못할 높고 큰 은혜
(2)떠나가는 용사들아 계정혜 무기 삼아
삼독 악마 쳐부수고 승전고를 울리라
동정 없는 자성왕의 깃발 아래에
시원하온 극락세계 나타나리라
(3)어둠과 죄악에서 신음하는 무리들
누구에게 미룰손가 우리 짐은 무겁다

몸에 갊은 피와 땀을 한데 뭉쳐서

대종사님 대법륜을 힘써 굴리자

1절은 정靜할 때 공부에다 안으로 받아들이는 내용이고, 2 · 3절은 동動할 때 공부에다 밖으로 베푸는 내용이다. 정과 동, 피은과 보은의 구조다. 2 · 3절은 다시 자기구원(성불)과 사회구원(제중)의 구조로 되어 있다. 이런 구조 분석을 하다 보면 원산이 교리적 이해도 뛰어나지만 균형 잡힌 사고 역량을 갖추고 있다는 느낌이 강하게 든다.

〈개교경축가〉

(1)우리 회상 법고 소리 멀리 멀리 울리니

생사장야 깊이 든 잠 놀라 깨도다

(후렴)

우리 형제 인연 깊어 이 날 먼저 있었으니

길이 길이 경축하며 노래 부르세

(2)우리 회상 거룩한 빛 먼 하늘에 솟으니

온 세상이 빛에 서려 찬란하도다

(3)이 생일을 기념하여 공중사에 힘쓰니

기념 은덕 널리 미쳐 크고 새롭다

〈개교경축가〉 역시 1943년 제정이다. 음수율은 제1행은 4 · 4 · 4 · 3, 제2행은 4 · 4 · 5로 〈해제가〉의 축소판이다. 다만 후렴이 있지만 여기서도 거의 꼭 같은 구조다. 의미상 구조인즉, 어둠에서 밝음으로, 좁음에서 넓음으로, 가까이에서 멀리로 열린 확장이 기본 콘셉트이다.

〈위령가〉

(1)풍랑이 그치었으니 이제는 편안하시리
피안을 바라다보며 가쁜 숨 내쉬어 보세
(2)원력을 굳게 세운 후 착 없이 길을 떠나오
한 생각 청정하올 때 연대의 문이 열리리
(3)한 물건 홀로 드러나 때때로 얼굴 나투니
옛 가지 봄 돌아올 때 또 다시 꽃이 피겠네

〈위령가〉 역시 1943년판 성가이다. 종재에서 사자의 영혼을 위로하는 노래로 쓰인다. 율조는 4음보로 3 · 5 · 3 · 5를 엄수하고 있다. 분주하고 번뇌에 시달리던 생을 마감하고 안식을 취하는 1절에 이어, 2절에서는 착심을 떨치고 서원을 세움이 영가가 갖출 필수적 요청이다. 연대蓮臺는 연화대의 준말이다. 3절은 새로운 생을 받아 나오는 이치를 봄마다 나무에 새로 꽃이 피는 것에 비유한 것이다. '한 물건'은 흔히 영혼이라고 하는 그것이다.

다음은 1943년 6월 1일 소태산의 돌연한 열반 직후 나온 〈추모의 노래〉다. 때는 원산이 교단 기강을 어지럽힌 일로 징계를 받아 수위단에서 제명되고 전무출신의 신분조차 박탈당한 지가 달포밖에 안 된 시점이다. 이 무렵 원산은 폐결핵 등으로 더욱 건강이 악화되어 서울교당에 와서 정양하고 있었다. 스승의 신뢰를 다시 회복할 기회를 영영 잃고 만 원산의 심중은 절절한 뉘우침으로 얼마나 '서럽고 허망코 망연했을까' 짐작이 간다.

〈추모의 노래〉

(1)스승님을 뵈옵던 그날부터
쓸쓸한 내 가슴 한 모퉁이에
희망의 꽃망울 맺히었더니
서러운 영이별 이 웬 일일까
(후렴)
내 등불 밝게 켰다가
후일에 이 몸 마칠 때에
또 다시 뒤를 따르리
(2)스승님을 뵈오면 뵈올 때마다
마음의 그 꽃이 피어올라서
언제나 행복을 꿈꾸었더니
허망타 영이별 이 웬 일일까
(3)고요히 피어 오른 그 꽃송이
몇 개의 어여쁜 열매가 맺어
스승님이 보시면 즐기시더니
망연타 오실 때는 어느 때실까

1절의 꽃망울이, 2절에서 꽃을 피우고, 3절에선 열매를 맺는 차례로 시상을 전개하면서 별리의 아픔을 잘 접속시켰다. 그렇지만 '희망의 꽃망울'(1절) '마음의 그 꽃'(2절) '고요히 피어오른'(3절) 등 설명적이거나 상투적인 표현이 좀 아쉽고 1·2·3절의 대응구조도 매끈하지가 못하다. 예컨대 4행 첫 음보 끝을 '허망타'(2절) '망연타'(3절) 등 서술형 종결어미로 하려면, 1절도 '서러운'으로 하지 말고 '서럽다'로 해야 짝이 맞는다. 아마도 넘치는 슬픔과 그리움을 드러내기에 바빠서 논리적 구조를 따질 여유가 없었던 탓일까.

후렴의 '내 등불 밝게 켰다가'는 석가불의 최후 유훈 '자등명(自燈明) 법등명(法燈明)' 중 '자등명'을 염두에 두고 쓴 것으로 유추할 만하다. 그러나 여기에 맹랑한 자료가 불거진다. 바로 『우당수기』의 첫머리에 나오는 찬송가 메모다. 〈후일에 생명 그칠 때〉(통일찬송가 295장, 새찬송가 608장) 4절 1행이 「그날을 기다리고 내 등불 밝게 켰다가」인 것이다. 그러고 보니 '후일에 이 몸 마칠 때에' 역시 1절 1행 「후일에 생명 그칠 때 여전히 찬송 못 하나」의 고친 판이다. 원산은 이 수기 안에 유·불·도·기를 가리지 않고 자료를 실었거니와 이 작품의 후렴에는 찬송가의 영향이 굴절 없이 반영되었음을 알겠다. 그것은 이 찬송가가 장례의식에 쓰이는 것이어서 〈추모의 노래〉와 궁합이 잘 맞는다고 생각한 때문이 아닐까 싶다. 이 작품을 쓴 후 2년을 못 넘기고 원산도 스승의 뒤를 따랐다.

이밖에도 앞에 소개한 〈찬불가〉 〈찬송가〉와 함께 『불법연구회근행법』(1943)에 실린 〈회가〉 역시 원산 작품이다. 이 역시 1940년 성가위원회 제정이다.

〈회가〉

(1)영산회상 봄소식이 다시 와

부처님의 전해 주신 심인을
종사님의 은덕으로 받드니
우리들의 행복됨이 크도다
(2)어둠에서 고생하는 우리는
대중화로 고쳐 주신 정법에
일상삼매 일행삼매 힘써서
동정 없는 진여성을 만드세
(3)제생의세 목적하는 형제들
고해중생 반야선에 건져서
일원의 꽃 피어 있는 극락에
영겁에서 영겁으로 즐기세

본래 〈회가〉는 1933년에 발표하고 1934년에 개정한 것(물욕충만 이 세상에)이 일제의 압박으로 사실상 폐기된 상태여서 1940년에 〈회가〉를 새로 지은 것이다. 이것이 '불법연구회'에서 '원불교'로 교명이 바뀌면서 〈교가〉로 개칭되고, 1934년 작 〈회가〉는 1968년에 곡을 붙여 〈불법연구회 회가〉(성가, 120장)로 살아났다. 이렇게 되다 보니 〈회가〉는 1934년 작과 1940년 작으로 두 편이 되면서 혼동이 일어나고, 다시 1940년 작 〈회가〉가 교명 변경과 함께 〈교가〉로 개명되면서 명칭에서 또 혼동이 일어났다. 이 혼동은 작자 문제에 연장되어 〈회가〉(1934)와 〈회가〉(1940)가 유착되고[83], 〈교가〉로 고치는 과

83) 원산 문집『천상락과 인간락』p.18에서도 1934년 작 〈회가〉(물욕충만 이 세상에)의 공동작사자를 '송도성 · 김기천 · 이공주' 아닌 '서대원 · 김기천 · 이공주'로 표기하는 실수를 범하고 있다.

정에 이공전의 수정(개사)이 가해지면서 더욱 복잡해졌다.[84] 이를 정리하면 다음과 같다.

(1)1934년 작 〈회가〉 (송도성 · 김기천 · 이공주 3인 공동작) "물욕충만 이 세상에…" → 1968년 이공전 윤문 〈물욕충만 이 세상에〉(불법연구회 회가)-성가, 120장

(2)1940년 작 〈회가〉 (서대원 단독 작) "영산회상 봄소식이…" → 1953년 이공전 개작 〈영산회상 봄소식이〉(원불교 교가)-성가, 2장

기타 시가작품이 둘 있다. 하나는 『우당수기』 중에 나온 〈소년 향락이〉(가제)이니 한문투어가 많이 쓰인 시로서 원산 문학 가운데서도 생뚱맞은 작품이다. 굳이 자세히 논할 여지는 없어 보인다. 다른 하나는 추산 서중안 추도문 속에 들어 있는 〈풍랑이 쉬면〉(가제)이니, 원산 문학 가운데 유일한 한시다. 압운 등을 무시한 4구체 게송 형식의 작품으로 수준은 상당하다.

幻海風浪息(환해풍랑식) 덧없는 삶의 바다에 풍랑은 쉬고
功德與日輝(공덕여일휘) 공덕은 해처럼 빛나도다
嗚呼今何在(오호금하재) 오호라 이제 어디 계시나
孤月正當天(고월정당천) 외로운 달만 하늘에 휘영청 걸렸네

84) 김찬기는 「원불교성가 형성과정의 연구」(원불교사상과 종교문화, 40집, 2008)에서 〈교가〉의 공동 작사자로 서대원 외에 김기천, 황정신행, 이공전을 들었다(p.154). 이공전은 개작을 했으니 그렇다 하더라도, 1935년에 죽은 김기천이 1940년 작업에 공동으로 참여하지는 않았을 터이다. 아마 개작 때에 김기천의 기존 작품 중 일부를 차용한 듯하나 해당 대목을 확인하지 못했다. 또 글짓기와 인연 없는 황정신행은 무슨 근거로 들어갔는지 모르겠다.

1구에서 환해는 진세를 가리키니 바람에 일던 물결이 가라앉았다 함은 이승의 삶이 끝났음을 가리킨다. 2구는 사후에도 빛나는 고인의 공덕을 기리는 것이다. 3구는 슬픔을 머금고 불러 보아도 이제 찾을 길 없음을 탄식함이다. 여기까지는 사실 상투적이다. 묘처는 제4구로서 고월은 불생불멸하는 고인의 성품자리이니 곧 성월性月이다. 이 구절에 성리가 감추어져 있으니 시로서도 은유의 절정에 점을 찍은 셈이다.

다) 문장

문장으로는 경수필(에세이)로 〈연분〉과 〈연두의 살막이〉가 눈길을 끈다. 〈연분〉은 불교의 연기론을 근거로 하여 인연작복의 중요성을 알기 쉽게 풀어 쓴 글이요, 〈연두의 살막이〉는 새해를 맞이하여 살煞을 막는 방법을 종교적으로 천착한 것이니 종횡무진으로 휘두르는 필력이 흥미롭다.

주목할 문장은 기행문 〈성지순례기〉(1939. 11, 회보 60)이다. 기행은 영광지부에서 출발하여 삼밭재(마전령)→마당바위→귀영바위(귀룡암)→노루목(장항)을 거치면서 소태산의 성장과 구도에 얽힌 사연과 일화를 적고 회고의 정을 표현하였는데, 이 과정에서 시조가 몇 차례 삽입된다.

> 우리 님 자취 따라 이 곳 찾아 왔나이다
> 보는 대로 듣는 대로 님 자취를 적어 내어
> 본회의 형제자매께 바치오려 합니다

이는 소태산이 어린 시절 산신기도를 하러 오르내리던 산봉 삼밭재를 오르면서 느낀 바를 쓴 시조다. 삼밭재를 한역하여 마전령麻田嶺으로 썼으나 현재는 공식적으로 삼령蔘嶺이라 번역하여 쓴다.

인제야 뵈옵니다 이 절을 받으소서
사십 년이 못 다 가서 황초(荒草)가 이 웬 일고
해 넘는 봉두에 서서 눈물겨워 합니다

마당바위에서 읊은 것인데 이 바위는 삼밭재에 있는 너럭바위다. 어린 소태산은 이 바위에서 산신을 만나기로 작정하고 기도하였다 한다. 거친 풀에 덮인 성적지를 바라보는 슬픔이 배어난다.

삼밭재에서 회고의 정에 잠기기도 하고 풍경을 완상하다가 원산은 잠시 딴 생각에 잠긴다.

> 매양 좋은 산수를 대하면 발광을 하는 것이 저의 병이지마는 성지를 기념 삼아 이곳에다가 초당이나 한 삼간 지어놓고, 한 간은 명월 두고 한 간은 바람 두고 한 간은 거실 삼아 「부귀를 내 아느냐 공명도 말을 마소. 세상에 나를 잊으라 나도 너를 잊으리라. 내 몸을 내마저 잊으니 백구 따라 잠들더라」의 면벽 9년의 달마가 되고 싶었었다.

원산이 업무를 팽개치고 익산총부를 떠나 산에 들어 비난이 비등할 때 그가 한 변명이 〈동지제위께 고함〉(회보 57호)이다. 여기에 자기 행동의 원인을 분석한 세 가지 가운데는 「저에게는 세사를 그리 즐기지 않는 근성이 있었던 것」

이 들어 있다. 위에도 그의 내면에 자리 잡은 둔세적 기질을 볼 수 있으니 그는 '발광'이니 '병'이니 하여 고치기 힘든 고질임을 고백하고 있다. 여기에 또 시조가 한 수 들어 있다.

이 작품의 주제를 굳이 말하자면 출가수도자, 운수납자의 자세를 읊은 것이겠다. 부귀공명을 비웃고, 두루 인연을 끊고 속세를 떠난다. 종장에선, 마지막으로 이 한 몸뚱이마저 잊어버리고 자연과 더불어 안식하리라는 정도의 뜻이다. 세간과 출세간의 이분법적 태도를 지양하는 원불교의 세계관으로 볼 때는 그리 건전하지 않은 소승적 일면이 있다. 작품 안에 들어 있는 탈속의식은 앞에 나온 시조 〈내 영광〉과도 궤를 같이 한다. '님'(스승)과 '백구'(자연)의 자리바꿈이 있을 뿐이다.

원산은 노루목 대각지를 거치며 또 다른 성지인 고창 연화봉과 변산 석두암을 그리워한다.

> 잘 있거라 연화봉아 영원히 무궁히
> 나는 간다 운산천리 님 계신 곳으로
> 두어라 세무진(歲無盡)하니 후에 볼까 하노라

연화봉은 구도고행을 하던 소태산이 심한 피부병에 시달리며 요양 겸 수도하러 갔던 산봉이다. 소태산은 한 동안 여기 있는 초당에서 머물렀었다. 원산은 훗날을 기약한 채 연화봉을 찾지는 못하고 고창을 지나며 이 시조를 쓴 것이다.

순례기는 이후 '이는 본 문제와 좀 맞지 않는 말'이라고 양해를 구하며 영광의 지부들(길룡, 신흥, 신하) 소식을 비교적 자상히 보고하는 내용이 이어진다. 이 기행문에 쓰인 시조에서 한 가지 눈길을 끄는 것은 이들 작품의 종장 제2구가 '형제자매께/봉두에 서서/내마저 잊으니/세무진하니' 등 5~6음절로 제대로 쓰였다는 점이다. 그 전의 시조에선 3~4음절이던 것이 1940년의 '선창한음' 3수에 이어 1939년 11월 작인 이 작품들에까지 소급되는데, 그가 늦게나마 시조 음수율의 미학을 깨달은 덕인가 모르겠다.

5) 마무리말

원산 서대원은 누구보다도 문학을 사랑한 사람이다. 짧은 생애도 생애지만 곡절이 만만치 않고 건강까지 나빠서 맘 놓고 창작할 기회가 없었다는 것을 보아 아쉬움이 많다. 그가 만년에『우당수기』에 각종 기록물을 부지런히 써 모은 것을 보면, 창작의 자료로 수집하던 것이 아니었나 싶다. 그런 의미에서도 그가 좀 더 살았더라면 많은 작품을 쓸 수 있었으리란 기대를 하게 한다.

원산의 시조나 노랫말을 보면 구태를 벗어나 창의적이고 참신한 시가를 만들고 싶어 하는 열정과 가능성을 보게 된다. 시조는 고시조의 상투성을 버렸고, 노랫말은 창가의 율조를 뛰어넘었다. 곧 이어 범산 이공전의 시조가 뒤를 따르지만, 앞으로 시조 장르가 원불교문학에서 어떤 자리를 잡을 것인가에 따라 그의 문학사적 위상도 달라질 수 있을 것이다.

사. 대산 김대거의 문학

1) 들머리말

대산大山 김대거金大擧는 원불교 교조 소태산 박중빈, 정산 송규에 이은 3세 종법사이다.[85] 대산은 세수 85세에 열반에 들었고, 16세 출가 이후 법랍만도 70년에 종법사 재위 33년이고, 퇴임 후 4년을 더 생존하였다. 이러한 이력은 종교인으로서 그가 원불교와 더불어 장수하였고, 또한 장기간 원불교 최고의 지위를 누리며 살았음을 의미하는 것이다. 종교적으로 대산의 위상과 업적은 두 말 할 필요가 없을 만큼 확고하다. 그렇다면 문학적으로 그의 위상과 업적은 어떠한가?

소태산은 물론이고 정산의 경우도 문학적 위상이 낮지 않고 업적이 적지 않음은 앞에서 말한 바와 같지만, 대산의 문학적 위상과 업적은 정말 만만치가 않다. 종교문학 내지 원불교문학에서 대산문학은 장기간에 걸쳐 생산한 그 풍부한 유산을 볼 때[86] 상당한 연구과제라고 생각한다.

이제까지 대산문학에 대한 연구는 거의 없던 것으로 안다. 다만 2008년《한국학연구》18집(인하대한국학연구소)에서 조성면이「대산 김대거의 사상과 문학」이란 논문을 발표하였다. 그러나 이것은 본격적 문학연구라기보다 사상연구를 위해 문학 작품을 자료로 동원한 정도에 지나지 않았다.

85) 원불교 교헌 33조에 따르면 종법사의 임기를 6년으로 하고 2차에 한하여 중임을 할 수 있도록 되어 있다. 이 임기에 따라 대(代)를 계산하기 때문에 사람의 수와 대의 수가 불일치한다. 편의상 사람의 차례를 대와 구분하여 세(世)로 쓰기로 한다.

86) 조성면은「대산 김대거의 사상과 문학」(한국학연구 18집, 인하대한국학연구소, 2008)에서 '대산종법사법문집' 1~5권에 실린 작품수를 1,019편이라고 통계 냈다. 그러나 좁은 의미의 문학이라 할 것은 매우 적다.

2) 대산 김대거의 생애

1914년에 전북 진안에서 김해김씨 인오와 안경신의 4남 1녀 중 장남으로 태어났다. 본명은 영호榮灝이나 원불교와 인연을 맺은 후 법명 대거大擧, 법호 대산大山으로 불린다. 원기 9년(1924), 소태산 일행이 처음으로 선禪(정기훈련)을 실시코자 진안(만덕산)에 오게 되었다. 이때 신앙심 깊은 조모 노덕송옥의 안내를 받아 11세의 나이로 소태산을 만나 선에 동참하니 이것이 생애의 향방을 결정짓는 운명적 사건이었다.

16세에 익산 총부에 가서 정식으로 출가의 길을 걷게 되었다. 인품과 능력을 인정받아 교단내의 위계가 승승장구하여 40세에는 교단 최고의결기관인 수위단회의 중앙단원에 오르고 교단행정의 수반인 교정원장이 되어 종법사에 버금가는 위치에 이르렀다. 그러나 이미 30세 무렵부터, 이환중인 동지를 간병하다가 폐결핵에 감염되어 생사를 넘나드는 투병생활을 시작했다. 익산, 서울, 양주, 김제(원평) 등으로 옮겨 다니는 요양 끝에 일단 건강을 회복하였다. 그러나 36세에 다시 발병하자 전지 요양을 하는 등 한쪽 폐를 절제한 상태로 시련을 겪었다.

그런 가운데서도 쉼 없는 정진 적공으로 법력은 증진되고 교단의 신망은 늘어갔다. 해방 후 한때는 서울 한남동에 머무르며 이승만, 김구, 조병옥, 조봉암, 김병로, 김성수 등 명사들과 폭넓은 교유를 하며 몇 정치가의 멘토 역할을 하기도 했다.

교단행정 외에 경전 편수와 영산 2차 방언 등에 힘쓰다가, 1962년에 정산 송규 종법사가 열반하자 후임 종법사에 취임한다. 이후 1993년 81세로 퇴임

할 때까지 교화 · 교육 · 자선 등 교단 사업을 정력적으로 추진하며, 특히 정치적 국제연합(UN)에 상응하는 세계적 종교연합(UR)의 결성을 주창하기도 하였다.

20세에 이영훈과 결혼하여 2남 4녀를 두었으며, 직계 형제, 자녀와 손자 등은 물론 근친 일족 중 출가자들이 많이 나왔다. 퇴임 후 상사上師로 있으면서도 마지막까지 해외교화와 해외대학설립 등을 챙기다가 1998년 85세로 열반에 들었다.

조성면은 앞에서 언급한 논문「대산 김대거의 사상과 문학」에서, 수행 · 적공 · 교화활동 및 저작물 등을 종합적으로 고려하여 대산의 생애를 크게 5기로 나누어 볼 수 있다고 하였다. 제1기는 탄생성장기(1914~1930)이니 탄생으로부터 익산총부로 출가할 때까지로, 제2기는 출가수행기(1931~1943)이니 출가 후 차세대 교단 지도자로 경륜을 쌓던 수업의 시기로, 제3기는 보림적공기(1944~1961)이니 투병생활을 하면서 정진 · 적공을 하던 시기로, 제4기는 전법법륜기[87](1962~1994)이니 정산의 뒤를 이은 종법사로서 경륜을 펼치던 시기로, 제5기는 은퇴회향기(1995~1998)이니 후임에게 자리를 물려주고 은퇴, 휴양하다가 열반에 이른 시기이다. 이런 생애 구분은 대체로 타당해 보인다. 다만, 1기 기간은 출가가 1929년 3월임을 감안하여 1914~1928로 조정함이 옳을 듯하고, 따라서 제2기는 1929~1943으로 수정해야 할 것이다.[88]

87) 傳法法輪期는 동어반복이 있어 적절한 명명이 아니라고 본다. 傳法敎化期라든가 轉法濟度期라든가 하는 정도가 낫지 않을까 싶다.

88) 대산은 적공정진의 순서로 자신의 생애를 분석한 바 있다. 學問-10대, 苦戰-20대~30대, 精進虛靈-30대~40대, 智覺專一-40대~50대, 含藏-60대~. 이를 앞에서 말한 5기에 맞춘다면, 학문은 제1기, 고전은 제2기, 정진 허령은 제3기, 지각 전일은 제4기 전기, 함장은 제4기 후기 및 제5기에 대응이 될 것이다.

참고할 것은, 한글 시가 창작이 소태산 생존시인 제2기에 집중되고, 한문(문장)은 투병기인 제3기에 집중된다는 점이다.

3) 대산 김대거의 문학유산

1998년에 열반한 대산이기에 그의 문학유산은 소태산이나 정산 등과 비교할 수 없을 만큼 풍부하고 다양하다. 그러나 여기서 부딪히는 문제가 두 가지 있다.

하나는 문학과 비문학의 구분을 어떻게 할 것인가 하는 것이다. 현대문학의 잣대나 서구적 잣대를 들이대는 것으로는 설득력이 없지만, 그렇다고 기준도 없이 문자기록을 모두 문학작품이라고 우길 수도 없다. 그런 의미에서 조동일이 장르론에서 서정 · 서사 · 극의 삼분법을 극복하고 새로 설정한 교술敎述 장르는 이런 갈등을 해결할 좋은 잣대라고 하겠다. 엄격하기보다 느슨한 잣대, 서구적이기보다 동양전통의 관례에 많이 의존하게 되는 것은 불가피한 선택임을 양해하기 바란다.

또 하나의 문제는 기록문자다. 대산이 비록 20세기말까지 살았지만, 문학생산자로서 그는 현대인이기보다 근대인이다. 그의 문자생활, 언어생활은 근대 내지 개화기에 뿌리를 두고 있다. 그는 한글세대가 아니라 한문을 더 친숙하게 읽고 쓰던 세대에 속한다. 그러므로 대산문학을 연구하는 이에게 있어 한글을 자국문자로, 한문을 외국문자로 차별하는 것은 무의미해 뵌다. 뒤에 설명하겠지만 대산문학을 놓고 한글문학과 한문학이란 별개의 영역으로 나누는 것은 실제로도 불가능하다. 이상의 전제를 놓고 대산의 문학유산을 아래와 같이 정리해 보았다. 작품의 태반은 '대산종사법문집' 제5권인 『여래장』(원불교출판사, 1995)에 수렴되어 있다.

① 시조 : <피안의 님> <사공> <온종일 나린 비> <구공산상봉에서>
<재방언의 노래>

② 창가 : <일여선가>

③ 선시 : <입지시> 등 50수 내외

④ 비문 : 정산종사성탑명

⑤ 문장 : <원상대의> <정진문> <채약송> <일문일답> <지유즉지강>

여기서 창가와 시조의 구분은 성격상 양쪽 장르에 걸친 모호한 작품이 없지 않아 다소 무리가 있음을 양해 바란다. 선시는 일반적 한시와 게송류를 묶은 것이며 정확히 편수를 말하기 어려울 만큼 다양한 성격의 많은 작품이 있다. 문장이라 한 것도 문학과 비문학의 구분이나 장르 구분이 애매한 산문들을 묶은 것이다.

4) 대산문학의 배경과 대산의 문학관

대산문학의 배경을 알기 위해서는 앞에서 살펴본 그의 생애가 가장 요긴한 자료가 되겠지만, 몇 가지 측면에서 검토하려 한다.

첫째, 그의 학문적 배경이다. 1920년을 전후한 학령기, 비록 부농이었다 해도 전라도 두메에서 학업의 선택지가 따로 없었을 것이다. 연보를 보면, 대산은 8세에 서당 다니며 한문 수학을 하였지만 그리 열심이지는 않았던 듯하다. 11세에, 면내에 있는 사설 학술강습소에서 일본어 등 신학문을 배웠지만 역시 별 흥미를 느끼지 못하여 3개월쯤 배우다가 그만두었다고 한다. 14세 때, 전주에 있는 사립학교(湖英중학교)에 들어가서 2년 동안 신학문을 수학하였는데 민족차별의 실상을 접하면서 수료까지 참지 못하고 중퇴하였다. 집안이 일찍 개화된 듯 당숙은 중국, 종형은 일본에 유학하는 등 신학문을 받아들이는 분위기였지만 대산은 신학문에 뜻이 없었다고 고백한다. 재산이 넉넉하고 장남이란 서열도 있어서 집안에서는 대산에게 해외유학을 권하고 일본이든 중국이든 원하는 곳으로 보내주겠다고 했지만, 그는 끝내 유학 기회를 포기하였다.

16세 되던 해 봄, 대산은 불법연구회(원불교) 익산총부로 출가의 길을 떠난다. 그는 여기서 쇠죽을 끓인다든가 이발을 해 준다든가 하는 잡일을 하면서 틈틈이 공부를 하는데, 원산 서대원에게 불교학을 배우고 구산 송벽조에게 유학을 배웠으며, 따로 주산 송도성에게『수심결』을 배운다든가 정산 송규에게『도덕경』을 배운다든가 하며 학문을 연마해 나아갔다.

둘째, 그의 문학적 배경이다. 대산은 16세 출가 당시에 주산 송도성이 '도흥시道興詩'를 가르치며 발심이 나도록 인도하였다고 했다. 대산은 소태산의 한글가사보다는 한시구를 좋아하였거니와 그의 한시 선호는 평생 한결같았다. 그는 과거칠불 게송, 삼삼조사 게송 등을 애송했고, 특히 부설거사의 시를 많이 외었다고 했다. 그밖에 가사歌辭로 동학의 〈궁을가〉, 선불교의 〈증도가〉 혹은 민요로 불리던 〈호남가〉 등도 좋아하였다.『여래장』에 수록된 대산의 애송시의 목록을 보면 그가 어떠한 작품으로부터 영향을 받았는지를 짐작할 만하다. 수행시修行詩라 한 목록에는 진묵 · 지공 · 나옹 · 부설 · 원효 · 서산 · 신수 · 혜능 · 야부 및 포대화상 등 고승들의 선시, 정명도 · 소동파 및 주자 등 유가의 시, 그리고 증산 강일순의 시나 순치황제 출가시가 들어 있다. 주자의 〈무이구곡시〉는 일찍이 소태산이 변산에 머물 때 제자들에게 읽으라고 당부한 것이기도 하다.

셋째, 그에게 영향을 끼친 인적 배경이다. 대산은 소태산이 초선지初禪地(최초의 정기훈련장소)로 그의 고향 진안을 택한 것이 결코 우연이 아니라는 것을 잘 안다. 소태산은 몸소 정읍 화해리로 가서 정산 송규를 맞이하여 후계자로 삼았듯이, 몸소 진안 두메로 찾아가서 제2 후계자 대산을 맞이한 것이다. 소태산은 대산이 총부로 온 이듬해 정월에 은부자결의식을 거행하여 대산을 정신적 아들로 삼았다. 소태산은 열반을 앞두고 대산을 불러 자신이 신던 구두 한 켤레를 주며 "너나 가져라" 하였다. 처음이자 마지막으로 준 선물이었다. 이것은 불가에서 전통적으로 하던 의발전수衣鉢傳授 의례의 변형임을 금방 알 수 있다. 요컨대 처음부터 대산은 선택된 후계자였고, 따라서 후계자 교육의 대상이 되었던 것이다.

팔산 김광선은 초도사初導師, 삼산 김기천은 발심사發心師, 수산 송노성은 입지사立志師, 원산 서대원은 불학사佛學師, 구산 송벽조는 유학사儒學師, 정산 송규는 은사형恩師兄 · 법사형法師兄 · 심사형心師兄이었다고 했지만[89], 이들 인물은 모두 원불교 교단사에서 최고급 인재들이었다.

소태산은 대산에게 숙세의 스승(宿師)을 가르쳐 준다. 4대성인, 부설 · 수

---

89) 원불교신보사,『구도역정기』(1988) p.39.

운 · 증산 · 나옹 · 진묵 · 달마 · 육조 · 포대 · 유마 및 방거사 등이 그들이다. 그 중엔 4대성인 같은 보편적 스승도 있지만, 주목할 인물들이 꽤 있다. 하나는 유마거사 · 방거사 · 부설거사 등 거사 그룹이요, 둘은 수운과 증산 등 신종교 창교자들이요, 셋은 달마와 육조 등 선종의 조사들이다. 이밖에 포대화상은 물론 나옹이나 진묵 등은 전설적 배경을 가진 인물들이다. 모두 과거의 인물들이지만 대산은 이들을 각별히 사숙하였고, 앞에서 본 것처럼 그들의 시를 공부하였다.

넷째, 사상적 배경이다. 정산문학이나 삼산문학이 그렇듯이 종교문학으로서 사상적 배경은 원불교법 내지 소태산 사상의 테두리를 벗어날 수 없음이 태생적 한계이다. 그러나 대산문학의 배경이 될 사상으로서 그의 특성을 점검해 보자.

① 하나다. 그는 진리 · 세계 · 인류가 하나임을 주장하는 소태산의 일원사상, 정산의 삼동윤리의 연장선상에서 보다 구체화된 '화동(和同)의 도(道)'를 강조했다. 그래서 남북의 통일문제, 국내 종단 간의 화해협력, 세계적인 종교연합 운동 등에 실천적 동력을 얻었다.

② 크다. 법명과 법호에 모두 큰대 자가 있기도 하지만, 무슨 용어를 쓰든지 대산은 '대(大)'를 접두사로 붙여 쓰기 좋아했다. 불공을 말하려면 '대불공'이라 하고 자유를 말하려면 '대자유'라 하는 식이다. 한 마디로 무변무궁無邊無窮, 그는 소년기부터 사고의 스케일이 아주 호대했다.

③ 열리다. 그는 생각과 삶이 활짝 열려 있었다. 사상적 회통성이 유불선은 물론 기독교나 신종교 등에 걸림 없었다. 정치인 · 경제인을 포함하여 국내외 각계각층의 인사들과 폭넓게 소통하던 배경에는 그의 열린 심성이 있었다.

다섯째, 빠질 수 없는 것이 질병과의 관계다. 심각한 건강 문제는 인간의 생각과 행위에 압도적 영향을 주기도 한다. 앞에서 언급한 바 있듯이 폐결핵은 대산의 종교적 생애에 커다란 영향을 주었지만, 문학적 생애와도 관계가 깊다. 상당수의 작품이 투병 과정에서 생산되었다. 대산의 고백처럼 "주야로 열이 오르고 먹을 수도 누울 수도 없는 긴긴 고통은 차라리 죽음을 선택하고 싶을 정도였고, 바깥출입도 못하여 대소변을 방에서 받아내는" 절망적인 상황에서 지낸 병력이, 훗날 그로 하여금 주변 인연들의 죽음에 일일이 대응하며 엄청난 양의 게송문학을 생산하게 한 배경인지도 모른다.

아울러 대산의 문학관을 알아보고자 한다.

> 나는 특별한 글재주는 없지만 때로 생각나는 것들을 써 보기도 했다. 모든 사람들이, 생각하는 것을 말로 표현하기가 어렵고 말로 표현하는 것을 글로 쓰기가 어렵다고 한다. 그러므로 생각하고 느끼는 것만큼 글로 표현한다는 것이 다는 아니지만, 솟아오르는 법열과 구도적 혼을 담아 보려고 애를 써 보았다.(구도역정기, p.37)

요컨대 표현기교는 졸하더라도 내용인즉 '솟아오르는 법열과 구도적 혼'이라는 것이다. '솟아오르는 법열'이나 '구도적 혼'은 감성의 세계만도 아니지만 이성의 세계만은 더욱 아니다. 적어도 대산은 문학이 감동의 표출이라는 점에 동의하는 것만은 틀림없어 보인다. 그런데 다음에서는 또 다른 일면이 보인다.

- 원평에서 채약(採藥)을 하며 기도를 할 때 신령스러운 문구가 솟아나 글을 써보

니 과거의 대문장가보다 못할 바 없고, 총부에서 붓글씨를 써보니 옛 명필보다 잘 쓸 것 같다는 생각이 들어 그때부터 붓을 던지고 글을 쓰지 않았느니라.

(대산종사법어, 4:77)

- 나도 영문이 열릴 때는 학문이나 문장이나 신통이나 타심통이나 모두 다 될 것 같더라. 그러나 대종사님께서 일능(一能)에 치우치면 대도를 얻기 어렵다고 하시기에 다 거두고 막아 버렸다. 그리고 「오직 이 법을 어떻게 전할꼬」 하고 법을 통하는 데에만 주력을 하였다. 다른 것도 할 수 있었으나 정력 소모가 되므로 아니하였다. (대산종법사 법어집 3, 수행편 23)

그러니까 '글재주가 없다'는 앞의 말은 겸사이거나 제2기(출가수행기)까지의 이야기이고, 속마음 혹은 제3기(보림적공기) 이후에는 문장에 자신감이 충일했다는 것이다. 다만 더 큰 일을 위해 정력을 아끼느라고, 요컨대 선택과 집중이라는 전략에 의해 스스로 문장력 향상의 길을 포기하고 말았다는 것이다. 도(道:종교)를 위해 예(藝:문학)을 희생한 셈이다.

다음은 일원문화(원불교문화) 일반에 대한 의견인데 여기에서 대산의 문학관도 엿볼 수 있다.

일원문화는 활짝 열려 가는 새 시대의 문화로서 동서남북, 상하좌우, 원근친소, 자타피차의 울을 넘어서서 종교, 사상, 정치, 예술 등이 서로 넘나들고 하나의 정의(情誼)가 무르익어 가는 문화이다. 또한 도학과 과학이 병진하고 영과 육이 쌍전하며, 동과 정이 일여하고 이(理)와 사(事)가 어우러져 은혜와 평등과 진화의 세계를 열어가는 문화이다. 이러한 일원문화를 개척하고 창조하고 가꾸기 위해서는 먼저

> 일원철학을 소유한 문화예술인들이 되어야 하나니, 우리의 법신불일원상은 불멸불휴의 예술이며 문화상징의 극치이다. 이 자리를 깨달아 밝히신 대종사와 삼세 제불제성의 성전(聖典) 또한 불후의 창작품들이니, 이 거룩함을 말과 글로, 노래와 그림으로, 극으로 꽃피워 일원문화를 크게 발전시키기 바라노라. (대산종사법어, 5:61)

철학과 문화가 내외의 관계이고 성성聖性과 예술이 표리 관계라면, 종교와 문학은 목적과 수단의 관계임도 유추할 만하다.

5) 작품론

가) 시조

대산의 생애 구분에서 이미 언급했다시피, 시조나 창가 등 한글시가 태반은 대산 생애 제2기(출가수행기), 그러니까 소태산 열반이 있던 1943년, 대산 나이 30세까지에 해당하는 장르라고 해도 과언이 아니다. 국문학사에서 보더라도 해방(1945) 이전과 이후는 차별화 정도가 크지만, 대산문학 중 한글시가의 시한이 해방 이전이란 점에 유의할 필요가 있다.

대산은 원기 23년(1938) 교단 기관지 《회보》 47호에 출세거사出世居士란 이름으로 〈사공〉이란 작품을 발표한다. 그는 필명 '출세거사'에 대하여 이렇게 말하고 있다.

> 원기 23년 나는 〈사공〉이란 제목으로 그때의 심경을 읊어 보았다. 일찍이 대종사님께서는 나에게 출세거사란 또 하나의 명칭을 붙여주셨다. 몸만 속세를 떠나는 것

> 이 아니고 마음도 같이 중생계를 해탈하여 자유자재하는 사람이 되라고 하신 말씀으로 생각된다. 삼독오욕을 항복받아 시방일가를 소유하는 우주의 주인이 되도록 촉구하신 것이다. (구도역정기, p.37)

대처帶妻를 의식해서인지 소태산도 자호自號로 '불려거사不侶居士' '석두거사石頭居士' 등 거사 칭호를 쓰기도 했지만, 역시 대처자인 대산에게 거사 칭호를 하사한 듯하다. 어쨌건 대산이 초기에 작품발표를 하면서 종종 이 칭호를 필명으로 썼다. 이는 본인이 '중생계를 해탈하여 자유자재하는 사람이 되라'는 메시지로 알아들었듯이 대산문학의 향방을 예고하는 것으로 유념할 필요가 있다고 본다.

〈사공〉

조그마한 우주선에 이 한 몸 태우고서
다북 찬 호연대기 노 삼아 저어가니
아마도 방외유객(方外遊客)은 나뿐인가 하노라

〈사공〉에서 '우주선宇宙船'이라 함은 우주인들이 타는 로켓 같은 것을 가리키는 것이 아니라 우주의 은유로서 쓰인 배이다. 우주조차 조그마한 것으로 평가하고 호연대기를 노 삼아 인생 바다를 항해한다는 것이니 불과 25세 청년의 막대한 스케일은 가히 가늠하기조차 어렵다. '다북'은 '풍부하게 가득' 정도의 사투리이고, '방외유객'은 '세속을 벗어나 노니는 사람'이다. '나뿐인가 하노라'를 보면서 '천상천하유아독존'을 연상함은 어찌 보면 자연스런 일이다. 주제나 수사나 높은 평가를 매길 작품이다. 형태로 보면 완벽한 평시조다.

그런데, 연시조 〈온종일 나린 비〉를 보면, 대산이 과연 시조를 짓는다는 장르의식이 있었는가 하는 의문이 들 만큼 난감하다.

〈온종일 나린 비〉

온종일 나린 비에 홍진만장 씻어가니
공기도 좋거니와 바람 더욱 맑았어라
하물며 일륜명월(一輪明月)이야 일러 무삼 하리오

세상사(世上事) 어이하여 그다지 말이 많노
천지는 말없어도 만물을 길러내더라
무언군자(無言君子)는 아마도 님뿐인 듯

발표지면은 불확실하나 『여래장』 5권에 실려 있는 작품이다. 은유를 통한 도흥시로 보인다. 앞의 연을 떼어 보면, 역시 완벽한 평시조다. 그러나 뒤의 연은 3장으로 되어 있으면서도 필수적인 종장 음수율(3 · 5 · 4 · 3)이 부너져 버린 것이다. 종장을 만약 「아마도 무언군자는 님뿐인 듯」으로 바꾸면 이해는 된다. 시조창 혹은 개화기시조에서 종장 마지막 음보는 생략하는 것이 관례니까 '(님뿐인 듯)하여라'나 '(님뿐인가) 하노라'로 보면 가능하다. 그러면 다음 작품 〈구공산 상봉에서〉(같은 책 소재)는 또 어찌 볼 것인가.

〈구공산 상봉에서〉

거세진 저 바다를 건너가는 저 사공아
쉬지 말고 어서 바삐 어기여차 노 저어라
풍랑 없는 저 언덕에 님 기다리신다

앞의 작품 〈사공〉에서 이미 '사공'이나 '노'의 은유가 나왔고, '바다, 풍랑, 저 언덕, 님'의 은유가 짐작할 만한 것이다. 시격은 〈사공〉에 버금간다. 그런데 시조로 보자니 역시 종장의 율격이 망가져 버렸다. 마음만 먹으면 평시조 형식을 갖추는 것이 어려울 것도 없는데 왜 그랬을까? 사실 개화기 이후, 특히 1920~30년대 시조부흥운동기에 시도된 시가의 율격 변화 가운데 3장 6구만 갖추면 시조로 통하던 흐름도 있어서 이를 광의의 시조로 보기도 하지만, 종장의 독특한 율격은 시조 미학의 핵으로 양보할 수 없는 요소다. 다음 작품 〈피안의 님〉은 예의 회보 56호(1939년)에 발표된 작품인데 이를 보자.

〈피안의 님〉

(1) 우리 님 찾으려고 헤매인 지 몇 해런고
지존하신 세존님도 설산고행 이 일이라.
옥공(玉公)의 귀한 몸이 의식부터 그랬던가.

(2) 그 한 님 찾으려고 풍진세상 벗어났네.
꿀 같은 세간 재미 뉘 아니 좋으련만
제석천왕 높이 외쳐 일신양역(一身兩役) 못 한다네

(3) 단맛 쓴맛 다 참고서 저 언덕에 당도하면

엄연하신 우리 님 손길 내어 맞이하여

도솔천 상상봉의 안주처로 인도하리.

(4) 그 곳 한 번 가고 보면 제석대범(帝釋大梵) 부럽잖고

천상천하유아독존 그 뉘를 일렀던고

거이불거(去而不去) 그 자리요 내이불래(來而不來) 이 자리라.

출세거사다운 생각과 지취를 보여주는 좋은 작품이다. 주제는 앞에 나온 〈구공산 상봉에서〉의 연장선상에 있다. '피안의 님'이 '풍랑 없는 저 언덕에 님 기다리신다'와 그야말로 여절부합如節符合이다. 그런데 6구체 3행시라니! 분절하여 번호까지 붙였으니 4절짜리 창가라고 보면 끝일지 모른다. 그러나 다시 보면 종장에 결함은 있지만 연시조라고 볼 만하지 않은가?

상당한 시간이 흐른 1945년에 대산은 〈재방언의 노래〉라는 작품을 《원광》 32호에 발표한다. 그런데 이것은 6행시로 행갈이를 했지만 역시 앞의 3행시(결함 있는 시조)와 동일한 형식이다.

〈재방언의 노래〉

9인 혈심 다시 이어

재방 사업 이뤄냈네

오는 세상 두루 두고

많은 동지 표본 되어

무량겁의 대천세계

사부 도덕 빛을 내리

주제도 평범하고 표현미도 달리 없다. 아무튼 위에 지적한 대산의 작품들은 시조로서는 형태적 결함을 가진 것들이 태반이다. 그러나 시조라고 부르건 말건 그가 한글시로서는 6구체의 3행시를 선호한 것이 틀림없다.

나) 창가

회보 58호(1939년)에 실린 〈일여선가〉만은 시조와 무관하여 창가로 분류함이 타당해 보인다.

〈一如船歌〉

(1)고요한 밤 홀로 앉아 원적처(圓寂處)를 찾아가니
모든 법이 공한 곳에 영지불매(靈知不昧) 분명하다
증애심 없고 보면 통연명철 하옵나니
걸림 없는 일여선에 이 한 몸 넌짓 싣고
오고 감이 한가롭게 실렁실렁 가오리다

(2)영리(營利)를 탐치 마소 근심 걱정 사라지며
무관사에 동치 마소 상락원이 여기로세
그 길 한번 얻고 보면 건곤도 부일소라
역순자재 일여선에 이 한 몸 넌짓 싣고

자네 사람 웃든 말든 유유히 걸어가오리

(3)얻었다고 기뻐 말며 잃었다고 설워 마소
얻었다고 내 것이며 잃었다고 어디 가리
청정광명(淸淨光明) 진여불성(眞如佛性) 탕탕 무애(無碍) 자재하니
시비 없는 일여선에 이 한 몸 넌짓 싣고
추월춘화(秋月春花) 무한경에 자유자재 하오리다

(4)생에도 애착 말고 사에도 공포 마소
출격장부 되올진대 천당 지옥 자유로다
번뇌가 다하오면 생사처 끊치나니
생사 없는 일여선에 이 한 몸 넌짓 싣고
여천지 무궁토록 걸림 없이 노오리다

(5)일이 있어 동할 때도 일행삼매(一行三昧) 놓지 말고
일이 없어 정할 때도 일상삼매(一相三昧) 놓지 마소
과거의 성현님도 이 길을 닦았나니
동정일미 일여선에 이 한 몸 넌짓 싣고
자나 깨나 이십사시 삼매중에 유희(遊戱)하리

(6)망념이 본공이라 닦을 것은 무엇이며
언어도가 끊쳤으니 부처인들 있을쏘냐

생불 도시(都是) 공화중(空花中)에 선악인과 불매(不昧)하니
일원대원(一圓大圓) 일여선(一如船)에 이 한 몸 넌짓 싣고
요요상지(了了常知) 그 가운데 천진무작(天眞無作) 하오리

일여는 '진여眞如의 이치가 평등하고 차별이 없어 둘이 아니고 하나임'을 뜻하는 관념어이니 이를 배로 은유하여 일여선이라 한 것이다. '우주선'이 '일여선'으로 바뀌긴 했지만, 〈사공〉 이래 '배를 타고 바다를 건너 피안으로 간다'는 구조는 그야말로 일여하다.

이 작품은 대산 작품 중 유일한 창가다. 3·4 혹은 4·4를 1구로 하여 1행 2구에 5행을 1절로 삼았다. 제2행 끝은 반드시 종결어미로 마치고, 제3행 끝은 설명형 연결어미 '-니'(제2절이 '-라'로 되었으나 이도 '-라니'의 준말로 볼 만하다)로 끝맺는다. 제4행은 첫 음보를 제외하면 모조리 '일여선에 이 한 몸 넌짓 싣고'를 반복하며, 제5행은 서술형 종결어미로 하되 '리/오리/오리다' 등 '-리'의 각운 효과를 살린다.

결론적으로 이 작품은 대산의 한글시가 가운데 가장 기교적이다. 그러나 한자 관념어들의 노출이 과다하다. 제1절의 '고요한 밤 홀로 앉아 원적처를 찾아가니/……/……/걸림 없는 일여선에 이 한 몸 넌짓 싣고/오고감이 한가롭게 실렁실렁 가오리다' 혹은 제3절의 '얻었다고 기뻐 말며 잃었다고 설워 마소/얻었다고 내 것이며 잃었다고 어디 가리/……/……/시비 없는 일여선에 이 한 몸 넌짓 싣고' 같은 경우를 보면 우리말의 아름다운 구사로 시적 묘미가 느껴지지 않는 바도 아니지만, 전반적으로는 생경한 관념어의 과도한 투입이 작품을 난삽하거나 진부하게 만들었다.

다) 선시

선시의 전통은 금강경에서 보는 사구게처럼 인도 근본불교의 가타(gāthā)에 기원을 두었고, 중국에 와서는 신수와 혜능의 오도송처럼 시와 선의 만남이 선종의 풍속으로 자리 잡았다. 시게, 선게, 게송, 송고 등 여러 가지로 불리고 있지만, 당대唐代의 절구나 율시처럼 엄격한 정형율격을 갖춘 것 외에 파격을 자연스레 받아들인다는 것을 전제로 선시로 묶어 부르기로 한다. 율격 등 형식뿐 아니라 내용도 삼보를 찬송하는 것, 신앙과 수행을 노래하는 것, 진리나 오도의 경지를 표현한 것, 불교적 아포리즘이나 포교 목적의 가송 등 다양하다.

대산은 선시로 분류할 한시류를 많이 지었다. 그가 출가 후 주산 송도성에게서 도흥시를 배웠다고 했는데, 도흥道興이란 법열法悅에 상당한 정서가 아닐까 싶다. 앞에서 말했듯이 대산은 한글시가를 생애 제2기인 출가수행기에 주로 지었고, 한문(산문)은 제3기인 보림적공기에 주로 지었다. 그러나 선시는 제3기를 거쳐 제4기를 마치고 은퇴에 이르기까지 끝내 놓지 않았던 장르다. 한국문학사에서 한시문은 개화기 이래 그 존재 의의를 차츰 상실하고 사라져 가는 장르 종種이었다. 그럼에도 대산이 한시 · 한문, 특히 선시에 평생 애착을 가지고 함께 간 것은 어떤 이유, 무슨 의미가 있을까?

한글어문에 비하여 한시 · 한문에는 몇 가지 강점이 있다. 첫째는 의미의 안정성이다. 서양의 라틴어처럼, 한문은 동양에서 메타랭귀지(meta-language)의 구실을 한다. 특히 소리글자에 비해 뜻글자는 의미의 가변성이 적다. 둘째, 대구 · 대조 · 반복 등 수사기교를 구사하기가 용이하다. 대체로 한자가 단음절어이기에 군더더기 없이 그 성과는 눈에 띄게 효율적이다. 셋째는 다의적 함축성 때문에 의미의 압축이 필수적인 시 혹은 시적 산문의 경우 더욱 안성맞춤이다. 넷째로 간결미가 있고 암기나 주송呪誦에 편리하다. 이미 말한 바처럼 한문은 허사가 극도로 제한적인 단음절어인 데다 대구·대조·반복이 많기에 자연히 암기하기도 쉽고, 용도가 주송이라면 더욱 안성맞춤이다.

그러나 한문이 가지는 약점도 있다. 소수 지식층에게는 유리할지 몰라도 대중성을 가지기가 어렵다. 또 오·탈자가 발생할 경우 의미의 변질이 턱없이 커져버리는 것이다. 바로 이런 약점 때문에 한문과 한글(한국어)의 병용이 종종 일어나는 것이다. 번거롭기는 해도, 한문으로 쓴 글이 못 미더워 한글 번역을 붙인다든가, 반대로 한국어로 쓰고도 아쉬워 한문 번역을 붙인다든가 하는 식이다. 아래에 인용한 한시나 한문게송들의 새김도 태반은 작자가 한 것이다.

대산의 선시는 양적으로 상당하여 다 언급하기는 어렵고, 편의상 성격별로 분류하여 일부 작품들을 뽑아 논하기로 한다. 일단 내용의 성격을 참작하여 ①수행적공修行積功 ②성리설법性理說法 ③도흥법열道興法悅 ④천도위령薦度慰靈 등으로 나누고, 별도로 구조의 특이성을 감안하여 ⑤파격반복破格反復을 다루기로 한다.

(1) 수행적공의 시

진리를 찾아 깨달음을 구하기 위하여 공을 들이는 과정에서 짓게 된 시를 말한다. 대산이 처음 시를 발표한 것은 19세 되던 1932년에 교단기관지 월말통신 35호에 실은 〈입지시〉였다.

〈立志詩〉

此身必投公衆事(차신필투공중사)

永世盡心竭力行(영세진심갈력행)

人生出世無功績(인생출세무공적)

斯我平生何免愧(사아평생하면괴)

7언 4구이지만 7언절은 아니다. 글자 수만 맞추었을 뿐 율격은 무시되었다. 그런데 재미있는 것은 '解하면'이라는 단서를 붙여 같은 내용의 한글시가 함께 실린 것이다. 한시의 직역이 아니다. 발표지가 당시엔 관행적으로 행갈이를 하지 않았지만, 배열을 다시 하고 보면 자유시에 버금간다. 한시와 한글시 가운데 어느 것을 먼저 지은 것인지 선후가 헷갈릴 정도다.

이 몸은 반드시 공중사에 던지리니

천만 년을 가더라도

몸과 마음을 이에 바쳐 행하리라

인생으로서 출세하여

공적이 없이 죽는다면

이 나의 평생에 어찌 부끄러움을 면할손가

이것은 엄격한 의미의 선시는 아니다. 진여를 직관하여 비유와 상징과 역설 등의 수사법을 구사함으로써 물아일체의 경지를 드러낸다는, 그래서 문학적 상상력과 상통한다는 그 선시가 아니다. 다만, 멸사봉공의 필생 의지를 선서

하는 장한 뜻이 있을 뿐이나 그것이야말로 수행적공의 단초라 할 만하다.

(제목없음)

道氣長存外不動(도기장존외부동) 도의 기운을 오래도록 보존하니 바깥 경계에 동하지 아니하고
一心淸淨萬事平安(일심청정만사평안) 일심이 청정하니 만 가지 일이 평안하도다
師傅道德宣揚萬古(사부도덕선양만고) 사부님의 도덕을 만고에 선양하고
菩薩之道以身開拓(보살지도이신개척) 보살의 도를 몸으로써 개척하여
立弘誓願信如精進(입홍서원신여정진) 큰 서원을 세우고 한결같은 믿음으로 정진하니
一心之力能破萬難(일심지력능파만난) 일심의 공력은 능히 만 가지 어려움을 파하더라

이 작품은 음절수도 한결같지 않고 행수도 흖지 않아 기형적으로 보인다. 그러나 분석하면 이렇다. 제1행은 정산 송규의「道氣長存/外境不動/一心淸淨/萬事平安」에서 따다 쓴 것으로 보이는데[90] 누구의 실수인지 '외경'에서 '경'이 누락되어 통용되고 있다. 그러니까 원문대로 '도기장존/외경부동'으로 하고 보면, 전체가 4언 12구로 딱 떨어진다. 전체 내용인즉 혜능보다는 신수의 스타일이니[91] 평범하다고 할 일이다.

90) '도기장존'은 이미 1860년에 지은 수운의 시에서부터 보인다.「道氣長存不邪入/世間衆人不同歸」(입춘시)

91) 선시의 원조라 할, 혜능의 게송과 신수의 게송이 가진 차이를 말한다면, 전자가 역설과 직관으로 시적 비약이 있다는 것이요 후자는 평범한 비유에 시상이 설명적이라는 점이다.

적공을 위한 주송에 〈사은보은송〉〈사요실천송〉〈인과송〉〈생사송〉〈심원송〉〈염불십송〉 등이 있는데 이 중엔 ①한문으로만 된 것, ②한글(한국어)에 한문을 덧붙인 것, ③한글로만 된 것 등 골고루 있다. 주송에 편하도록 단순성, 반복성을 중시한 흔적은 보이나 시적 긴장감이나 창의성을 갖추지는 못했다. 문학성을 따질 여지가 없는 작품이 태반이다.

〈사은보은송〉

四恩報恩 德化萬邦(사은보은 덕화만방)

世世生生 惠田無量(세세생생 혜전무량)

娑婆世界 圓寬自在(사바세계 원관자재)

三千大千 無量世界(삼천대천 무량세계)

十方淨土 佛國世界(시방정토 불국세계)

六道四生 因果輪廻世界(육도사생 인과윤회세계)

※이 작품은 1985년에 이덕화(德化) 김혜전(惠田) 이원관(圓寬) 일가의 이름을 넣어 쓴 것이다.

〈생사송〉

생사가 둘이 아니니 가는 자가 오는 자로다(生死不二 去者來者)

남이 없는지라 멸함도 없고 멸함이 없는지라 남이 없도다(不生不滅 不滅不生)

나서 옴에 남이 없고 죽어 감에 죽음이 없도다(生來生不生 死去死不死)

남이 없는 고로 멸함이 없고 멸함이 없는 고로 남이 없도다(不生故不滅 不滅故不生)

〈사요실천송〉

사요를 실천하여

인권을 평등시키고

지식을 평등시키고

교육을 평등시키고

생활을 평등시키자

(2) 성리설법의 시

깨친 이로써 제자와 교도들에게 성리性理(인간의 자성 원리와 우주만유의 본래 이치)와 교법의 요지를 전하고자 지은 작품이다.

(제목없음)

大地虛空心所現(대지허공심소현) 대지 허공은 마음에 나타난 바요

十方諸佛手中珠(시방제불수중주) 시방 제불은 손안에 구슬이로다

頭頭物物皆無礙(두두물물개무애) 이치와 사물에 다 걸림 없으니

法界毛端自在遊(법계모단자재유) 법계를 터럭 끝에 놓고 자유로이 놀더라

〈示多經學人〉

內外中間總是心(내외중간총시심) 내외 중간이 다 이 마음이니

捨心覓心不可行(사심멱심불가행) 마음 놓고 마음 찾음 가히 행치 못하도다

慢讀經書虛百年(만독경서허백년) 부질없이 경서를 읽고 백년을 허비하니

當來世中爲何事(당래세중위하사) 돌아오는 세상에는 무슨 일을 할 것인가

〈示念佛人〉

一念悟時眞佛現(일념오시진불현) 한 생각 깨친 때 참 부처 나타나고,

一念迷時眞佛隱(일념미시진불은) 한 생각 미한 때 참 부처 숨나니라

諸佛衆生何等別(제불중생하등별) 모든 부처와 중생들이 무슨 차별 있으리요

但有一念迷悟間(단유일념미오간) 다만 한 생각 미하고 깨친 사이로다

세 작품 모두 7언 4구다. 처음 것은 성리를 다룬 전형적 게송으로 제목이 따로 없다. 모든 부처가 손바닥 안의 구슬이라든가, 법계를 터럭 끝에 놓고 논다든가 하는 것은 직관적 상상력만이 접근이 가능한 은유와 역설의 세계다.

〈시다경학인〉은 제목으로 보아 경전을 많이 읽는 제자에게 깨우치고자 한 것임을 알겠다. 다분히 직지인심直指人心 견성성불見性成佛을 주장하는 선가적禪家的 안목이 도드라져 보인다.

〈시염불인〉은 염불인을 위한 깨우침이니, 중생과 부처의 차별이 미오迷悟간에 있음을 단칼에 드러내고 염불의 핵심인 진여를 직관하라고 일러 준다. 종구 '단유일념미오간'에는 그야말로 촌철살인의 서슬이 번득인다.

(3) 도흥법열의 시

오도의 경지에서 진리에 즉하여 일어나는 흥취와 기쁨을 노래한 것이다. 여기에 해당하는 작품들은 대개 압운법 등 한시의 율격도 갖추고 표현에서도 선시적 아름다움이 가장 잘 나타나 있다. 이들에는 따로 제목을 붙이지 않았다.

龍呑如意珠(용탄여의주) 용이 여의주를 삼키매

風雲造化生(풍운조화생) 풍운조화를 내더라

一飛九天遊(일비구천유) 한 번 날아 구천에 노니

含生皆歎驚(함생개탄경) 모든 생령들이 다 감탄하고 놀라더라

1949년, 폐결핵이 재발하여 전북 김제 원평교당에 머물며 투병생활을 하던 때에 지은 것으로 아래 네 작품들도 마찬가지다. 범부 같으면 절망에 빠질 만도 하던 시절에 대산은 오히려 가장 큰 꿈을 가꾸고 있었다. 앞의 2구는 성불이요 뒤의 2구는 제중이다. 몸은 비록 병약하나 정신은 호기롭기 그지없다. 참 아름다운 선시다. 5언절로 각운은 '生 · 驚'이 경운庚韻이다.

千山萬水爲禪堂(천산만수위선당) 천산만수를 선당 삼아

毘盧頂上我獨行(비로정상아독행) 비로정상을 홀로 거니는데

靑鳥喃喃花笑笑(청조남남화소소) 파랑새는 지저귀고 꽃은 활짝 웃으니

無限淸風無限長(무한청풍무한장) 맑은 바람 한이 없어 길고 또 길더라

같은 시절 모악산에 올라서 지었다고 했다. 병든 몸을 이끌고 정상까지 오르기가 범인에겐 고행일지 모르지만, 대산은 이때 산수를 선방 삼아 행선行禪을 한 것이다. 산새가 지저귀고 야생화가 반겨주는 오솔길을 걸어 도달한 산마루엔 기다린 듯 맑은 바람이 불어온다. '비로'는 비로자나불의 준말로 본래 태양 광명을 상징하는 부처다. '비로정상아독행'이 단지 등산을 가리키는 것일 수가 없는 이치다. 비로자나불은 화엄종의 본존으로 법신불을 가리키는 바, 아마도 대산은 모악산 정상에 서서 법신과 일체감을 느끼며 화엄세계를

관하고 있었을 것이다. 7언절로 각운은 '堂 · 行 · 長'이 양운陽韻이다.

清風海外萬里來(청풍해외만리래) 맑은 바람은 바다 밖 만리에서 오고

明月雲中九天開(명월운중구천개) 밝은 달은 구름 가운데 구천을 열도다

病僧閑坐聽棹歌(병승한좌청도가) 병든 중이 한가로이 앉아 뱃노래를 들으니

天堂地獄總成滅(천당지옥총성멸) 천당 지옥 모두 흔적조차 없더라

대구를 이룬 1 · 2구는 후구를 살리기 위한 장치에 불과할 듯도 하나 그렇게만 볼 수는 없다. 오히려 소태산 〈대각송〉(청풍월상시 만상자연명)의 변형으로 볼 것이니, 진리를 각득한 상태다. 비록 육신은 양 · 한의가 다 포기한 '병든 중'에 불과하지만 그는 이미 고락을 초월한 경지에서 놀고 있다. 특히 '閑坐聽棹歌'는 주자의 〈무이구곡시〉 중 '棹歌閑聽兩三聲'에서 인유한 것임은 시사하는 바가 있다. 앞에서 말한 바 있듯이 당대 제자들은 소태산 지시로 〈무이구곡시〉를 배웠기 때문이다.

이 작품은 '來 · 開'가 회운灰韻이어서 각운을 맞춘 듯하나 결구 마지막의 '滅'에서 어긋났다. 어쨌건 선시로선 참 빼어나게 아름답다.

淸風飄飄十方淸(청풍표표십방청) 맑은 바람 휘몰아쳐 시방을 맑히고

慧日騰騰三世明(혜일등등삼세명) 지혜의 빛은 높이 솟아 삼세를 밝히도다

虛世欺日謾百年(허세기일만백년) 허송세월 속이는 날들 백년을 속아 사니

萬劫多生苦辛情(만겁다생고신정) 만겁의 많은 생이 괴롭고 고달퍼라

앞의 작품과 迷 · 悟의 짝을 이루는 한 세트 작품이다. 1 · 2구는 청풍 · 명월이 청풍 · 혜일로 바뀐 것뿐이고 밝다는 점은 같다. 그러나 앞엣것이 대산 자신의 경우라면 뒤엣것은 스승 소태산을 염두에 둔 것 같다. 대산은 소태산을 가리켜 "나를 구했고 내 집을 구했고 나라를 구하고 세상을 구원할 주인공(救我主 · 救家主 · 救國主 · 救世主)"이라고 한 바 있다. 이미 이렇게 구세주로서 세상을 건질 태양 같은 교법이 나왔다. 그런데 세상 중생들을 보니 평생을 허송세월하며 영생을 괴롭게 산다. 도탄에 빠진 중생을 보며 한탄하고 안타까워하는 것이 여래의 자비다.

역시 7언절에 각운은 '淸 · 明 · 情'이 경운庚韻이다.

千年古寺一燈明(천년고사일등명) 천년 고사에 한 등이 밝은데
老僧閑坐聽水聲(노승한좌청수성) 노승이 한가로이 앉아 물소리를 듣더라
魔空法空空亦空(마공법공공역공) 마도 공하고 법도 공하고 공하다는 것도 공하여
心淸境淸夢寐淸(심청경청몽매청) 마음도 맑고 경계도 맑고 꿈도 맑더라

천년 고사는 모악산 금산사다. '한 등이 밝다(一燈明)'를 실경으로 보기보다는 상징어로 볼 일이다. 석가불이 열반시에 당부한 '자성을 등불 삼고 진리를 등불 삼아라(自燈明 法燈明)' 그 말씀이 절로 연상된다. 제2구를 보면 예의 '病僧閑坐聽棹歌'의 재판임을 알겠거니와 이는 또한 소태산의 〈변산시〉에 나오는 '石立聽水聲'을 모방한 것임도 알 만하다.

법과 마가 공하고 그 공에조차 매이지 않아 시비선악 등 상대적 갈등을 극

복하고 보니 마음도 맑고 경계도 맑고 꿈도 맑더란다. 그 경지는 역시 심오한 선적 체험을 한 도인의 것이지 범속한 사람이 접근하긴 어려운 것이다. 이 작품 역시 선시로서는 갈 데까지 간 것이다.

7언절로 각운은 '明 · 聲 · 淸'으로 경운庚韻이다.

(4) 천도위령의 시

죽은 이의 영가로 하여금 이승에서 누리던 사랑과 욕망 내지 원한에 집착하지 않고 선도 수생하도록 빌고, 미망으로부터 벗어나 깨달음으로 가도록 안내하기 위하여 행하는 일이 천도의식이다. 대산은 출 · 재가 인사들의 죽음에 임하여 게송을 많이 읊었다. 더러는 기존의 것을 돌려쓰게도 하고 성리설법에 해당하는 선시를 대용하기도 했지만, 종법사에 오른 이후인 제4기의 대산이 다른 문학 장르와 달리 끝까지 놓지 않은 것은 천도용 게송뿐이다.

천도위령을 위한 글은 한글과 한문, 시와 산문 등이 다 쓰이고, 선시라 할 것으로도 법구法句니 송頌이니 게偈니 하여 장단과 격식이 다양하다. 선시적 가치가 있는 것을 위주로 몇 가지 검토하기로 한다.

①한글게송

- 한 마음 맑음이여/시방이 청정하도다
  한 마음 밝음이여/삼세를 밝히도다
  한 마음 바름이여/덕화만방함이로다(조준관 영전)
- 한 마음 살았음이여/천만 마음을 살렸도다
  한 마음 의로웠음이여/천만 의를 일으켰도다

한 마음 공변되었음이여/천만 공심을 일으켰도다(오미산 영전)

• 빛날 손 장할 손 뿌리 깊은 산이라

큰 나무가 자라고 뭇 새와 뭇 짐승이 노닐도다

바다의 으뜸이여 흐름의 근원이라

물고기가 노닐도다(지해원 영전)

• 아, 장하고 거룩하다 숭산이여/우러러 받드는 높고 높은 뫼이로다

아, 장하고 빛나도다 광전이여/ 밝고 빛나는 중생의 복전이로다

하늘 같이 높고 땅같이 길이 빛날 역사의 장을 열었도다(박광전 영전)

처음 것은 맑음(定) · 밝음(慧) · 바름(戒), 곧 삼학에 의지하여 마음을 챙기라는 것이요, 둘째 것은 살림(活) · 의로움(義) · 공변됨(公)을 고인의 공덕으로 찬양함이다. 아래 두 작품은 고인의 이름에 기대어 읊은 것이다. 앞엣것은 근산根山 지해원池海元이니, '뿌리 깊은 산'은 법호(근산)에, '바다의 으뜸이여'는 법명(해원)에 근거한 것이고, 뒤엣것은 숭산崇山 박광전朴光田이니, '높고 높은 뫼'는 법호(숭산)에, '빛나는 복전'은 법명(광전)에 근거한 것이다.

따로 언급할 또 하나의 게송이 대산의 전법게송이다. 이는 열반 이틀 전인 1998년 9월 15일 대중에게 전했으니 열반송 혹은 임종게의 형식을 띤 셈이지만, 실은 1971년 원불교개교반백년기념대회에서 이미 발표되었던 것이다. 달라진 것은 '일원세계'가 '하나의 세계'로 바뀐 정도다.

진리는 하나

세계도 하나

인류는 한 가족

세상은 한 일터

개척하자 하나의 세계

역시 1세 소태산과 2세 정산에 이어 3세 대산도 한글 게송 방식을 택했다. 행갈이는 5음절 2행, 6음절 2행, 9음절 1행으로 하여 3단계로 구분되는데 이는 3행시의 변형 혹은 평시조의 변형으로도 보인다. 의미상으로나 운율상으로나 5행이 모두 '하나(한)'라는 동질성을 지켜냈고, 두운적 효과로도 1,3행이 '진리/인류', 2,4행이 '세계/세상'으로 유사음을 배치했다. 이 작품은 1,2세의 4행시 정형성을 벗어난 5행 배열이 독특하고, 의미나 율격으로 보아도 매력 있는 구도를 가지고 있다 하겠다.

내용은 정산 송규의 전법게송에 거의 대응된다. '한울안:세계도 하나/한 이치에:진리는 하나/한 집안 한 권속이:인류는 한 가족/한일터 한일꾼으로:세상은 한 일터/일원세계 건설하자:개척하자 하나의 세계' 이렇게 된다. 특히 청유형 서술어와 목적어로 된 끝구 '개척하자 하나의 세계'는 애초에 정산의 '일원세계 건설하자'를 서술어와 목적어의 위치만 도치하여 '개척하자 일원세계'로 하였던 것임을 상기할 때, 대산의 전법게송은 정산 게송의 판박이라 하여도 좋을 정도다.

②한문게송

한문으로 된 것은 다양한 종류가 있다.

• 오종태 영전

莫逐世間有爲情(막축세간유위정) 세간의 함이 있는 정을 따르지 말고

但看法界無爲性(단간법계무위성) 다만 법계의 함이 없는 자리를 보아

來來世世得作佛(내래세세득작불) 오는 세상에 부처를 이루어

證得如來大智光(증득여래대지광) 여래의 대지혜 광명을 증득하소서

• 이운권 영전

白雲散空白雲天(백운산공백운천) 흰 구름 공중에 흩어지매 백운천이요

明月揷水明月川(명월삽수명월천) 밝은 달 물속에 꽂히매 명월천이라

欲知佛祖端的意(욕지불조단적의) 제불조사의 명백한 뜻을 알고자 한다면

年去年來又歷年(연거연래우역년) 해가 가고 해가 오기를 또 거듭하소서

앞의 작품은 7언 4구이나 압운법 등을 따르지는 않았다. 번역하면 평범한 글이 되지만 1 · 2구가 '世間:法界/有爲:無爲/情:性'으로 대구 · 대조를 의도했고, 3구도 '來來世世'로 반복 효과를 노리고 있다. 표현에 기교가 들어가 있음이다.

뒤의 작품은 7언절로서 '天 · 川 · 年'이 각운으로 선운先韻을 썼다. 1 · 2구가 정확히 대구가 되고 있다. 영가에게 당부하는 뜻이야 3 · 4구에 드러나 있지만, 시취는 1 · 2구에 깊아 있다. 특히 백운천과 명월천의 함의는 예사롭지 않다. '백운산공'은 고인의 이름이 운권雲捲임을 감안했을 것이다.

• 정광훈 외 영전[92]

有礙中無礙(유애중무애) 걸림이 있는 가운데 걸림이 없고

無礙中有礙(무애중유애) 걸림이 없는 가운데 걸림이 있어서

無礙無不礙(무애무불애) 걸림도 없고 걸리지 않음도 없어야

是卽眞無礙(시즉진무애) 이것이 곧 참으로 걸림이 없는 것이로다

• 육타원 외 영전

生來生不生 死去死不死(생래생불생 사거사불사)

나서 옴에 남이 없고 죽어 가매 죽음이 없도다

不死亦不生 不生亦不死(불사역불생 불생역불사)

죽음이 없으니 남도 없으며 남이 없으니 죽음도 없다

無失無得法 求法是失法(무실무득법 구법시실법)

잃을 것도 없고 얻을 것도 없는 법, 법을 구하매 참 법을 잃었도다

法法本來法 無法無非法(법법본래법 무법무비법)

법이라고 하는 법의 본래법은 법도 없고 법 아님도 없다

앞엣것은 5언 4구 20자로, 礙가 7차례, 無가 5차례, 中과 有가 각 2차례니 복수로 쓰인 것이 16자로 80%를 차지한다. 뒤엣것은 5언 8구 40자로, 法이 8차례, 不이 6차례, 生이 5차례, 死가 5차례, 無가 4차례, 亦과 失이 각 2차례이니 복수로 쓰인 것이 40자 중 32자로 역시 80%에 이른다. 또한 앞의 시가

92) 이 작품은 대산이 박은국 교무에게 1955년에 써 준 것으로 일명 〈無礙頌(무애송)〉이라 한다.

매구 礙로 끝나는 구조나, 뒤의 시가 생 · 사 · 생 · 사/법 · 법 · 법 · 법으로 끝나는 구조, 이런 수사법의 구사는 한시만이 가진 매력적인 기능이다. 아울러 문자 동원을 최소화하면서 함축은 극대화할 수 있으니, 한자 · 한문이 선시로서는 안성맞춤의 도구다. 대산은 다른 작품에서도 한자가 가지고 있는 이런 장점을 유감없이 활용하였다.

한글게송에서도 보았지만 한문게송에는 고인의 명호를 이용한 것들이 제법 눈에 띈다.

• 성성원 영전

成佛濟衆 濟生醫世(성불제중 제생의세) 부처 이루고 중생 건지며, 생령 구제하고 세상 병 고치니

聖聖相連 繼承大道(성성상련 계승대도) 성자와 성자가 서로 잇고 대도를 계승하도다

願之大願 十方一家(원지대원 십방일가) 서원 중에서 가장 큰 서원은 시방을 한 집안 삼는 것이라

• 황명조 영전

望願之誠 成佛濟衆(망원지성 성불제중) 지성으로 바라고 원할 것은 성불제중이니

黃家出家 十方一家(황가출가 시방일가) 황씨 집에서 출가하여 시방을 한 집 삼으라

明明一心 濟生醫世(명명일심 제생의세) 한 마음 거듭 밝혀 중생 건지고 세

상 병 고치리니

照照本性 自由自在(조조본성 자유자재) 본성 관조를 거듭하여 자유자재 해탈하라

매행 첫 글자를 모으면, 앞엣것은 고인의 이름 성성원成聖願이 되고, 뒤엣것은 고인의 이름 황명조黃明照에 고인의 법호 망타원望陀圓 첫 글자가 얹힌다. 새삼스럽게 참신한 문구는 없지만, 명호로 영가에게 다짐을 두니 법명을 줄 때마다 '이름값 하라'고 당부한 소태산의 유지를 받드는 뜻이리라.

교도가 아닌 사회 인사의 죽음에 지어 보낸 게송도 더러 있다.

• 김구 영전

義雨洽足三千萬同胞(의우흡족삼천만동포) 의로운 비는 삼천만 동포를 흡족히 적시고

德雲薰朦三千里疆土(덕운훈몽삼천리강토) 덕스러운 구름은 삼천리강토를 훈훈히 감싸도다

嗚呼萬年大計不歸虛(오호만년대계불귀허) 오호라, 만년대계가 헛되이 돌아가지 않을 것이니

伏願兜率天宮魂淸飛(복원두솔천궁혼청비) 원하옵건대 도솔천궁에 머무시어 혼을 청정하게 날리소서

• 김태흡 영전

永天永地永保長生(영천영지영보장생) 하늘땅과 더불어 길이 생을 보전하

소서

建承佛事功德無窮(건승불사공덕무궁) 일으키고 받든 불사 공덕은 무궁하리다

自性淸淨大圓正覺(자성청정대원정각) 자성을 청정히 하여 큰 깨달음 이루소서

김구는 생시에 대산과 교제가 깊었기에 그의 불행한 죽음은 대산에게도 충격이 컸을 것이다. 존경하는 민족 지도자임을 의식하여 '오호'나 '복원' 같은 용어를 썼을 것이요, 한때 입산하여 불교에 귀의한 바 있기에 '도솔천궁혼청비'도 썼을 것이다.

김태흡은 '친일승려'로서, 소태산 말년에 출판 허가를 받지 못하던 교전『불교정전』의 발간을 도와준 은인이다. '공덕무궁'은 그 일을 찬양한 것이다.

(5) 파격반복의 시

대산의 선시에는 파격적으로 반복법을 쓴 작품이 제법 있다. 앞에서도 더러 보았지만 몇 작품을 보자.

- 佛佛繼世/聖聖相傳/心心相連/法法相法

  (불불계세/성성상전/심심상련/법법상법)
- 寂寂惺惺是/寂寂無記非/惺惺寂寂是/惺惺散亂非

  (적적성성시/적적무기비/성성적적시/성성산란비)
- 家家有生佛/嚴父慈母是也/世世有生佛/佛佛聖聖是也

(가가유생불/엄부자모시야/세세유생불/불불성성시야)

길이는 다르나 모두 반복을 시적 기교로 썼으되 그것이 아주 적절하고, 남은 글자도 모두 맞춤식이다. 한글로 풀어 산문화하면 시적 매력이 사라지지만 한자로 하고 보면 금세 시적 지위를 획득한다. 까닭인즉 한자는 뜻글자로서 태생적으로 갖춘 함축미에다가 대구 · 대조 · 반복 등 기교까지 보탠다면 최소량의 글자로 손쉽게 율격을 확보하기 때문이다.

奇奇怪怪岩岩立(기기괴괴암암립) 기기괴괴한 바위들이 서 있고
曲曲間間水水聲(곡곡간간수수성) 굽이굽이 사이사이로 물소리더라
萬里無雲天一色(만리무운천일색) 구름 없는 하늘 만리 한 빛깔인데
出世居士足垂淵(출세거사족수연) 출세거사는 계곡 물에 발을 담그도다

심산계곡에서 하늘을 본다. 천지 대자연으로 우주 끝까지 연결되니 〈영주〉에 나오는 바와 같이 '天地與我同一體'요 '我與天地同心正'의 경지에 이를 것이다. 그런데 일품은 마지막 행 '출세거사족수연'이다. 출세거사는 내산의 아호이니 '족수연' 석 자가 핵심어다. 화룡점정처럼 여기서 시는 생생약동하고 비로소 시적 완결성이 보인다.

(1)
天地地天天地地(천지지천천지지)
하늘은 땅으로 땅은 하늘로 하늘은 땅으로 땅으로

地天天地地天天(지천천지지천천)

땅은 하늘로 하늘은 땅으로 땅은 하늘로 하늘로

顯隱隱顯顯隱隱(현은은현현은은)

나타난 것은 숨고 숨은 것은 나타나고 나타난 것은 숨고 숨으며

隱顯顯隱隱顯顯(은현현은은현현)

숨은 것은 나타나고 나타나는 것은 숨으며 숨은 것은 나타나고 나타나리라.

(2)

天地地天天地地(천지지천천지지)

하늘은 땅으로 땅은 하늘로 하늘은 땅으로 땅으로

地天天地地天天(지천천지지천천)

땅은 하늘로 하늘은 땅으로 땅은 하늘로 하늘로

陰陽陽陰陽陰陰(음양양음양음음)

음은 양으로 양은 음으로 양은 음으로 음으로

陽陰陰陽陰陽陽(양음음양음양양)

양은 음으로 음은 양으로 음은 양으로 양으로

動靜靜動動靜靜(동정정동동정정)

동은 정으로 정은 동으로 동은 정으로 정으로

얼핏 보면 말장난(언어유희)에 불과하다는 느낌이 없지 않지만, 다시 보면 문자로 나타낸 만다라를 보는 듯도 하다. '천지-은현' 혹은 '천지-음양-동정'의 상호작용을 교묘하게 단순화하여 보여준다. 천지는 공과 색으로 환치할

수 있고, 은과 현, 음과 양, 정과 동으로도 환치할 수 있다. 이 이치는 소태산이 〈게송〉에서 유무 개념으로도 밝혀 놓았다.

그런데 끝 행 다음에 「靜動動靜靜動動(정동동정정동동) 정은 동으로 동은 정으로 정은 동으로 동으로」가 들어가야 될 듯한데 왜 이것이 빠졌는가 궁금하다. 그래야 대구도 맞고 의미도 완결된다. 작자 혹은 전사자轉寫者의 단순 실수로 누락된 것인가? 이것을 보충하고 보면, 홀수 행과 짝수 행이 상대어로서 완벽히 대응된다. 이런 작시법은 일찍이 함허涵虛(1376~1433)가 『금강경오가해설의(金剛經五家解說誼)』에서 「天地地天天地轉/水山山水水山空」같은 식으로 쓴 이래 선시에서 종종 발견된다.

참고가 될 자료가 있다. 대산은 〈휴휴암좌선문도해〉[93]에서 「天地地天天地轉/水山山水水山空」을, 유有에서 무無의 방향으로 추구한 여래선 자리로 보고, 다시 무에서 유의 방향으로 추구하는 것을 「天天地地何會轉/山山水水各完然」으로 하여 조사선 자리로 매김한 바 있다. 이대로라면 위의 작품 두 수는 여래선 자리를 보임이라 할 것이다.

라) 비문: 정산종사성탑명

1971년, 원불교개교반백년기념사업의 일환으로 2세 종법사 정산 송규의 유골을 안치하는 탑을 세우게 되매 대산이 비문을 짓게 된다. 1세 소태산의 비문을 2세 정산이 지었듯이, 2세 정산의 비문을 3세 대산이 짓는 것이 자연스럽기도 했으리라 생각된다. 구성은 ①제목 ②서 ③명 ④건립일자 순으로 되어

93) 법무실, 『불조요경촬요(佛祖要經撮要)』, 원불교출판사, 2003, p.56.

있다. 이를 단락별 문장 분석을 통하여 좀 더 자상히 보자면 아래와 같다.

(1)제목: 정산종사성탑명

(2)서

①대범 하늘은~이어받으신 기연이다(소태산 법을 승계하게 된 기연)

②정산 종사의 성은~기초하시었다(가계와 수도과정 및 입교 후 행적)

③계미 6월에~법랍은 45년이시었다(종법사 추대 후 전법 및 열반 기록)

④오호라 정산 종사는~이에 명한다(공덕 찬양)

(3)명

(4)원기 56년 10월 7일 입(立)

일단 탑비의 전통적 비문 구성과 일치함을 알 수 있다. 정산이 지은 소태산 비문이 모델이 됐을 테니까 그와 비교 대조하기로 한다.

제목은 〈정산종사성탑명〉으로 〈원각성존소태산대종사비명병서〉에 비하면 단순화되었다. 소태산의 경우 탑과 비가 따로 세워졌으나 정산은 따로 비를 세우지 않았기 때문에[94] '비명병서' 같은 용어를 쓰지 않았다. 엄격히 말하자면 '탑명병서'가 맞을 것이나 '성탑'이란 칭호를 굳이 넣다 보니 '성탑명병서'라 함도 어색하였으리라.

서序는 기본 구성과 순서가 거의 일치한다. 처음을 '대범'으로 시작함도 같고 공덕 찬양 대목이 '오호라'로 시작됨도 같다.

94) 처음 세웠던 정산종사성탑은 부안 변산으로 옮겼고, 현재 익산 총부에 있는 것은 원기 73년(1988)에 새로 만들어 세운 것이다.

명銘은 4언 고시 형태를 띤 점은 같으나, 소태산의 경우가 28개 구로 된 데 비해 정산의 경우는 12개 구로 되어 간략하다는 점이 눈에 띈다. 전반적으로 간략하다는 인상은 교조와 2세의 위상차로 보아 차별화할 필요가 있기 때문이기도 했을 것이다.

형식은 그렇다 치고 내용은 어떠한가? 서에서 주목할 부분은 첫머리인 ① 번과 마무리 부분인 ④번이다. 여기에 비문의 문장 성격이나 가치가 가장 잘 드러나기 때문이다.

> ① 대범 하늘은 땅이 있어 그 도를 다하고 태양은 달을 두어 그 공을 더하나니 대종사께옵서 대각을 이루신 후 새 세상의 새 회상을 세우시고자 시방을 응하여 수위단을 조직하실 제 정산 종사를 기다려 그 중앙위를 맡기시고「내가 만나려던 사람을 만났으니 우리의 대사는 이제 결정났다」하시었으며 이로부터 지중한 부자의 결의로 한결같이 신봉과 보필의 소임을 다하시매「나의 마음이 곧 그의 마음이 되고 그의 마음이 곧 나의 마음이 되었다」하시었으니 이것이 정산 종사께서 대종사의 법을 이어받으신 기연이다.

소태산과 정산의 위상을 하늘과 땅, 태양과 달로 정리하여 두 성자의 관계 설정을 일목요연하게 보여 주고 있다. 이런 관계가 곧 일월대명日月代明이요 불불계세佛佛繼世일 것이다.

> ④ 오호라 정산 종사는 한없는 세상을 통하여 대종사를 받들고 제생의세의

대업을 운전하실 제 신의는 고금을 일관하시고 경륜은 우주를 관통하시며 시국의 만난 중에서도 대도를 이어받아 드러내시고 흉흉한 세도인심 속에서도 대자대비로 모든 생령을 두루 안아 길러 주시며 새 질서를 갈망하는 세계를 향하여 일원세계 건설의 큰 길을 높이 외쳐 주시었으니 후래 제자로서 묵묵히 우러러 뵈올 때에 대종사는 하늘이요 태양이시라면 정산 종사는 땅이요 명월이시며 대종사는 우리의 정신을 낳아 주신 영부(靈父)시라면 정산 종사는 그 정신을 길러 주신 법모(法母)시라 광대무량한 그 공덕을 만에 일이라도 표기하고자 이 탑을 세우고 이에 명한다.

문장은 고전적이나 진부하지 않고, 논리엔 흠이 없고 문체는 유장하다. 머리에서 소태산(대종사)과 정산의 위상을 하늘과 땅, 태양과 달로 시사했던 바를 좀 더 분명히 하면서 거기에 더하여 영부와 법모로 설정하기도 했다. 소태산 비문의 경우「무량한 그 공덕을 만일이라도 표기하기 위하여」라고 했던 것을 여기서도「광대무량한 그 공덕을 만에 일이라도 표기하고자」하여 마무리를 짓는 수법도 꼭 같다.

끝으로 명에 있어 상응하는 용어를 견주어 보자면, 소태산 비명에서 '雨露之澤 日月之明'이라 한 것을 여기서는 '道明德化 日月復明'이라 했고, '永天永地'라 한 것을 '天長地久'로 바꾸었다.

마) 문장

주로 제3기(보림적공기)인 3,4십대 투병 생활 중에 지은 한문 작품들이다. 〈원상대의〉〈정진문〉〈채약송〉〈일문일답〉〈지유즉지강〉 등이 있다. 장르 류

類로 말하면 교술장르에 속하고, 굳이 현대 장르 종種으로 따진다면 수필에 해당한다고 할 것이다. 대개는 산문이지만 더러 게송 등이 섞여 있기도 하고, 운문적 분위기가 느껴지는 것도 없지 않다. 이들 작품 제작과 관련하여 대산의 다음 회고를 참고할 만하다. 폐결핵이 재발하여 김제 원평교당에서 요양하던 1949년, 36세 때 일이다.

> 어느 날 금산사 이낙신 스님이 원불교에는 공부하는 분이 없다고 했다면서, 교도들이 듣고, 왜 공부하시는 분이 안 계시냐, 원평 교당에 오시면 뵈올 수 있다고 말했다는 소식을 전해 왔다. 그리고 얼마 후 이낙신 스님이 찾아왔다. 나는 〈정진문〉과 〈원상대의〉 〈채약송〉 〈무실무득법〉 등을 써 보였다. 그 스님은 그 후로 3일을 계속 다니면서 영생의 인연을 맺자고 하고 내게 큰 절을 하며, 〈원상대의〉 등은 만대의 조사 못지않은 법이라고 하였다.(구도역정기, pp.60~61)

(1) 원상대의(圓相大義)

이 작품은 원광 3호(1949.12)에 발표되었다. 대산 스스로가 "정산 종사님께서 크게 인증해 주시었다"고 술회한[95] 것으로 보아 자부심이 컸던 것으로 보인다. 어찌 문장력만으로 쓸 수 있는 글이겠는가마는 참으로 명문이다 싶다. 진리의 표상으로서 원圓을 내걸고 종횡무진 진제를 요리해 보여 주는 그 솜씨는 실로 현란하다.

첫 단락: 궁극적 진리를 가리키는 '圓' 그 자리에서 천하만법이 드나들고 천

---

95) 대산종법사 법문집 3(원불교출판사, 1988) 제3편 23.

하만유가 오가지만 언어도단이어서 어느 누구도 말로 가르칠 수 없으니 나같이 배움이 얕은 자가 어찌 알겠는가. 이렇게 한 발 물러선다.

둘째 단락: 비록 그러하나 고요히 마음을 관하고 보니 말과 글로 나타낼 수가 없지 않나니 진공묘유요 대다라니문이라, 삼세제불이 보배 창고를 삼아 두시고 마음대로 내다 쓰시니 다함없는 여래장이요 걸림 없는 대통문이다. 이렇게 다시 한 발 나선다.

셋째 단락: 그 자리에서 한량없는 시공을 통하여 모든 중생이 나오고 천지가 개벽하고 세상 개조와 중생 제도를 마음대로 하니 불조의 밀밀한 뜻을 중생의 생각으론 얻지 못한다. 그러나 또 이렇게 물러서고 말 수만은 없다.

넷째 단락: 진공의 묘한 진리를 깨달아 아는 관공觀空, 길러내어 내 것을 만드는 양공養空, 그 진리를 실천하는 행공行空이 있으니 일심으로 공을 쌓아 생각과 말과 몸으로 이 문에 들어서 길이 퇴전치 말 일이다. 이렇게 해법을 제시하며 중생 모두에게 당부한다.

다섯째 단락: 이런 행을 통하여 법·보·화 삼신불을 한 몸에 갖추어 정혜가 두렷이 밝고 복혜가 쌍족하여 성불제중의 목적을 달성하리라. 이렇게 결과를 예측하여 보여준다.

여섯째 단락: 이상을 게송으로 다시 읊어 보인다.

① 圓公言語道斷.

無法無不法 天下萬法 皆從此而出入, 四面墻壁 無門無不門 天下萬有 皆從此而往來, 嚴然以爲六合之祖宗 聖哲之軌轍 衆生之福田 惡人之火宅, 其物空耶有耶.

古佛猶未會 天下善知識 言不可稱指, 百家千經萬論 不過模寫此圓相之內 一小影子, 況如此淺學 何敢能知.

② 然余偶然負病, 靜夜觀心 秋風增淸 月精益輝 妄然隨筆, 此圓相底消息 不在言語筆墨境界 卽在言語筆墨境界.

故曰空而不空 有而非有, 此所謂眞空妙有 亦名大多羅尼門.

故三世諸佛諸佛 得這一着子, 十方法界 皆爲自家之寶庫 任意用之 是名無盡如來藏, 三界六途 皆爲自家之遊戲場 任意往來 是名無碍大通門.

③ 不啻 如掌中之珠 時或藏之則不曾生不曾滅 其痕跡不可見不可量, 放之則充滿於法界 連續無量世界無始曠劫無邊衆生, 又用心則天開地闢 革世濟衆 任意自在, 如此之佛佛祖祖密密意 如何鑿得 頓畢了.

我等衆生衆生之不可量得磨者 是也夫.

④ 然得有一門三鍵, 曰觀空養空行空, 得有一個主人公, 曰一心精功之士 能開得入, 願諸我等九分無明衆生之類 聞此法門 不生怯弱 奮發大志, 世世生生時時處處 心念口說身行 皆入此門 證入無餘涅槃, 得通大解脫無碍大通門 永爲不退轉.

⑤ 應如是無念爲念 無相爲說 無住爲行, 降臨淸淨法身佛 圓滿報身佛 百億化身佛 降臨於此, 一身 兼之三身佛 定慧圓明 福慧雙足, 遠離塵念之所繫 業力之所轉 念念皆無碍, 步步超三界 能爲諸佛之所護 人天之所尊 法海之所流 衆生之所歸.

⑥ 涵養大圓氣 步步超三界 涵養大圓氣 度無量衆生.

<새김>[96)]

① 원공은 말과 길이 끊어진 자리라.

법이라 이름 지을 수 없으되, 또한 법 아님도 없어서 천하 만법이 다 이로 좇아서 나고 들며 사면이 장벽이라. 문이 없으되 또한 문 아님도 없어서 천하의 만유가 다 이로 좇아서 가고 오며 엄연히 육합의 할아비 되고 뭇 성인과 철인의 다니시는 길도 되고 중생의 복전도 되고 악인의 화택도 되니 그 물건이 빈 것이냐, 있는 것이냐.

옛 부처도 오히려 알지 못하시고 천하의 선지식도 말로 이끌어 가르치지 못하시며 백가의 천경 만론도 다 이 원상 안에 든 작은 영자를 모사한 것 일뿐이거늘 하물며 이 같은 천학이 어찌 감히 할 수 있으리요.

② 그러나 내 우연히 병이 나서 고요한 밤에 마음을 관하매 가을바람은 몹시 맑고 달 정기는 더욱 밝게 비치는데 망령되이 붓을 드니 이 원상의 소식은 말과 글에 있지 아니하나 그러나 말과 글로 나타낼 수 있나니 그러므로 가로되 비었으되 비지 아니하고 있으되 있지 아니하니 이를 진공묘유라 하였고 또한 대다라니문이라 이름하였도다.

그러므로 삼세 제불 제불이 그 자리를 얻어 깨치시사 시방 법계를 다 당신의 집안에 가지고 계시는 보배 창고를 삼으사 마음대로 내다 쓰시나니 이를 다함이 없는 여래장이라 이름하였고, 삼계 육도를 다 당신의 노시는 장소로 삼으사 마음대로 내왕하시나니, 이를 걸림이 없는 대통문이라 이름하였도다.

③ 뿐만 아니라 손바닥 가운데 작은 구슬같이 여기시어 때로 혹 자취를 감추

96) 원문에 이은 〈새김〉은 작자인 대산의 번역을 그대로 싣기로 하되 표기법 등의 이유로 부득이한 수정이 없지 않음을 밝혀 둔다.

면 일찍이 생할 것도 없고 일찍이 멸할 것도 없어서 그 흔적을 가히 볼 수도 없고 가히 사량할 수도 없으되, 또 놓아 흩어 버리면 즉 법계에 다북 차서 한량없는 세계와 비롯이 없는 광겁과 가이없는 중생을 연속하여 내셨으며 또 마음을 쓰시면 즉 천지를 개벽하며 세상도 뜯어고치고 인연을 따라서 중생 제도하시기를 마음대로 하시나니 이 같은 불불조조의 밀밀하신 뜻을 어떻게 얻어 돈연히 요달하여 알리요. 우리 모든 중생이 가히 사량으로써 얻지 못할 자, 이것일 따름인저.

④ 그러나 얻는 데는 한 문이나 세 열쇠가 있으니, 첫째는 진공의 묘한 진리를 깨달아 아는 데 있고, 둘째는 진공의 묘한 자리를 길러 내어 내 것을 만드는 데 있고, 셋째는 진공같이 물들지 아니한 묘한 행을 하는 데에 있으며, 또한 그를 얻는 데에 하나의 주인공이 있으니, 말하되 일심으로써 공을 쌓아 나가는 사람이 능히 그 문을 열어서 그 집에 살게 될 것이니, 우리들 아홉 가지로 나뉘어 있는 무명 중생의 무리는 다 같이 이 법문을 듣고 겁약을 내지도 말고, 분연히 큰 뜻을 발해서 세세생생 시시처처에 마음으로써 생각하고, 입으로써 말하고, 몸으로써 실행하여 다 이 문에 들어서 무여열반의 자리를 증득하고 대해탈 무애 대통문을 열어 통달하여 길이 퇴전치 말지어다.

⑤ 마땅히 이같이 생각 없이 생각을 하고 상 없이 말을 하고 착 없이 행을 하면 청정 법신불과 원만 보신불과 백억 화신불을 한 몸에 겸해서 정과 혜가 두렷이 밝고, 복과 혜가 쌍족하여 진념의 얽힌 바와 업력의 궁굴리는 바를 멀리 떠나서 생각생각이 다 걸림이 없고 걸음걸음이 삼계를 뛰어나서 능히 제불의 옹호하는 바가 되고, 인천의 존경하는 바가 되고, 법해의 흐르는 바가 되고, 중생의 귀의하는 바가 되리로다.

⑥ 큰 두렷한 기운을 함양하여 걸음걸음 삼계를 뛰어나고,

큰 두렷한 기운을 함양하여 한량없는 중생을 건져지이다.

대산문학에서 새삼스러운 것은 아니지만, 이 작품에서 빛을 발하는 몇 가지 수사 기교를 지적해 보기로 한다.

첫째 역설법이다. 선가의 말에서 종종 발견하는 그 말투 말이다.

- 無法無不法…無門無不門(법이 없으되 법 아님이 없고…문이 없으되 문 아님이 없다)
- 不在言語筆墨境界 卽在言語筆墨境界(말이나 글의 경계에 있지 아니하니 곧 말이나 글의 경계에 있도다)

둘째는 대구법이다. 단순한 대구가 아니라 동일 문자나 문구를 반복 사용함으로써 대구 효과를 증폭시킨다.

- 無法無不法 天下萬法 皆從此而出入(無·無不·天下萬·皆從此而··)
  無門無不門 天下萬有 皆從此而往來(無·無不·天下萬·皆從此而··)
- 十方法界 皆爲自家之寶庫○ 任意用之 是名無盡如來藏(····皆爲自家之···任意··是名無····)
  三界六途 皆爲自家之遊戲場 任意往來 是名無碍大通門(····皆爲自家之··· 任意·· 是名無····)

셋째는 열거법이다. 평범한 열거가 아니라 동일 음절수와 동일 구조를 갖춘 구절을 열거하는 경우가 눈길을 끈다.

- 無念爲念 無相爲說 無住爲行(無·爲·구조의 4음절)
- 諸佛之所護 人天之所尊 法海之所流 衆生之所歸(··之所·구조의 5음절)
- 六合之祖宗 聖哲之軌轍 衆生之福田 惡人之火宅(··之··구조의 5음절)

넷째는 반복법이다. 같은 글자의 연속 반복이나 같은 문구의 건너뛰기 반복 같은 경우가 흥미롭다.

- 佛佛祖祖密密(반복의 3차 연속)
- 世世生生時時處處(반복의 4차 연속)
- 不曾生不曾滅(不曾의 건너뛰기 반복)
- 不可見不可量(不可의 건너뛰기 반복)

다섯째는 인유법이다. 유명한 시구나 문장, 고사 따위를 끌어다가 자신을 표현하거나 보충하는 수사법이니, 고전에서 보이는 용사用事와 같다.

- 古佛猶未會 : 이것은『선가귀감』에 나오는 명구「釋迦猶未會 迦葉豈能傳」에서 따온 것으로 석가를 고불로 바꾸었다.
- 空而不空 有而非有 : 이것은 명문 <휴휴암좌선문>에 있는 그대로다.
- 步步超三界 : 이것은 보조국사의 <수심결>에서 따온 것이다.

• 不曾生不曾滅 : 이것도『선가귀감』에 나오는 것 그대로다.

본문 ⑥의 게송은 일종의 중송게重頌偈(Geya)[97]로서, 앞에서 말한 바처럼 〈수심결〉에서 '步步超三界'를 인유하면서 만든 것인바 대산은 이를 훗날 〈대원주(大圓呪)〉라 명명하고 애송하였다.

(2) 정진문(精進文)

앞의 글과 마찬가지로 원평 시절에 지은 것이니, 허령을 떨치기 위해 정진하면서 지은 것이라고 했다. '有一物於此'는『선가귀감』의 첫머리와 동일하고, 이어지는 '無形無體'도 같은 책의 '名不得狀不得'과 내역이 같으니, 대산이 거기서 영향 받았을 가능성이 크다.

有一物於此 無形無體 取也不得 捨也不得

然學者要精深鍊磨而得眼 則其形無不其形 其體無不其體

取也得捨也得 其聲錚錚空劫外 其光皎皎三千界

應現千百億化身 廣濟六途迷輪衆

願諸學者 爲解決一大事因緣 誓發大信 誓立弘願

不惜身命 不生慳貪 必以斷斷一直心 勇猛精進 勇猛精進.

<새김>

97) 부처의 가르침을 운문으로만 읊은 고기게(孤起偈)의 상대가 되는 말이니, 산문으로서 부처의 가르침을 서술한 다음 다시 운문으로 산문의 내용을 집약하여 읊은 것을 말한다.

여기에 한 물건이 있으니, 형상도 없고 모습도 없어서 취해도 얻지 못하고 놓아도 얻지 못한다. 그러나 배우는 이가 마땅히 정밀히 깊이 연마하여 눈을 얻으면 그 형상이 그 형상 아님이 없고, 그 모습이 그 모습 아님이 없음이라. 취하여도 얻고 놓아도 얻어서 그 소리가 공겁 밖에까지 쟁쟁하고 그 빛이 교교히 삼천계를 비추니 응하여 천백억 화신을 나투어 널리 육도 미륜 중생을 제도하리라. 원컨대 모든 배우는 이는 일대사 인연을 해결하기로 맹세코 큰 믿음을 발하고 맹세코 넓은 원을 세울지니, 신명을 아끼지 아니하고 아끼고 탐함을 내지 아니해서 반드시 틀림없는 한 곧은 마음으로 용맹 정진하고 용맹 정진하라.

비록 짧으나 핵심만을 모아 알찬 문장을 만들었다. '한 물건(一物)'이야말로 자성이요 불성이요 원불교 용어로는 일원一圓이다. 지혜의 눈(慧眼), 마음의 눈(心眼)을 얻기 전에는 형상도 없고 모습도 없어서 취해도 얻지 못하고 놓아도 얻지 못한다. 그러나 그 눈을 얻고 보면 그 형상이 그 형상 아님이 없고 그 모습이 그 모습 아님이 없어서 취하여도 얻고 놓아도 얻는다. 이 기막힌 역설에 눈을 뜬 자는 큰 믿음을 발하고 넓은 원을 세워 용맹정진하지 않을 수 없으리라. '용맹정진'은 더러 '일념정진'으로도 혼용되고 있다. '일념'이 '용맹'으로 수정된 것으로 보인다.

(3) 채약송(採藥頌)

이 작품 역시 원평에서 요양 중에 지은 것이다. 문병 온 후배 정광훈 교무가 "여기서 무슨 재미로 사십니까?" 물었고, 그를 보내고 나서 답변 삼아 쓴 것이

이 작품이다. 제목에도 '頌'을 썼지만 〈정진문〉에 비하여 운문적 분위기가 두드러진다. 그렇다고 선시나 게송으로 다룰 처지는 아니다.

有人來問 母岳山中之事 此間消息莫問覓.
晝遊千山萬水中 夜夢三昧大寂光處.
老松曲曲獨守靑 怪石兀兀聽水聲.
又云 時有涵養虛空法界之正氣 呑下山河大地之精靈 不知老之將至
羅漢之神眼 不能窺知 然余汝相知 不可使人知.
呵呵.

<새김>
사람이 와서 모악산 중의 일을 묻거늘, 이 사이 소식을 묻고 찾지 마라. 낮에는 천산만수 가운데 놀고 밤 꿈은 삼매 대적광의 경지로다. 늙은 솔은 굽고 굽어 홀로 푸름을 지키고 괴이한 돌은 우뚝우뚝 서서 물소리를 듣는도다.
또 이르기를, 때 있으면 허공 법계의 바른 기운을 머금어 기르고 산하대지의 정령을 삼켜서 늙어 감을 알지 못하니, 나한의 신통한 눈으로도 엿보아 알지 못하나, 나와 너만 서로 알고 사람들은 알지 못하더라.
가가로다.

물음에 답하는 형식으로 요양 중에 깊어진 자신의 수도 경지를 보인 것이다. 대구법을 적절히 구사하여 선시적 효과를 고양하였다.

① 晝遊千山萬水中 낮에는 천산만수 중에서 놀고
　夜夢三昧大寂光 밤에는 삼매 대적광에서 꿈꾼다
② 老松曲曲獨守靑 늙은 솔은 구불구불 홀로 푸름을 지키고
　怪石兀兀聽水聲 괴이한 돌은 우뚝우뚝 물소리를 듣는다
③ 涵養虛空法界之正氣 허공법계의 정기를 머금어 기르고
　呑下山河大地之精靈 산하대지의 정령을 삼켜 내린다

① 은 낮에 약초를 찾아 망태를 메고 산골짜기를 이리저리 다니는 육신의 모습과, 밤에 대적광(법신불 자리)을 찾아 참선 삼매경에 든 정신의 상태를 말함이리라.

② 는 앞구가 소태산의 선시(상량시) 중 '松收萬木餘春立'을 상기시키고, 뒷구는 역시 소태산의 선시(변산시) 중 '石立聽水聲'의 판박이다.

③ 의 앞구는 대산의 〈대원주〉 중 '함양대원기'와 같은 것이니 정신을 기름이고, 뒷구는 병을 다스리기 위하여 약초(산하대지지정령)를 음용하며 몸을 추스르는 뜻이 아닐까 싶다.

'不知老之將至'(늙어 감을 알지 못하겠다)는 당시 30대 중반 연령에 늙음을 말할 처지가 아니니, 오히려 〈입지시〉에서 보인 포부와 경륜 등이 쇠하거나 시들지 않았음을 말하고 싶은 것은 아닐까 싶다. '羅漢之神眼 不能窺知'(나한의 신통한 눈으로도 엿보아 알지 못한다)는 또 왜 나왔을까? 아마도 진묵스님이 나한의 장난에 당하여 냇물에 빠졌다는 그 일화에서 발상한 것이 아닐까. 「신통 묘용은 비록 미치기 어려우나(神通妙用雖難及) 대도는 마땅히 늙은 비

구에게 물을지니라(大道應問老比丘)」 그러니까 대산은 짐짓 진묵의 시늉을 해 보인 셈이다. 그래서 쑥스러우니까 '하하(呵呵)' 웃음으로 얼버무린 것이다.

(4) 일문일답(一問一答)

16세에 출가해 20년이 되었다 하니 역시 원평 요양 시에 지은 작품으로 보이고, 객이라 한 것은 앞에서 말한 이낙신 스님이 아니겠나 싶다.[98)]

① 一日客來問曰 先生之色身則相面 眞身則在何處也

余答曰 無非吾身之眞身 何覓眞身乎.

客問 如此佛佛祖祖密密意 如何鑿得頓畢了

余答曰 欲求之心放下 不離當處直知.

頌曰 君不見 佛佛祖祖密密意 花紅柳綠表眞機 鳥啼孀語是法語.

② 又客問 先生求法之年 幾何.

余答曰 出家之年二十有年 然求法之年無有矣.

客問 先生積功之年已久矣 勿論 多知多能也 然則 其知能不得問歟

余答曰 是何言哉 余之一生 無知無能爲多知多能也. 故無一物 一汝也.

③ 客問 先生之持心運心法 如何取焉

余答曰 持心則有赤裸裸赤灑灑而已 運心則如懸崖撤手更進步. 又云 持心則如虛空 運心則如流水耳.

偈曰 無失無得法 求法是失法 法法本來法 無法無非法.

---

98) 앞에 나온 회고에서 〈무실무득법〉을 써 보였다 함이 곧 이 작품 〈일문일답〉을 말하는 것으로 보인다. 작품 내 게송에 '무실무득법'이 나오는 것으로 보아서 그렇다. 이낙신 스님은 후에 환속하여 호를 소공(簫空)이라 하고 달마상 전문 화가로서 이름을 떨쳤다.

偈畢 客默然而去.

<새김>

하루는 객이 와서 "선생의 색신은 서로 마주보나 진신은 어느 곳에 있는가?" 묻거늘 내가 대답하기를 "내 몸이 진신 아님이 없으니 어찌 진신을 찾는가." 객이 묻기를 "이와 같은 불불조조의 밀밀한 뜻을 어떻게 뚫어서 몰록 다 마치리까." 내가 대답하기를 "구하고자 하는 마음을 놓아 버리고 당처를 떠나지 아니한 것을 곧바로 알아라."

노래하되 "그대여 보지(알지) 못하였는가. 불불조조의 밀밀한 뜻을. 붉은 꽃 푸른 버들 참 기틀을 표함이요 새 울고 꾀꼬리 지저귐은 이 법어로다."

또 객이 묻기를 "선생이 법을 구한 햇수는 얼마나 됩니까." 내가 답하여 말하기를 "출가한 햇수는 20년이나 그러나 법을 구한 해는 없었노라." 객이 묻기를 "선생께서 적공의 햇수가 오래인 것은 물론 다지다능이로소이다. 그런즉 그 앎을 능히 물어 얻을 수 없습니까." 내가 대답해 말하기를 "이 무슨 말인가. 나의 일생이 무지무능해서 다지다능이 되노라. 그러므로 한 물건도 없으니 그대와 한가지다." 객이 묻기를 "선생의 마음가짐과 마음 운선하는 법을 어떻게 취하리요." 내가 답하여 말하기를 "마음가짐은 오직 적나라 적쇄쇄할 뿐이요. 마음 운전함은 절벽 끝에 손을 거두어 다시 한 걸음 나아감이라." 또 이르기를 "마음가짐은 허공과 같이하며, 마음 운전함은 흐르는 물과 같이할 뿐이다."

게송 하기를 "잃을 것도 얻을 것도 없는 법을, 법을 구하니 이 법을 잃음이로다. 법이라고 하는 법의 본래 법은 법도 없고 법 아님도 없도다."

게송을 마치니 객이 말없이 가더라.

① 객이 대산에게 진신眞身을 보여 달라고 요청하자, 내 몸은 진신 아님이 없다고 답한다. 색신에 상대 되는 진신이라면 법신을 일컬음인데, 대산은 색신과 법신을 구별하는 분별심을 깨뜨리는 답변으로 상대를 압도한다. 객이 다시 그 불조의 밀밀한 뜻을 알게 해 달라고 하자 이번엔 다시, 그 구하려는 마음을 놓으라고 일갈한다. 이것이 아마도 「사량으로써 이 자리를 알아내려고 말고 관조로써 이 자리를 깨쳐 얻으라」(대종경, 성리품 31) 한 뜻과 같을 것이다. 이어 게송을 읊는다. '君不見'은 이백의 〈장진주(將進酒)〉나 두보의 〈군불견간소계(君不見簡蘇係)〉 등을 통하여 익히 보던 관용적 장치려니와 「붉은 꽃 푸른 버들 참 기틀을 표함이요 새 울고 꾀꼬리 지저귐은 이 법어로다」 이 대목에서 선시의 빛은 발한다. 관념유희가 아니라 주체적 체험의 자리를 불불조조의 밀밀한 뜻으로 직관케 한 것이다.

② 객은 법을 구한 지 얼마나 되었는가를 묻는다. 대산은 출가는 20년 됐지만 법을 구한 해는 없노라고 답한다. 이는 앞에서 '욕구지심欲求之心'을 놓으라고 한 것과 같은 맥락이다. 객이 다시 그 다지다능을 찬탄하며 그것을 배우고 싶어 한다. 그러자 대산은 일생을 무지무능으로 살아서 다지다능이 되었노라고 답한다. 이런 역설은 본래 대산의 장기다. 「無我無不我 無家無不家」(나 없으매 나 아님 없고 내 집 없으매 내 집 아님이 없다) 식이다.

③ 객이 다시 대산의 마음가짐과 마음 운전하는 법을 부러워한다. 그러자 마음가짐은 적나라 적쇄쇄, 즉 벌거벗은 듯 숨김없이, 혹은 맑고 깨끗하게 한다 함이요, 마음 운전은 절벽 끝에서 한 걸음 나아간다 하니 이른바 '백척간두

진일보'가 아닐까 보냐. 다시 일러서는 마음가짐은 허공같이, 마음 운전은 흐르는 물과 같이 한다고 했다. 병고로 '흩어진 정신을 모아 깨끗이 이 세상을 떠나리라'[99] 각오한 대산은 생에 대한 애착을 벗고 보니 적나라 적쇄쇄한 것이요, 허공같이 비울 수 있었던 것이요, 유수처럼 무위자연을 체화할 수 있었으리라. 다시 게송으로 마무리한다.「잃을 것도 얻을 것도 없는 법을, 법을 구하니 이 법을 잃음이로다. 법이라고 하는 법의 본래 법은 법도 없고 법 아님도 없도다.」

객은 분별심으로 묻고 주인은 선문답으로 답을 하니 객이 백전백패다. 객은 알아듣고 간 것일까 못 알아듣고 간 것일까?

(5) 지유즉지강(至柔則至剛)

이 작품의 제작연대는 확실치 않지만 〈일문일답〉의 연장선상에 있음직하다. 제목부터가 전형적 역설이다.[100] 또한 비교법과 점층법을 이용하여 논리를 강화하여 알차고 간결한 문장을 엮어내었다.

① 天下至柔者水 至剛者水 故水者尊卑貴賤 無不自在往來 亦無不成耳.

老子曰[101] 水者庶幾道乎 常在卑賤之中 能成絶代之功.

---

99)『구도역정기』p.60.

100) 〈기인즉기기(欺人則欺己)〉라는 작품에서도 유사한 수법을 쓰고 있다.

101) '노자왈'의 내용이 어디까지인지 애매하다. "水者…絶代之功"으로 하려니 전거를 찾기 어렵다. 다만,『도덕경』8장에「上善若水…故幾於道矣」가 있으니 "水者庶幾道乎"로 제한함이 맞지 않을까 싶다. 그런데 〈새김〉에서는 "水者…絶代之功"까지로 돼 있으니 혼란스럽다.

② 然水者不如虛空 虛空者不見毛輪 大包無外細入無內 天地萬物無不運用.

③ 然虛空不如一眞心 一眞心者主於天地 王於萬法 無所不在 無所不能 故學者 得於此心 鍊於此心 用於此心卽盡矣. 切須在意 切須在意.

④ 主心之不動 如巍巍泰山 千古而如如不變 養性之閑閑 如洋洋大海 萬古而活活自在.

<새김>

천하에 지극히 부드러운 것도 물이요 지극히 강(剛)한 것도 물이라. 고로 물은 높고 낮음과 귀하고 천함에 자재로이 왕래치 아니함이 없고 또한 이루지 아니함이 없나니라.

노자 말하기를 "물은 도에 거의 가깝다. 항상 낮고 천한 가운데에 있어서 능히 절대의 공을 이룬다" 하였나니라.

그러나 물은 허공과 같지 아니하니 허공은 털끝만큼도 볼 수 없음이라. 크기로는 바깥 없는 데를 싸고 가늘기로는 안 없는 데까지 들어서 천지 만물을 운용치 아니함이 없나니라.

그러나 허공도 하나의 참마음과 같지 아니하니 하나의 참마음은 천지에 주인하고 만법에 왕이 되어 있지 아니한 바가 없고 능치 아니한 바가 없으니 그러므로 배우는 사람은 이 마음을 얻고, 이 마음을 연마하며 이 마음을 쓰면 다한 것이다. 간절히 뜻을 두고 간절히 뜻을 둘지어다.

마음을 주장하여 움직이지 아니함을 높고 높은 태산과 같이하여 한량없는 세월 한결같이 변치 아니하며, 성품을 기르는 한가함은 넓고 넓은 큰 바다와 같이하여 만고에 활활자재할지니라.

① 에서는 가장 부드러우면서도 가장 굳센 물의 공덕을 찬양한다. 노자의 말씀을 인용하여 강조하기도 한다.

② 그러나 물보다 더 찬양할 바로 허공을 내세우니, 그 큰 포용력과 자상한 보살핌을 말한다. 여기서는 〈휴휴암좌선문〉의「大包無外細入無內」를 인용하였다.

③ 이번에는 허공을 다시 부정하며 더 상위에 '하나의 참마음(一眞心)'을 둔다. '無所不在 無所不能'이 객체로서의 절대자에게 있는 위력이 아니라 마음을 닦아 주체적 절대자의 길을 가도록 권유하는 것이다.

④ 여기서는 앞의 주장을 부연하여 외외한 태산과 양양한 대해에 견주며, 성품을 길러 활활자재하라고 거듭 당부한다.

6) 마무리말

대산은 3세 종법사로서 그 종교적 위상 못지않게 원불교문학사에서 문학적 위상이 드높다. 비록 흘러간 장르에 머물렀다거나 한글보다 한문으로 창작하기를 즐겼다거나 하는 약점이 있지만 종교문학으로서 평가할 대목은 많다고 본다.

초기작으로는 시조 〈사공〉 이후 3행시 구조의 작품을 몇 개 남겼는데 주제의식의 호대함이나 수사면에서나 작품성이 돋보인다. 유일한 창가 작품으로 〈일여선가〉가 있는데 상당히 기교적이나 한자 관념어의 과다 노출이 시적가치를 반감시킨 아쉬움이 있다.

선시는 수행적공 · 성리설법 · 도흥법열 · 천도위령 및 파격반복으로 나누어 볼 때, 수행적공처럼 시적 긴장이 부족한 것들도 있지만 성리설법 · 도흥법열 등의 작품 태반은 상당히 뛰어난 작품성을 보여주고 있다. 가장 많은 천도위령의 경우 다양한 형식과 성격을 가지고 있는데 문학적 수준차도 크다. 특히 파격반복의 경우는 동일 한자의 반복으로 문자 만다라로서 절묘한 시적 매력을 풍기고 있다.

유일한 비문 〈정산종사성탑명〉은 문장이 고전적이나 진부하지는 않고, 논리는 흠이 없으며 문체는 유장하다.

주로 김제 원평에서 요양하면서 지은 〈원상대의〉 〈정진문〉 〈채약송〉 〈일문일답〉 〈지유즉지강〉 문장의 경우, 종교적 함의가 탁월하지만 문학적 수사조차 기교적이다. 특히 〈원상대의〉는 종횡무진하는 문장력과 현란한 문체로써 단연 걸출한 작품으로 평가받을 만하다. 여타의 작품들도 그 연장선에서 교술장르의 명문장으로 어디에 내놓아도 손색이 없다. 다만 한문학으로서 가지는 한계를 넘지 못하는 아쉬움은 남는다고 하겠다.

아. 경산 조송광의 문학

1) 들머리말

경산慶山 조송광曺頌廣은 각론에서 다루는 9명의 문인 가운데 가장 독특한 위상을 가진다. 첫째는 유일한 재가교도이면서 교단(불법연구회) 내 재가교도의 대표격인 회장을 여러 해 지냈다는 점이다. 둘째는 종교적으로도 유교나 동학과 기독교 등 섭렵의 과정을 겪었고, 특히 야소교(개신교)에 독실한 신앙을 바쳐온 존경받는 장로였다. 셋째는 명의로 알려진 한의사로 상당한 부와 명예를 누리던 인물이었다. 넷째는 문학적으로도 이미 한문에 자부심이 크고 풍월 짓기로 대우받는 원로였다. 즉, 그는 기독교, 한의사, 문인으로 일급의 명예와 권위를 가진 인물로 소태산의 제자가 되면서 새로운 인생을 살아낸 특이한 경력의 소유자라는 점에서 그의 문학도 주목받을 만하다 하겠다.

그의 작품은《회보》등에 주로 실렸지만, 1983년에 박용덕이 발굴하여 빛을 보게 된 일대기『조옥정백년사(曺沃政百年史)』에 한시 · 창가 · 가사 · 시조 등이 부더기로 갈무리되어 있음이 확인되었다. 이는 삼산 김기천(가사집), 원산 서대원(우당수기), 훈산 이춘풍(산중풍경)과 더불어 사후에 문집이 발견됨으로써 회보 등 기관지에만 의지하였던 원불교문학의 영역을 상당히 확장하였음에 그 의미가 크다.

2) 경산 조송광의 생애

1876년 전북 정읍에서 태어났다. 본명은 공진工珍, 법명은 송광頌廣, 법호가 경산慶山이다. 이밖에 별스럽게도 유호儒號에 초학楚鶴, 선호仙號에 옥정沃政, 기호基號(야소교 호)에 아석亞石, 한의로서 지은 의호醫號가 야신也神이니 별호를 분야별로 가지고 썼다.

9세에 한문을 배우기 시작하여 10년간 사서삼경과 시서백가를 공부하였다. 15세부터 종종 시를 짓고 시사詩社에도 적극 참여한 것으로 보아 상당한 재능을 자부하였던 모양이다. 19세 때 동학농민항쟁이 일어나자 의분을 일으켜 동학에 입문하고 항쟁에 참여하였으나 전봉준이 체포된 뒤로는 좌절에 빠졌다. 이에 한의술을 배우면서 새로운 삶의 길을 모색하게 된다. 제법 명의 소문을 내며 성업하기도 했다. 한때 잡기에 미혹되어 2년간 방랑생활을 하던 끝에 개심하고 야소교에 입신하였다. 신앙심이 돈독하여 교회당을 설립하였고, 남·여 학교를 지어 운영하는 등 육영사업에도 힘썼다.

43세에 장로가 되어 더욱 건실한 신앙생활을 하던 중 1924년 49세 때 소태산을 만나 본 후 큰 각성이 들었다. 이듬해 소태산과 정식으로 사제의 의를 맺고 입교절차를 밟아 개종하였다. 이후 신앙과 수행에 모범을 보이어 1928년부터 불법연구회(원불교 전신) 2대 회장에 피선되어 8년간 직을 수행하였다. 1931년에는 장남을 따라 일본 대판(오사카)에 건너가 머물며 대판교당을 설립하기도 했다. 딸 셋을 전무출신(出家)시키는 한편 신앙과 수행에 정진하다가 1957년에 원불교수양원에서 82세로 생을 마쳤다.

3) 경산 조송광의 문학유산

경산의 문학유산은 교단 기관지에 실린 것 외에 『조옥정백년사』에서 20여 수의 한시 와 창가, 가사, 시조 등이 발굴되었다. 이 가운데 원불교와 무관한 한시 16편, 시조 3수, 창가 1편 등을 제외하고도 창가 5편, 가사 1편 및 한시 4편 등은 연구대상이 됨직하다. 그리고 미완성 가사라 할 것으로 가제 〈풍월선유(風月仙遊)〉 〈원시대도(原始大道)〉 등 2편이 있어 참고자료가 된다.

이밖에 1948년에 남원교당낙성에 붙여 지은 한시 1편이 새로 발견되어[102] 추가되었다.

① 신시 : 〈자락(自樂)〉 1,2 등 2편

② 시조 : 1수(제목 없음)

③ 창가 : 〈인재양성단가(人材養成團歌)〉 〈법종(法鍾)소리〉 〈연구가(研究歌)〉 〈권권가(勸勸歌)〉 〈경세가(警世歌)〉 〈결제가(結制歌)〉 〈해제가(解制歌)〉 등 7편

④ 가사 : 〈처세가(處世歌)〉 〈출가곡(出家曲)〉 〈토아옹(土啞翁)타령〉 등 3편

⑤ 한시 : 5편(제목 없음)

4) 경산의 문학관

경산에게 있어서 생활과 종교가 둘이 아니었듯이 생활과 문학도 둘이 아니

102) 양은용이 이공주 유품에서 다른 작품과 함께 발견한 것으로 「『선진한시록』(1948)의 세계」(원불교사상과 종교문화, 27집, 2004)로 발표하였다.

었다. 『조옥정백년사』에 보면, 그는 십대부터 기회 있을 때마다 한시를 지었다. 뒤에 다시 언급하겠지만, 1924년 전주 한벽루에서 소태산을 처음 만나고 나서도 「기쁨이 충만하여 시 한 수 자창(自唱)하다」라고 메모하고 절구를 붙여 놓았다.

1931년, 소태산과 석굴암을 참배하고 방명록에 적은 글도 「吐含山石窟庵無語佛度衆生」(토함산 석굴암, 부처님은 말없이도 중생을 제도하시네)이란 한시구였다. 경산은 보통 산문으로 적을 감상도 가사로 부르는 버릇이 있던 듯하다. 일기문이라 할 글(1932년 4월 10일)에도 「낙화는 적적하고 양류는 청청한데 두견조 따라 대판에 당도하니 실반(失伴)한 쌍앵(雙鶯)이라」 식으로 내용이나 운율이나 시가풍이 드러난다.

1929년 7월 15일, 「청풍북창 앉았으니 무심중 장탄일곡(長嘆一曲)이 나온다」하면서 미완성 가사 한 편을 적어 놓았다. 이 가사는 종교와 문학, 도덕주의와 쾌락주의의 갈등을 보여 주는 의미심장한 발언으로 보인다.

〈風月仙遊(풍월선유)〉(가제)

천지는 광대하여 고금에 송려(送旅)하고
일월은 주야과객(晝夜過客)이라
적적(寂寂)한 청산은 말없이 섰고
호호(浩浩)한 녹수는 뜻 없이 흐른다
찰나찰나 이 가운데 이팔청춘 어디 가고
육십백발 재촉하니 십년등하(十年燈下) 배운 문필
일조(一朝) 송하(松下) 황진(黃塵) 되면 전공가석(前工可惜) 이 아닌가

교회일문(教會一門) 그만 두소 통개중문(通開衆門) 하여놓고

매월 월색 따라 문장재사(文章才士) 많이 모여

음풍영월로 정신화창(精神和暢) 하여 보세

고유상산사호(古有商山四皓) 고(故)로 금호당(今皓堂)이라 명칭하니

위기소일(圍碁消日) 그만두고 경장보구(瓊章寶句) 적어내어

금축산적(錦軸山積)하여 두면 주색낭유(酒色浪遊) 누가 할까

풍월선유(風月仙遊)하오리라

음풍영월吟風詠月 · 풍월선유風月仙遊로 대표되는 경산의 문학관인즉, 모름지기 문학은 신선놀음에 도움이 되는 고상한 취미라는 것이다. 여기에다 10년 동안 닦아온 문학 공부를 버리기엔 너무 아깝지 않으냐는 항변도 있고, 시문 짓기에 몰두하다보면 주색잡기 같은 불건전한 취미에 빠질 우려도 없잖겠느냐는 의견도 덧붙인다. 그가 1925년에 쓴 다음 시조가 그런 풍월관을 잘 드러낸다.

눈을 들어 세계 보니 누구 누구 모였는고

백세 청풍(淸風) 몸이 되어 명월(明月) 강산 놀아 보세

아마도 풍월(風月)로 짝을 지어 오락가락

시우들과 더불어 이렇게 풍월로 즐기며 돌아다니는 경산의 소식을 접한 소태산은 어떻게 대응했을까?

그 추후에 종사님이 탐문하시고 하명왈(下命曰), 「송광(頌廣)은 만고대의(萬古大義)를 경륜하는 사람으로 어찌 일개 풍월(風月) 이자(二字)에 좋은 정신을 희생하느냐」고 분부하시므로 즉지감심(卽地感心)되야 정지하다. (조옥정백년사)

여기서 경산은 소태산에게 굴복하고 만다. 그 엄혹하던 식민지시대, 때가 때인지라 그런 측면도 없지 않겠지만, 성불제중이란 큰 경륜 앞에 한가한 풍월놀이는 아무래도 명분에서 밀릴 수밖에 없었을 것이다. 경산이 생각하던 시(풍류)는 인생문제에 대한 진지한 고민이나 사회문제에 대한 치열한 대결 같은 것이 아님은 물론, 도덕이나 이념을 담아내는 재도지기載道之器의 수단도 아니었다. 소태산의 질책을 받고 승복한 경산의 문학은 이후 종교적 진리와 도덕적 가치를 담아내는 도구로의 변신을 겪게 된다.

5) 작품론

가) 신시

회보 2호(1933.9)에 실린 〈자락〉은 신시라고나 해야겠지만, 형식이 독특하다. 같은 제목 아래 '其一/其二'로 나누어 실었는데 이 둘의 형식이 전혀 다르다.

<自樂>

(其一)

만고대의(萬古大義) 참 도덕을 목적 삼고 한 곡조를 불러보세.

여기 무궁한 세월이 흘러 갈 때 아무 고난이 일지 않네.

현묘하다 삼강령과 팔조목을 대명동방(大明東方) 걸어놓니
혼몽(混夢) 중에 생각 없이 살던 사람 천복이 자연 내리도다.

사은사요 소소영령 쓸 줄 알면 문명성세(文明聖世) 되리로다.
청정법계 단간심불(但看心佛) 우리 생활 이런 영광 또 있는가.

공부사업 성적표의 제명(題名)코자 육일(六日)마다 모여앉아
온갖 경전 갖은 풍금(風琴) 벌려 놓니 백년 향락이 이 아닌가.

소태산 교법(사은사요와 삼강령 팔조목)을 만난 법열을 노래한 이 작품 속에 경산이 얼마나 소태산에게 심취했는가가 잘 나타나 있다. 〈경축가〉 등에서 소태산이 즐겨 쓴 원불교만의 용어 '混夢(혼몽)'이 등장한 것도 흥미롭고, 이때 이미 풍금을 치며 성가를 불렀다는 것도 알려 주고 있다. 또 당시엔 예회가 이른바 '삼육일'(음력 초육일, 십육일, 이십육일)에 행해졌기에 '육일마다'가 나오고 있다. '但看心佛'(다만 마음 부처만 보아라)은 부설거사의 유명한 게송에 나오는 「但看心佛自歸依」(다만 마음을 살펴 자성불에 귀의하라)가 그 전거일 것이다.

(其二)
일평생(一平生) 낙은 이것뿐 도덕일까 하다가

이 세상 가도 그 이름 변할 일 없도다.
이심(二心)을 먹고 출석은 허사가 아닌가.
자기를 만약에 속이면 용신(容身)키 어렵다.

삼강령(三綱領) 안의 팔조(八條)를 시시로 잘 쓰면
빈부나 귀천 모두 다 원대로 되겠네.

사은(四恩)을 알고 사요(四要)로 정의를 세우면
말 없는 여러 신명도 전정(前程)을 도웁네.

오욕(五慾)을 탐한 그 사람 누구로 짝할까.
불같은 시험 많으니 취할 것 없도다.

육일가(六日歌) 좋고 기쁘다 만곡(萬曲) 중 첫째니
대법당 모여 앉아 나무아미타불.

이 둘째 것은 일부터 육까지 숫자에 맞추어 쓴 작품이다. 이렇게 숫자에 기대어 쓰는 노래는『춘향전』의 〈십장가〉를 비롯하여 민요에서도 흔히 쓰는 방식이지만, 하필 육에서 그쳤는가 하는 것이 궁금하다. 앞에서 '육일마다'가 나왔지만, 경산은 굳이 칠 이하를 필요로 하지 않은 것 같다. 삼산 김기천의 〈육일가〉가 예회 때에 불리었음을 알 수 있다. 아울러 흥미로운 것은 '불같은 시험'이니 이는 기독교에서 〈다니엘서〉나 〈베드로전서〉에 근거하여 흔히 쓰는 비유로 기독교 장로 경력의 조송광으로선 입에 밴 용어였으리라.

나) 시조

앞에 한 수를 소개한 바 있지만, 1925년 7월에 소태산 향리인 영산을 방문하고 법명을 받은 후 불갑산에 구경을 가서 지은 시조 3수가 있으나 논외로 한다. 다만 참고로 그 중 한 수를 소개하면 이렇다.

묻노니 인생백세에 하올 일이 무엇인가
산수 간에 초당 지어 천하영재 모아 놓고
무궁한 법도(法道)를 깨어주면 주인공은 누구

그저 평범하고 종교적 의미도 찾기 어렵다. 그러나 다음 시조는 주제의식이 선명하다. 회보 5호(1933.12)에 시조라는 장르 명칭만으로 제목 없이 실렸다.

이내 마음 하늘이요 이내 몸은 땅이로다
하늘과 땅 그 가운데 무궁보화 실었으니
아마도 몸과 마음이 다 진토록 도덕의 종사

3음절이 정상인 마지막 음보가 '도덕의 종사'로 되어 이상하지만 평시조는 평시조다. '도덕의 종사'는 도덕에 종사從事한다는 뜻인지, 도덕의 종사宗師인 소태산을 따르자는 뜻인지 애매하다. 내용이야 흠 잡을 데 없이 틀에 박힌 종교시조라 할 것이다. 그런데 이 작품이 나오기 불과 3개월 전(회보 2호)에 실린 전음광(1909~1960)의 시조작품이 발상이나 표현에서 매우 유사하다. 「마음은 하늘이요 몸은 땅일세/뼈에는 사은사요 피와 살은 삼강팔조라/우리의 열과 성 다하여 죽기까지」가 그것이다. 표절이나 모방의 차원보다는 당대의 관용적 표현이었을 가능성이 많아 보인다.

다) 창가

회보 6호(1934.1)의 〈인재양성단가〉와 회보 30호(1936.11)의 〈법종소리〉가 창가로 분류된다. 앞엣것은 제목부터 단가團歌로 지은 것으로 5절로 되어 있고 마무리는 '양성합시다'로 통일되어 있다. 뒤엣것은 3절로 되어 있고, 후렴이 붙었다. 설명적인 내용과 상식적인 주제여서 따로 소개하지 않기로 한다.

『조옥정백년사』에는 1929년 작으로 창가 〈연구가〉 〈권권가〉 〈경세가〉가 실려 있다. 역시 문학성은 없으나 1절씩만 소개한다.

〈연구가〉 4절 중 제1절

막막타 창해의 일속(一粟) 몸/귀하다 만물의 영장 된
그 자리 점령한 나로서/연구합시다

(후렴)연구합시다/연구합시다
삼강령 팔조목 대의로/연구합시다

〈권권가〉 3절 중 제1절

불도 선도 유도 중에/누가 오늘 일할꼬

만고 대명 우리 동방/누가 포양(布揚)하리요

삯을 많이 주시려고/여기저기 부르니

세계 조상 되어 보리/대답할 자 누군고

〈경세가〉 4절 중 제1절

눈을 들어 세계 보니/누구누구 모였던고

영산춘풍(靈山春風) 불어온들/알 이 몇인고

역시 같은 문집에 실린 1932년 작으로 창가에 〈결제가〉와 〈해제가〉가 있으나 굳이 자세히 논할 필요를 느끼지 않는다. 한자에서 結制와 解制로 할 것을 結裁와 解裁로 하는 실수가 눈에 띌 뿐이다.

라) 한시

① 제목 없음

重約天成寒碧樓(중약천성한벽루) 하늘 뜻으로 무거운 약속 한벽루에서 이루니

今年情若昔年遊(금년정약석년유) 옛날부터 오래 사귄 듯 오늘의 정이 도탑구나

聖風吹面心還淨(성풍취면심환정) 거룩한 바람이 얼굴에 스치니 마음이 정화되고

萬化春光及四洲(만화춘광급사주) 봄빛은 만화방창으로 온 세상에 미치도다

이것은, 앞에서 말한 바 있듯이, 경산이 소태산을 처음 만나보고 소감을 적은 시다. 성풍이 마음을 정화한다든가, 만화춘광이 온 세상에 미친다든가, 그는 이 한 편으로 소태산의 인품과 소태산 교법에 대한 신뢰를 최고도로 보여주고 있다.

② 제목 없음

初見山山水水在(초견산산수수재) 처음 보았을 때는 산은 산이요 물은 물이었는데
重來山水總多情(중래산수총다정) 다시 오니 산과 물이 모두 다정하다
石頭夢覺三更月(석두몽각삼경월) 석두암에서 꿈을 깨니 삼경에 달이 밝다
萬念自消只一情(만념자소지일정) 만 가지 생각 스스로 사라지고 다만 한 마음뿐이네

1926년 봉래산 석두암에서 지은 작품이다.

훈산 이춘풍의 문집『산중풍경』에 의하면, 경산은 소태산의 역사가 밴 봉래정사(석두암)를 1924년에 일차 다녀갔다. 예의 문집에는 이렇게 나와 있다.

> 갑자 추구월에 조송광이 송적벽으로 더불어 봉래정사에 와서 춘풍을 보고 즐거이 말하여 왈(曰)「정사(精舍)의 심묘하고 청정함을 보니 가히 선생의 도덕 지취(旨趣)를 알지어다」하고 즐거운 마음으로 인하여 여러 날 유련(留連)하거늘……

경산은 2년 후 다시 찾은 봉래산에서 회고의 정도 느끼지만, 주제는 어디까

지나 석두암에서 자다가 깨어 느끼는 자기정화 체험이다. 한결같이 선유仙遊를 노래하던 경산으로서는 엄청난 변화라고 할 것이다.

③ 제목 없음

幾逕苦海放浪客(기경고해방랑객) 고해에서 방랑객으로 몇 해나 지냈는가

一入樂園安靜人(일입낙원안정인) 한번 낙원에 드니 편안하고 고요하다

樂園苦海相無遠(낙원고해상무원) 낙원과 고해가 서로 멀지 않느니

苦樂不關可謂眞(고락불관가위진) 고와 낙에 무관하면 가히 진경이라 말하리

이것은 1927년 동선 해제일에 지은 것이다. 한결 도道가 성숙한 느낌을 준다. 문집에 「불법연구회에 정식으로 신입서를 제출하고 박 선생님께 배례 후에 여년을 부탁하다」라고 적은 것이 1925년 50세 때이니, 한의사이던 경산은 이해 2월에 화재로 약방을 몽땅 날리고 고뇌 끝에 정식으로 소태산에게 귀의한다. 유교, 동학, 선교, 야소교를 섭렵한 그는 그 50년의 생애를 고해의 방랑으로 규정하고 불법연구회(원불교)에 와서 낙원에 든 안정安靜을 느낀다. 그리고 낙원과 고해가 따로 있는 것이 아니라 고락에 매이느냐 이를 초월하느냐 하는 그 한 마음에 달렸음을 깨닫는다.

④ 제목 없음

非非是是在來往(비비시시재래왕) 그르니 옳으니 시비함은 오고 감에 있다

往往來來莫是非(왕왕래래막시비) 간다 간다 온다 온다 시비를 마시라

是非來往自都放(시비래왕자도방) 옳으니 그르니 오느니 가느니 스스로 모

두 놓으리라

無限乾坤歸不歸(무한건곤귀불귀) 천지는 끝이 없으니 돌아올런지 말런지 모르겠네

이 시는 문집 부록에 실린 것이니, 아마도 이 문집 말미에 적힌 「癸酉 正月 五日 停筆」이란 기록으로 보아 그해(1933)에 쓰인 것으로 보아야 할 것이다.

여기서 핵심어는 왕래往來와 시비是非다. 추측컨대 이 시는 경산의 일본 왕래에 대한 불법연구회원들의 시비가 소재인 듯하다. 경산은 1928년에 불법연구회의 2대회장에 선출되었다. 『불법연구회규약』(1927)에 보면, 회를 지도 감독하는 총재 밑에 회를 관리하는 회장이 있고 임기는 3년이었다. 1931년 3월 총회에서 재선되어 연임이 된다. 10월에 도일하여 체류하다가, 이듬해 3월에 귀국하여 총회 주재를 한다. 이어서 다시 도일했다가, 경성 어느 환자의 요청으로 진료차 5월에 다시 귀국, 6월에 또 출국하였다. 회장이란 직이 「총재의 명을 承(승)하여 회무를 장리하며 회의에 의장이 됨」(규약 11조)이라면, 그가 비록 공의를 얻은 후에 도일한 것이었고 일본에서도 대판지부를 설립하는 등 포교를 하였다 할지라도 회장의 임무를 다할 수 없던 것은 사실이고[103], 이로 인해 그의 일본 왕래가 시빗거리가 안 될 수 없었을 것이다.

이 시의 내용은 시비에 시달리던 경산이 괴로운 마음을 자위하기 위하여 지은 것이 아닐까 싶다. 그러나 이 작품이 종교시로 취급될 여지는 있다. 왕래·시비는 도일渡日에 한한 것이 아니라 생사거래·시비이해가 인생의 본질 혹

103) 『조옥정백년사』 1932년 기록에 보면 「중대한 책임을 휴대한 사람이 회중 공의를 얻어 외국까지 왔으나 4,5삭을 적체되어 너무 무례하고 죄송하여……총회에 不勝其任함을 무수 사과하되 총재 이하 각 회원의 特愛와 관대함을 인하여 회중 대소사를 잘 진행하고……」로 보아 전후 사정이 이해된다.

은 인생사 제반에 따라다니는 문제이기 때문이다.

⑤ 제목 없음

半島江山問幾城(반도강산문기성) 반도강산에 성곽이야 얼마나 많더냐만
南原處處遺芳名(남원처처유방명) 남원성이 곳곳마다 꽃다운 이름 남겼더라
道氣貫天人不濁(도기관천인불탁) 도기가 하늘을 꿰뚫으니 사람들 탁하지 않고
福音簾地世皆淸(복음렴지세개청) 복음이 땅에 내리니 세상이 다 맑구나
太極旗揚多曙色(태극기양다서색) 태극기 휘날리니 새벽빛이 많고
優曇花發照文明(우담화발조문명) 우담바라 꽃이 피니 문명이 비치도다
錦峯蓼水相應繞(금봉료수상응요) 금암봉 요천수 서로 응하여 두르니
佛澤無量萬億生(불택무량만억생) 부처님 은택 한량없어 억만 목숨 살리도다

1948년 8월 25일, 해방에 이은 정부수립 열흘 뒤에 21명의 묵객이 남원교당에 모여 창화唱和하니 7언율에 주어진 운자는 경운庚韻의 城 · 名 · 淸 · 明 · 生 등이다. 운자에 매이다 보니 자유로운 시상을 펼지기 어려웠겠지만, 함련과 경련의 대구도 대조법까지 동원하여 성공적으로 처리하였다. 특히 나라의 독립과 교당의 낙성을 묶어 축하의 분위기를 잘 띄웠고, 미련에서는 이른바 산태극 · 수태극의 풍수적 배경에 제중濟衆의 기대를 적절히 의탁하고 있다. 다만 제4행의 '복음 운운'은 역시 야소교 장로 출신의 본색을 드러내는 발상이라 할 것이다.

마) 가사

회보 45호(1938.6)에 가사 〈처세가〉가 실렸다. 거의 예외 없는 4 · 4조의 146구로 된 가사로 원불교 교리의 핵심인 신앙문 사은 · 사요와 수행문 삼학 · 팔조 가운데 수행문의 삼학을 조리 있게 정리한 전형적 종교가사다.

(1) 서사 : 처음~무엇으로 주장할까

(2) 본사 : ① 제일먼저 하올 것은~정신수양 힘을 쓰소(정신수양)

② 그 다음에 하올 일은~근본 이치 알아보소(사리연구)

③ 그 나음에 하올 일은~취사공부 바삐 하소(작업취사)

(3) 결사 : 제일 수양 힘을 얻고~끝

완성도가 높은 구성인 데다가 삼학 교리 하나를 이 정도로 완벽하리만큼 자상하게 잘 정리한 가사는 전례가 없다.

눈을 들어 세상 보니 누구누구 모였는고
어화 세상 우리 동포 처세가나 불러 보세
무엇으로 목적하며 무엇으로 주장할까

서사는 이렇게 간단하고 갈끔한 도입부로 되어 있다. 이어서 삼학 중 첫째인 정신수양으로 들어간다.

제일 먼저 하올 것은 정신수양 그 일이네

정신이라 하는 것은 원적무별(圓寂無別) 이 아닌가
방원장단(方圓長短) 없건마는 소소영령 하여 있고
이목구비 없건마는 불생불멸 하여 있고
금도 옥도 아니건만 만물지중 귀해 있고
거래처도 없건마는 분별심도 능히 낸다

내수양 · 외수양을 가려 가며 수양 방법까지 설명하고 나서「어화 우리 동지들아 천하보물 여기 있네/일심정력 다하여서 정신수양 힘을 쓰소」로 마무리를 한다. 다음은 사리연구 과목이다. 역시 사리연구의 취지와 필요성을 자상히 설명하는 데 비중이 가장 크다. 끝으로 인과보응이 되는 이치를 모르는 딱한 이들을 비웃기도 하며 공부를 당부한다.

우연고락 자작고락 당할 때에 하는 말이
선영 분묘 잘 썼더니 이런 영화 돌아왔네
사주팔자 잘못 타서 이런 악운 돌아왔네
산신 용왕 칭찬하고 신장 조왕 탓을 하여
자작지얼 반성 없고 원망생활 그쳤으니
이 아니 가소(可笑)론가 어화 우리 동지들아
죄고도 내가 짓고 복락도 내 지으니
사리연구 어서 하여 근본 이치 알아보소

다음은 작업취사 공부를 설교하는데, 마음공부를 송아지 길들이기에 비유한 소태산의 법설[104]을 연상시키는 대목도 나온다.

정의로써 길들이고 정의로써 실행하면
길 못 들인 저 송아지 자행자지 날뛰다가
굴레 씌워 길들이고 고삐 매어 지도하면
이랴 저라 한 소리에 동정자재(動靜自在) 함과 같이
철모르던 우리 육근 매사 절도 골라 맞고
실행력이 생겨나서 정의 실행 어렵잖네

마지막 결사 부분은 다음과 같다.

제일 수양 힘을 얻고 제이 연구 힘을 얻고
제삼 취사 힘 얻으면 도학군자 예서 나고
현인 보살 예서 나고 명성 활불 예서 났네
개인극락 될 것이요 가정안락 될 것이요
사회평화 될 것이요 국태민안 하올지니
삼강공부(三綱工夫) 어서 하여 처세가로 놀아보세

『조옥정백년사』에 보면 1932년 음력 1월 3일, 대판(오사카)에서 〈출가곡〉을 지어 기록해 놓았다. 이 작품은 62구로 된 가사다. 기 · 승 · 전 · 결 4단 구

104) 〈入禪하는 것은 馴牛하는 것과 같다〉(회보 42호, 1938.2/3)

성으로 되어 있는데, 이국풍물과 함께 각별한 수도 발심이 흥미를 자극한다. 미발표작이므로 전편을 기재한다.

기사起詞는 고국을 떠나 일본에 가는 것을 출가에 견주어 출가곡을 부르게 된 각오를 밝힌다.

출가곡을 불러 볼까 재가곡을 불러 볼까
출가일곡 불러 보세 좋을시고 좋을시고
천지순환 이때로서 뇌급만방 되어 있고
사생 중에 사람 되어 배워 볼 일 무엇인고

승사承詞는 석가의 입산수도나 유성출가에 빗대어 자기 처지를 입시수양이나 유강출가로 바꾼 것이 재미있다. 바다를 건너는 걸 왜 도해渡海 아닌 유강踰江으로 했는가 모르겠다. 뒤에도 도강귀가渡江歸家라 한 걸 보면 현해탄을 의도적으로 강이라 한 것인가? 일어가 통하지 않는 것을 '言語都斷'이라 한 것은 '言語道斷'을 패러디한 것으로 보이거니와 냉돌에서 잠을 못 이루는 것을 수면욕이 떨어져 좋다고 하는 등 해학적 표현이 눈길을 끈다.

입산수도(入山修道) 누구든가 유성출가(踰城出家) 하여 있고
입시수양(入市修養) 내로서는 유강출가(踰江出家) 되었구나
산수횡단 멀리 오니 처자 인연 끊어지고
이풍역속(移風易俗) 하고 보니 편착심이 없어지고

물욕교폐(物慾交蔽) 많은 중에 사념(私念) 자책 절로 되고
독신기신(獨愼其身) 하고 보니 신공법(神工法)이 완전하고
일어불통(日語不通) 하고 보니 언어도단(言語都斷) 되어 있고
냉돌방에 거처하니 수면욕이 떨어지고
흑의(黑衣) 숭상 하고 보니 세탁 범절 간단하고
음식조차 개혁하니 식사부도 한가하다

전사轉詞는 그가 정신적 편력을 거쳐 도달한 구원의 세계, 소태산을 통하여 도달한 최상의 세계를 보여준다. 청풍명월, 남북전쟁, 부귀공명, 두문불출, 화류계 등의 용어가 대표하는 세속적 가치와 고뇌의 강을 건너 그가 마지막으로 몸과 혼을 던진 것은 거진출진의 길이요 단간심불의 길이었다. 청풍명월은 풍월이나 하면서 신선놀음을 하는 것이요, 남북전쟁은 아마도 동학농민항쟁에 이은 청일전쟁을 가리키는 듯하고, 부귀공명과 화류계는 세속적 향락일 것이요, 두문불출은 은둔생활에 대한 유혹일까 싶은데, 이런 것들을 모두 뿌리치고 그가 귀의한 것은 소태산의 도였다. 거진출진居塵出塵은 출가를 전무출신專務出身이라 하는 데 대응한 용어로 재가수도자의 이상형이요 단간심불但看心佛은 성불에의 집념이라 할 것이다. 방원장단方圓長短 이하는 〈처세가〉에서 나온 것과 대동소이하다.

청풍명월 초당 안에 반백(半百) 취한 꿈을 깨니
남북전쟁 저 호적(胡笛)은 강호 밖에 멀어 있고
부귀공명 저 허화(虛華)는 부운(浮雲) 속에 던져 주고

두문불출 수구당은 백발 보고 탄식하고
화류계의 심춘객(尋春客)은 비아박등(飛蛾拍燈) 몰랐도다
거진출진 이내 생애 단간심불(但看心佛) 좋을시고
사람마다 있건마는 그 뉘라서 알아볼까
방촌(方寸) 간에 싸인 영물(靈物) 우주보다 더욱 크고
방원장단(方圓長短) 없건마는 천변만화하여 있고
희도 검도 않건마는 소소영령 하여 있고
눈도 코도 없건마는 불생불멸 하여 있고
비금비옥(非金非玉) 아니건만 만물지중 귀해 있고
거래처도 없건마는 분별심도 장히 좋다

결사結詞에선 다시 입산수도 6년 만에 성도를 하고 제중을 위해 하산(출산귀가)한 석가불을 빗대어 자신은 4년을 작정하고 일본에서 수도를 마치고 귀국(도강귀가)하겠다고 했다. 그가 원하는 것은 부귀공명을 이루고 금의환국하는 것이 아니라 수도인으로서 득도하는 것이다.

육년 만에 도를 깨어 출산귀가(出山歸家)하였던가
대소유무 걸림 없이 천추만년 밝았으니
사년작정(四年作定) 나도 깨어 도강귀가(渡江歸家) 하는 날에
함루도패(含淚渡灞)[105] 누구던고 금의환국 내사 싫네

105) "눈물을 머금고 패수를 건너다"라는 이 말의 전거는 당나라 한유(韓愈, 768~824)의 고사에서 나온 것으로, 여기서는 작자(경산)의 도일(渡日)을 말하려는 것으로 보인다. 박순우(朴淳遇)의 기행가사 〈금강별곡〉에는 「韓公(한공)의 含淚渡灞(함루도패) 그다지 陜隘(협애)던가」가 있다.

법의(法衣) 법장(法杖) 떨쳐 짚고 나무아미타불 하니
음계 양계 다 밝혀서 태평건곤 되리로다

다음은 1932년 3월 총회 후 스승과 동료를 떠나는 도일을 앞두고 지은 것으로, 작정코 작품을 쓰려 한 게 아니라 자연적으로 노래가 되어 나온 것이니, 〈감상의 눈물〉이라 제목 삼은 글 속에 삽입된 것이다.

〈元始大道〉(가제)

현현(玄玄)하고 묘묘(妙妙)한 원시대도(元始大道) 들어보소
유일무이(唯一無二) 전해 오니 천지인(天地人) 삼재운수(三才運數)
불선유(佛仙儒)라 명칭하고 각자 문호 열어놓니
인연 따라 수성(修性)·양성(養性)·견성(見性) 공부
수천재(數千載)에 왈시왈비(曰是曰非)
그 가운데 도시 유일무이함을 지금까지 못 깬 것을
원시시절 회복하여 삼강대도(三綱大道) 수수지법(授受之法)
닦고 보니 유일무이 이 아닌가
천선(天仙) 지불(地佛) 인지유(人之儒)는 어느 누가 없단 말가
심선(心仙) 체불(體佛) 행지유(行之儒)는 일신 중에 포함하고
불선유(佛仙儒)를 통합하여 수양·연구·취사다가 붙여 놓니
명기일이통기만(明其一而通其萬)이라
천존시대(天尊時代) 다 지나고 인존시대(人尊時代) 왔단 말가
천존(天尊) 모신 내 몸으로 믿고 믿고 수양하면

인신합발(人神合發) 자연 되어 천존님이 주는 복록
무위이화(無爲而化) 성공이라 도강귀가(渡江歸家) 하는 날에
눈물 씻고 괄목상대(刮目相對) 좋을시고
열정의 맺힌 눈물 점적(點滴)한 그 자리에
개개(箇箇) 성단(成丹) 분명되어 도덕문명 결실되면
천추만년 걸림 없이 안광낙지(眼光落地) 되었구나
밝은 눈을 다시 들어 종사주(宗師主) 모셔 앉고
헌수삼배(獻壽三盃) 하는 시(時)에 전일 눈물 빚어내어
잔을 채워 권권(勸勸)하고 세세동락(世世同樂) 하오리라

이 글을 보면 경산이 박학하다는 것만은 새삼 알 수 있다. 우선 그 전문용어의 구사가 매우 다양하다. 그러나 선뜻 이해되지 않는 부분도 없지 않다. 선·불·유를 각기 천·지·인 혹은 심·체·행에 대응시키는 것은 재미있지만, 불·선·유의 순서로 수양·연구·취사 혹은 수성[106]·양성·견성을 배열하는 것은 일관성이나 근거가 부족하다. 요지는 소태산의 법(삼강대도)이 천·지·인, 유·불·선을 통합한 원시대도다, 하는 결론이다.

경산이 열반한 이듬해 원광 22호(1958.4)에 유고로 실린 가사 〈토아옹타령〉을 가사 작품의 마무리로 삼겠다. '토아옹'이란 흙으로 빚은 벙어리저금통을 의인화하여 쓰는 말이다. 1931년 경산은 고향 원평에 교당(金山지부→院平지

106) 修性은 率性의 착오가 아닐까 싶다.

부)을 설립하여 지부장이 되었다. 1935년(을해년)에 이 작품을 짓는다. 이 작품 소개문을 보면 「당시 금산지부 유지비 및 육영금 적립을 위한 헌금운동을 장려하는 뜻으로 지은 것인바……」라 하였으니 교당에서 모금 방법으로 공용 벙어리저금통을 설치하였던 모양이다. 당시엔 지금처럼 플라스틱 제품이 아닌 토기(질그릇) 제품이기에 '土啞(흙벙어리)'라 한 것이다. 114구로 되었다.

(1) 서사 : 처음~내게 호소 이러하다

(2) 본사 : ① 둥글둥글 벙어리라~마오 마오 그리 마오

② 좋던 마음 어디 두고~애고 답답 설움이야

③ 부유(蜉蝣) 생활 애석하다~어서 속히 먹여 주오

(3) 결사 : 욕심 없는 벙어리니~끝

을해(乙亥) 정월 십오야에 홀로 지부(支部) 앉았으니
이내 마음 깨우는 듯 이내 귀에 은은하게
무슨 소리 나는 듯이 훌쩍훌쩍 하는구나
훌쩍훌쩍 하는 소리 어디로써 나오는고
벽장 안에 벙어리가 후유 한숨 쉬는 듯이
자탄가(自嘆歌)를 몇 말 지어 내게 호소 이러하다

서사, 즉 도입부다. 벙어리저금통을 토아옹으로 의인화하여 그가 탄식하는 소리를 이 가사 내용으로 한다는 사연이다.

본사①인즉, 저금통을 들여놓게 된 경위와 그 동안 사랑받았던 과거 기억을

나열하고 있다. 본사②는 현재는 제대로 돈을 넣어주지 않아 배가 고프다는 비유로 그 설움을 해학적으로 처리한 솜씨가 놀랍다. 아래는 그 일부다.

당신네는 하루 세 때 잊지 않고 꼭 먹어도
목마르네 배고프네 못 살겠다 하면서도
이내 벙어리 팔자는 못 먹고서 굶은 지가
于今(우금) 몇 날 몇 밤인가 애고 답답 설움이야
문전걸식 하자 한들 수족구비(手足具備) 못 되었고
야간투식(夜間偸食) 하자 한들 이내 체면 안 되었고
영영 굶고 마자 한들 나의 본분 아니로다
어찌 하면 좋을손가 애고 답답 설움이야

본사③은 모금 동참을 설득하는 대목이다. 「양식 낼 때 한 술 뜨고 옷감 뜰 때 몇 푼 남겨」 식으로 방법까지 일러 주는 친절함이 흥미롭거니와 주목되는 것은 야소교 장로 출신다운 수사법이다. 「맡겨 놓은 그 보물이 좀도 먹지 아니하고 녹도 슬 리 만무하며 도적맞기 가망 없고 씩지 않고 징원하니」기 그것이니, 이는 성경 〈마태복음〉에 「오직 너희를 위하여 보물을 하늘에 쌓아 두라. 저기는 좀이나 동록이 해하지 못하며 도적이 구멍을 뚫지도 못하고 도적질도 못하느니라」(6:20)의 재판이다.

결사는 이런 식으로 마무리된다.

음계 양계 쌓인 공덕 지은 대로 받을 테니

오늘 저녁 호소한 말 부디부디 잊지 말고
벽상(壁上)에다 기록하며 육비(肉肥)에다 새겨 두고
날과 백년 인연 두면 어찌 아니 좋을손가
둥글둥글 굴러가서 삼십육 년 대회상[107]에
참가할까 하나이다 에라 만세 나무아미타불

여기서도 흥미로운 구절이 보인다. 「육비(肉肥)에다 새겨 두고」와 「에라 만세」다. 앞엣것은 「돌비에 쓴 것이 아니요 오직 육(肉)의 심비(心碑)에 한 것이라」(고린도 후서 3:3)가 전거다. 이 작품의 '肉肥'는 기독교에서 '육의 심비'의 약칭으로 쓰는 '肉碑'의 오기다.[108] 뒤엣것은 〈성주풀이〉나 〈말명굿〉 등 무가에 흔히 쓰이는 여음구다. 여기서는 굿의 마무리 단계에서 나오는 날만세받이 그대로이니, 지역에 따라 '에라 만수'로도 쓰이는 바로 그것이다.

이 작품과 관련 있는 또 하나의 작품이 있다. 김영신의 〈경성명물(京城名物)인 토구사업(土口事業)을 본 나의 감상〉(약칭 京城土口歌)이다. 경산의 '토아'가 여기서는 '토구'로 바뀌었다. 경산 작품보다 3년 전에 월보 41호(1932.10)에 발표된 이 작품은, 가사체 창가로 4구 단위로 분절하여 10개 절로 되어 있다. 역시 의인법을 쓰고 있는데 일부를 소개한다.

107) 소태산이 정한 회상 역사 단위는 대(代, 1대는 3기)와 회(回, 1회는 12년)다. 이 가사 쓰일 때는 원기 20년이니까 16년 후인 1951년이 1대말이니까 그때까지 기념사업에 동참하자는 취지에서 나온 말로 보인다.

108) 원문을 구해 보지 못해 확인할 수 없기에, 경산의 오기인지 《원광》의 오식인지는 알 수가 없다. 심비란 심장에다 새긴 비란 뜻이니 명심(銘心)과 통한다.

① 칠팔년 전 장안 안에 정산당(鼎山堂)[109]의 창조로서/자연화(自然華)[110]의 양육 받아 벙어리 탄생했네

② 매월에도 삼차씩은 고픈 배를 채려고/인자하신 모주전(母主前)에 일자 입을 벌리지요.

③ 일년이면 삼십육회 대중공양 할 적마다/이목구비 없는 나를 사욕 없다 칭찬하며

④ 먹고 먹어 배부르면 먹여놓고 토하라네/벽력같이 쏟고 보면 동전 백통 지화로다

6) 마무리말

경산은 종교사상적으로 다양한 편력을 가지고 있고, 그런 의미에서 그의 작품에는 다양한 사상편력의 자취가 드러남으로 해서 흥미를 돋운다. 그는 한시에 조예가 깊었지만, 장르적 관심 분야가 넓어 다양한 창작 실험을 보여준다. 한시는 많이 지었으되 종교문학(원불교문학)이란 관점에선 질 · 양 양면에서 그다지 성공적이지는 못했고, 창가도 수준이 높다고 할 수 없다. 나반 성공적 분야는 가사라고 할 만하다. 〈처세가〉 〈출가곡〉 및 〈토아옹타령〉 등이 남아 있거니와 그의 문집에 든 글 속에서 가사체의 세련된 기술記述이 종종 발견되는 것으로 보더라도 이 방면에 그의 재능이 확인된다.

109) 정산 송규를 가리킨다. 1927년 경성지부 교무로 부임하였는데 그때 모금함격인 벙어리저금통을 설치했음을 말한다.

110) 김영신의 할머니 민자연화를 가리킨다. 경성지부 창립유공자로서 이 토구사업(募金)에도 공로가 큼을 알 만하다.

자. 고산 이운권의 문학

1) 들머리말

고산高山 이운권李雲捲은 벽촌에서 지냈지만, 전통학문인 한문을 수학한 것 말고도 신식 교육을 받았다. 반드시 그 때문이라고는 못 해도 그는 한문학 외에 시조, 가사 및 신시 등 다양한 작품을 썼다. 그러나 실은 한시가 압도적으로 많고, 한문도 품격이 높다. 연보에 보이는 한학 수학은 유아기에 그쳐 있지만, 실은 영산에서 정산 송규와 7년 동안 동거하면서 가르침을 받아 상당한 경지에 이른 것으로 보인다.

그가 1990년까지 살았고, 현대적인 논설문 등을 많이 썼다 할지라도 그의 문자 생활이 현대문학 아닌 근대문학에 머물 수밖에 없었던 이유는 충분히 이해된다.

2) 고산 이운권의 생애

1914년, 전남 영광군 묘량면에서 부친 함평이씨 형기와 모친 신이경 사이에서 4남 2녀 중 2남으로 태어났다. 본명은 운행雲行, 법명은 운권雲捲, 법호는 고산高山이며 필명으로 관조觀照를 쓰기도 했다.

5세부터 조부 이동범으로부터 한문을 익혀 『천자문』『통감』『명심보감』 등을 수학하였다. 8세에 영광공립보통학교에 입학하여 6년 수학 후 14세에 졸업하였고, 15세에 서당을 개설하여 후배들을 가르쳤다. 17세에 정득원과 결혼하였고, 19세에 소태산을 만나 법명을 받고 출가 서약을 하였다.

20세에 익산총부에 가서 출가하고, 이후 정산 송규와 주산 송도성 등의 지도로 교무생활에 전념하면서 동산선원장, 서울출장소장, 수위단원, 교정원장 등 요직을 담당하였다. 1954년, 휴간 중이던 교단 기관지《원광》을 복간하였고, 서울출장소장이던 1965년에 한국종교협의회 발족에 참여하면서 월간《종교계》를 창간하여 통권 7호까지 낸 바 있다. 한학에 능하고 서예에 빼어나서 한시문과 서예작품을 다수 남겼다. 63세(1976)에『중용』『금강경』『도덕경』을 중심으로 유불선 삼가의 사상을 강론한『삼가정수(三家精髓)』를 펴냈다. 1990년, 77세로 열반에 들었고, 법위는 출가위로 사정되었다. 응산 이완철이 숙부이고, 가족 중에서도 두 딸을 비롯하여 다수의 출가자가 나왔다.

3) 고산 이운권의 문학유산

1992년에 '고산종사문집' 3권이 발간되었는데 이 중 제3권『고산법어(高山法語)』에 발표작이든 미발표작이든 거의 다 수렴되어 있는 것으로 보인다. 다만 추가로 발굴된 남원교당 낙성축시 1편이 있다.

① 시조 : 〈심경(心鏡)〉〈인생〉〈고향〉〈선음(禪吟)2〉 등 4편

② 신시 : 〈나의 기도〉 1편

③ 가사 : 〈승평곡(昇平曲)〉) 1편

④ 한시 : 〈기도음(祈禱吟)〉 등 41편

⑤ 문장 : 한글 〈극락세계를 건설합시다〉 외 20편, 한문 〈성리대요(性理大

要)〉 1편

기타 12편의 법설과 자서전 〈나의 구도기(求道記)〉가 있어 참고자료가 된다. 이 가운데 문장은 주로 논설로서 문학으로 다룰 성질이 아닌 것이 태반이고, 한시 가운데도 성격상 종교문학에서는 논할 만한 가치가 없는 것도 있어서 선별 처리가 부득이하다.

4) 작품론

가) 시조

고산의 문학활동은 《회보》 20호(1935)에 연시조 〈심경〉을 발표하면서 시작되었다.

〈心鏡〉

하느님 주신 보배 일편 영대 거울이라
번듯이 한번 들면 온 천하가 빛이로다
밝은 빛 향하는 곳에 무엇이 막으랴

일월이 밝다 하나 농중에 노는 새라
무형한 그곳까지 어찌 능히 비춰 주랴
아마도 광피일원은 그 거울뿐인가

어와 벗님네야 그대 가진 보배거울

사풍우 심한 곳에 삼가 두지 말아서라

모처럼 밝힌 빛을 더럽힐까 하노라

한글로만 되어 있는 이 작품을 독해하기에 도움이 될 것이 고산의 4언 한시 〈심보음(心寶吟)〉이다. 여기엔 마음의 비유가 가지가지로 총 출동한다. 마음거울(心鏡), 마음비파(心琴), 마음저울(心衡), 마음자(心尺), 마음구슬(心珠), 마음칼(心劍), 마음배(心舟) 등이다. 이 가운데 '마음거울'을 보면 「吾有心鏡 明逾日月 光被天下 時省照鑑乎」(나에게 '마음거울'이 있으니 밝기가 일월보다 더한지라 천하에 두루 비추어 때로 살피고 비춰보는가) 이렇게 되어 있다.

제1수에 '일편(一片) 영대(靈臺) 거울'은 '한 조각 마음거울'이니 이 마음의 밝음을 강조했다.

제2수에선 이 밝음을 일월과 비교하여 해와 달이 '농중(籠中)의 새'(조롱 속의 새)로 은유되어 마음이 한결 더 밝다고 하였다. 일월은 유형한 곳밖에 못 비추지만 마음거울은 무형한 곳까지 비추기 때문이다. '광피일원(光被一圓)'[111]은 진리의 궁극인 일원에 닿을 수 있는 것은 마음뿐임을 설한다. '심즉불(心卽佛)'이니 '즉심시불(卽心是佛)'이니 하는 말이 그래서 나온 것이요, 소태산도 애초엔 '법신불 일원상'이라 하기 전에 '심불 일원상'이라 했던 것이다.

제3수의 '사풍우'는 砂와 風雨의 결합으로 보이는데 '모래비바람'으로 풀어야 하려는가 싶다. 요컨대 마음을 잘 닦아 그 총명한 빛을 흐릴 일은 하지 말

111) 일반에게 생소한 '光被○○'는 그 근거가 『서경』〈堯典〉에 나오는 '光被四表 格于上下'에 있을 것이다. 요임금의 광채가 사방 천하에 미친다는 뜻이니, 光被四海, 光被天下…이렇게 번져간다. '光被一圓'은 이런 향외적인 조명이 아니라 향내적 조명이라는 점이 색다르다 하겠다.

라는 것이겠다.

이 정도라면 마음의 본질에 직핍直逼하는 것으로 보아 선시조로 평가할 만하다. 다만 익숙지 않은 한자어가 과다하여 대중적 이해를 구하기엔 한계가 있다. 수정과 윤문을 거쳐 원불교성가 114장(하늘이 주신 보배)으로 쓰고 있다.

다음은 〈선음〉 시리즈 중 〈선음〉2로 명명된 것이다.

〈禪吟〉2

흰 구름 넌즛 안고 맑은 바람 휘돌은 곳에
밝은 달 촛대(燭臺) 삼아 묵묵무어(默默無語) 앉았으니
심행처(心行處) 멸진처(滅盡處)에 백구(白鳩) 따라 잠들더라

참선의 경지를 읊은 것이니 중장의 '밝은 달'도 심월心月로 봄이 옳을 듯하다. 소태산 〈대각송〉의 「淸風月上時」를 절로 상기시킨다. '심행처 멸진처'는 언어도단의 짝이 되는 것이니 불가사의한 경지를 가리킴이요, '백구 따라'는 물아일체의 자리를 보임일 터이다. 선시조의 구색을 고루 갖춘 셈이다. 원광 6호(1954)에 실렸다.

다음은 〈고향〉이니, 여기서 고향이라 한 것은 마음의 고향, 자성불 자리를 가리킴이다.

〈故鄕〉

풍랑을 무대 삼아 가는 곳이 어디메뇨
험한 산 깊은 물에 방향조차 묘연(渺然)하니

당초에 행리속장(行李束裝)이 뜻 아닌가 하노라

구도자의 시련과 방황을 그린 것으로 볼 수 있다. 그런 의미에서 이 역시 선시조의 반열에 들 만하다. 원광 6호(1954)에 실렸다.

이밖에 〈인생〉은 구태의연한 현실도피적 주제를 다루고 있어 종교적 의미를 부여하기엔 부족하다.

나) 신시

신시 〈나의 기도〉는 원광 창간호(1949)에 실렸다. 4개 연으로 되어 있고, 각 연의 첫 행은「오오 임이여! 임은 굽어 살피소서」를 반복하고 있어서 신시의 관행을 떨치지 못한 듯하다. 표현에 있어서도「교교한 거울 바다 바람 없는 임의 바다에」혹은「목자 잃은 어린 양, 멀고 먼 사막의 길에」처럼 비유법을 동원한 부분과,「한 달도 좋고 두 달도 좋고 일 년 삼백 육십 일에 싫증이 없을 테니」처럼 설명적인 부분이 섞여 있는데 참신성은 떨어진다. 참고삼아 마지막 연만 적어 둔다.

오오 임이여! 임은 굽어 살피소서.
유구한 세월에 진실한 마음으로
광막한 천지에 명랑한 처사로 살고자
소소한 진리 속에 속임 없는 대의로 살고자
오늘도 이렇게 빌고 내일도 이렇게 빌고
아니 영생을 이렇게 비오리니

오오 임이여! 임은 굽어 살피소서.

다) 가사

다음은 가사 〈승평곡〉(원광 12호, 1955)을 보자. 이 작품은 모두 8개의 단락으로 되어 있고, 각 단락의 첫머리는 「어화 세상 벗님네야 이내 말씀 들어보소」로 시작된다. 총 주제는 제목[112]에도 보이고 마무리 행에도 나왔듯이 '천하태평 승평세계'를 이룩하자는 것이지만, 단락별 주제가 명확히 차별화되지는 않는다.

1단락: 세상이 원망병으로 혼몽 중이다

2단락: 음양상승 도를 따라 장차 밝은 세상이 온다

3단락: 주세성자가 나와 무상대도를 내셨다

4단락: 대명천지가 되어 만물이 화생하는 승평성세가 올 것이다

5단락: 선후천이 바뀌는 만고 대운이 올 것이니 작심수도로 준비하자

6단락: 상생상화로 일심정화하면 세계평화를 이룬다

7단락: 마음 닦아 도통하면 시방세계가 평화 안락할 것이다

8단락: 마음 닦아 감사 보은 생활을 하면 상생으로 태평세계가 온다

작품 말미에 '세계평화를 기원하면서'라는 사족이 붙었지만, 아마도 한국전쟁의 소용돌이 끝에 휴전이 이루어진 시점에서 평화의 염원이 이 작품을 낳았

112) 태평한 세월을 노래한 곡조(또는 그런 노래)란 뜻의 이 제목은, 조선 후기의 가객 안민영(安玟英, 1816~?)이 엮은 가집 이름에서도 보이지만, 아무래도 〈목우십도송〉 제6송 무애(無礙)에 나오는 '一曲昇平樂有餘'를 전거로 삼지 않았을까 싶다.

을 것이다.

가사라는 장르 자체가 이미 시효가 끝난 것이듯이 이 작품은 전반적으로 고전적 흐름을 벗어나지 못하고 있다. 몇 가지 표본을 열거하고자 한다.

① 잠거포도 하는 때에 시호시호 오는 때에
② 순음박괘 지나가면 일양부생 되었으니
③ 기연기연 하는 것이 여차여차 우여차라
④ 서산낙일 하는 때에 월출동령 기약하니
⑤ 천시불여지리이요 지리불여인화로되

① '잠거포도'는 『황석공소서』의 「潛居抱道 以待其時」에서 나온 것으로 대산 김대거가 자주 쓰던 말이기도 하고, '시호시호'는 남사고의 『격암유록』 등에 자주 보이는 「時乎時乎不再來」, 특히 최수운의 〈검결〉에 나오는 「시호시호 이내시호 부재래지 시호로다」를 떠나서 받아들이기 어렵다.
② '순음박괘'는 주역에 나오는 '純陰 · 剝卦'요 '일양부생' 역시 『주역전의대전』에 보이는 「積陰之下一陽復生」에서 나왔을 법하다.
③ '기연기연'은 최수운의 〈불연기연〉에 나오는「其然其然又其然」에서 따온 듯하고, '여차여차우여차(如此如此又如此)' 역시 최수운의 〈흥비가〉 〈교훈가〉에 거듭 나오는 구절이다.
④ '서산낙일 월출동령'은 민요나 판소리 등에 흔히 나오는 「日落西山에 해는 지고 月出東嶺에 달이 솟아온다」의 편집이다.[113]

113) 작자는 한시 〈이상음(理想吟)〉에서도 「日落西山月出東」으로 쓰고 있다.

⑤ '천시불여지리(天時不如地利)'나 '지리불여인화(地利不如人和)'는 맹자에 나오는 말을 옮겨 쓴 것이다.

이밖에도 일일이 지적하진 않겠지만 소태산의 가사에서 내용과 표현을 빌려온 것이 종종 눈에 띈다.

라) 한시

고산의 한시로는 〈대만여행〉이 4수 있으나 다룰 만한 것은 아니고, 앞서 언급한 〈심보음〉이나 〈처세지도(處世之道)〉 〈십대성찰(十大省察)〉 〈처세육연(處世六然)〉처럼 시로서는 격을 갖추지 못한 작품도 있고, 신년이나 제야에 소감을 쓴 시, 조시弔詩 등 기념시도 상당수 있다. 이렇게 작정코 쓴 본격시가 적다 보니 웬만한 것들은 제쳐두고 종교적 의미와 가치를 가진 시들만 골라 다루기로 한다. 한시에는 번역이 따랐는데 이는 필자인 고산 자신의 새김으로 판단되어 그대로 병기한다. 앞에서 언급한 추가 발굴 작품은 남원교당낙성식에서 21명이 창화한 한시 중에 든 것이다.

〈塵境〉

水火不相容(수화불상용) 물과 불이 상극일지나
造化水火轉(조화수화전) 조화를 이루나니 상생되네
塵境非常道(진경비상도) 티끌 경계 떳떳한 길 아니지만
功成塵境中(공성진경중) 그 속에서야 공을 이루네

〈이 하나〉

空中日月白明明(공중일월백명명) 허공의 저 해와 달 밝고 밝아

萬象森羅昭昭映(만상삼라소소영) 삼라만상 역력히 비추어 주는구나

心地慧光無不燭(심지혜광무불촉) 마음바탕 지혜광명 비추지 않은 것 없고

自他迷悟一相圓(자타미오일상원) 사람 사는 모든 일이 이 하나 아닌가

압운을 무시한 5언시와 7언시다. 〈진경〉은 언제 지은 것인지 모르나 전쟁 후에 남북 관계를 염두에 두었을지도 모르겠다. 「얼음과 숯불은 서로 용납지 않는다(氷炭不相容)」는 말이 있지만, 물과 불, 그 상극의 관계가 영원한 것이 아니라 전변하여 상생으로 되는 것이 우주의 조화다. 그러므로 부조리하다 하여 속세를 피할 일만 아니라 그 가운데서 제중사업을 해야 한다. 제생의세가 속세를 떠나 산속으로 들어간다고 될 일은 아니다.

한시에 붙여진 〈이 하나〉라는 한글 제목은 이채롭다. '一相圓'을 의역한 것일 듯도 하다. 일월이 삼라만상을 밝게 드러내는 것과 같이, 깨닫고 보면 우리 마음 세계도 지혜 광명이 안 미치는 곳이 없다. 자타미오自他迷悟 간에 불성이 깖아 있지 않은 것은 어디에도 없다. 역설이나 색다른 은유 따위를 볼 수 없어서 아쉽긴 해도 자성의 본질을 직관한 선시라 하겠다.

다음은 시조 〈선음〉2와는 별개로 지은 한시 〈선음〉1이다.

〈禪吟〉1

清晨端坐養浩然(청신단좌양호연) 맑은 새벽 단정히 앉아 호연의 기운 기를 제

天地與我一相圓(천지여아일상원) 하늘과 땅 나도 하나 되어 두렷하다네

調息無念萬籟絶(조식무념만뢰절) 숨을 고루고 생각을 비우면 일체 소리 끊어지고

水昇火降十方淵(수승화강십방연) 물기 오르고 불기 내리면 시방이 고요하네

身根浮上虛空藏(신근부상허공장) 몸은 둥둥 띄워 허공에 갊아 두고

心月玲瓏局外連(심월영롱국외련) 마음은 영롱히 판 밖에 이었다네

勸君那伽大龍定(권군나가대용정) 그대여, 크나큰 정에 들어 보게나

無爲無作撒手閑(무위무작살수한) 하염없는 곳, 공부 거두어 한가롭네

앞엣것은 7언율로 然 · 圓 · 淵이 선운先韻으로 각운을 맞추었으나 뒤엣것은 각운을 무시했다. 앞엣것은 새벽 좌선에서 선의 3요소라 할 자세(端坐), 호흡(調息), 마음가짐(無念)을 고루 갖추고 있고, 소태산의 좌선법은 단전주선이기에 '수승화강'(맑고 서늘한 물 기운은 오르고 탁하고 뜨거운 불기운은 내림)이 이루어진다. 그 상태에서 천지와 사람이 하나로 합쳐진다. 「天地與我一相圓」은 소태산의 〈영주〉에 나오는 「天地與我同一體」의 변형일 뿐이다.

뒤엣것 역시 좌선의 상태를 몸(身根)과 마음(心月)으로 나누어 보여 준다. 몸은 공중부양을 하듯 어떤 장애도 되지 않는다. 드맑은 마음은 매임이 없으니 천지와 연결된다. 예의 〈영주〉에선 「我與天地同心正」에까지 나아가리라. 이 심락을 혼자 누리기 아까워 남에게도 권하는 것이다. 참으로 큰 선정(那伽大定)에 들고 보면 어떤 작위도 없이(無爲無作) 니르바나를 이룬다. 여기에 문득 '撒手(손을 뿌리침)'가 눈길을 끈다. 생각건대 「懸崖撒手丈夫兒」(야부도천 선시)에서 따온 것은 아닐 것이요, 그렇다면 「我今撒手歸山去」(순치황제

출가시)에서 인용한 것은 아닐까. 「오늘아침 좌선 때에/극락 맛을 보았지요/서방정토 안 갔어도/극락 맛을 보았지요」 하고 노래한 주산 송도성의 시 〈좌선을 마치고서〉처럼, 앉은 자리에서 천상을 왕래하며 극락 맛을 보는 경지가 아니겠는가.

고산의 시에는 제야除夜나 원단元旦에 쓴 것이 꽤 있다. 다음 〈제야음〉2도 그 중 하나다.

〈除夜吟〉2

萬籟俱寂鍾聲高(만뢰구적종성고) 온갖 소리 고요한데 종소리 높고

露地白牛誰知閑(노지백우수지한) 초탈한 흰 소 알고 보면 한가하리

城外一隅忘年客(성외일우망년객) 성 밖 한 모퉁이 세월 잊은 객이 되어

呑吐乾坤猶裕閑(탄토건곤유유한) 하늘땅 마셨다 뱉으니 넉넉할 뿐이네

이 시는 1973년(계축) 제야에 쓴 것으로 되어 있다. 이 시기는 이른바 '인장사건'[114]으로 고산이 교정원장직에서 물러나 '탈계 6년'이란 징계를 받고 60세 나이로 운수납자 생활에 들어간 때였다. 20세에 출가하여 40년 세월을 보낸 후 교단 행정수반에까지 올랐으나 하루아침에 초라한 나그네로 전락한 「성외일우망년객」에게 있어 제야의 종소리가 유난히도 가슴을 때렸으리라. 기구起句, 이때가 탄허呑虛를 찾아가 오대산 월정사에 머물던 시점에 해당하지 않았

114) 1973년, 당시 교정원장이던 고산의 양해 하에, 교무부장 이은석이 교단 발전을 위한 차관을 얻기 위해 절차를 무시하고 교단 인감을 사용한 사건.

을까 싶다.[115)]

그래도 자위할 것은 '검은소'에서 '흰소' 되도록 40년 키워 온 마음소가 아닐까 보냐. 승구는 〈목우십도송〉 6번 「露地安眠意自如」(한데서 한가로이 편안하게 잠을 자니)와 8번 「白牛常在白雲中」(흰 소는 언제라도 백운 중에 들었으니)에서 나온 것이지만, 〈제야음〉1에서 보이는 「聾漢牧牛三四載/滿腔懷緖金光還」(귀머거리로 소 기르기 34년/가슴 가득한 회포 금빛 되어 돌아오네) 하고 읊던 1966년 제야와 비교하면 많이 쓸쓸하다.

결구는 혜심(1178~1234)의 선시구(呑吐乾坤無不可)나 경허(1849~1912)의 선시구(適有乾坤呑吐客)에도 보이거니와, 고산은 그가 그리던 달마도의 제발題跋로도 이 구절을 애용했다. 요컨대 울울한 심경을 달래고자 한 것이니 주제는 '猶裕閑'(오히려 마음은 넉넉하고 한가롭다)에 있다 할 것이다.[116)]

말이 나온 김에 이 무렵(인장사건으로 징계 받아 물러난 이듬해인 1974년)에 쓴 〈신년송〉2를 보자.

〈新年頌〉2

水山山水水山轉(수산산수수산전) 물은 산으로, 산은 물로, 물과 산이 바뀌고

天地地天天地空(천지지천천지공) 하늘은 땅으로, 땅은 하늘로, 하늘 땅이

---

115) 탄허와 고산은 같은 호남 출신에 연령이나 출가 시기가 거의 같다. 두 사람은 다 유불선에 조예가 깊었거니와 1953년에 탄허가 익산으로 고산을 찾아온 이후 교유가 계속되었다.(고산의 〈나의 구도기〉 참조)

116) 대산 김대거 종법사도 이를 놓고 「자고로 불가에서는 수행하는 사람을 통칭하여 건곤탄토객(乾坤呑吐客)이라 하였다」하면서 수행자의 스케일을 강조한 바 있다.

비었네

無是無非亦是非(무시무비역시비) 옳은 것은 없고 그른 것도 없다는 것이 또 한 시비러니

去來來去去來空(거래래거거래공) 간 것은 오고, 온 것은 가서 거래마저 비었다네

1 · 2구는 『금강경오가해설의(金剛經五家解說誼)』[117]에「天地地天天地轉/水山山水水山空」이 보이기 시작한 이래 약간의 형태변이를 보이며 선가에서 흔히 쓰이고, 대산 김대거의 〈천지인화〉에서도 유사한 구조가 보인다. 핵심어라 할 문자는 '轉 · 空 · 是非'이다. 음양상승처럼 산수가 전변함이 소태산 〈게송〉의 「有는 無로 無는 有로」와 대응하고, '天地空'이나 '去來空' 역시 같은 작품의 「有와 無가 俱空이나」와 연결된다. 그래도 끝내 아픈 것은 제3구의 '是非'였을 것이다. 그래서인가, 여래선 단계인 '俱空'에 머무르고 조사선 단계인 '具足'에까지 나아가지 못했다.

이런 작시법은 고산의 다른 작품 〈이상음〉에서도 반복된다.

〈理想吟〉

(전략)

生來死去本無相(생래사거본무상) 삶과 죽음이 본래 무상이라

日落西山月出東(일락서산월출동) 해는 서산에 지고 달은 솟아오르네

117) 함허(涵虛, 1376~1433)의 저서로, 해당 구절은 제17 究竟無我分에 나온다. 해당 2개 구에 후속하는 나머지 2개 구는「天天地地何會轉/山山水水各宛然」이다.

天地地天天地展[118](천지지천천지전) 하늘이 땅, 땅이 하늘 천지 펼쳐지고

水山山水水山空(수산산수수산공) 물이 산, 산이 물이나 물과 산이 비었다네

비록 관행적으로 반복 사용될망정 진리의 구극을 직관함으로써 선시의 본령을 보여주고 있음은 부인할 수 없다.

〈원단음〉2는 1976년, 원기 61년(병진) 원단에 쓴 것이니, 소태산이 대각을 이룬 지 한 갑자가 돌아 병진년이 다시 온 것이다.

〈元旦吟〉2

天開地闢六旬經(천개지벽육순경) 하늘 땅이 열리고 60년 지나

飛龍在天時雨降(비룡재천시우강) 신룡이 하늘에서 때맞춰 비 내리네

一滴千金無不貴(일적천금무불귀) 한 방울이 천금이라 무척 귀한 것을

相生萬物豈可量(상생만물기가량) 상생하는 만물인들 어찌 헤아리랴

천개지벽은 소태산의 대각과 원불교의 개교를 함께 이른 것이니, 승구는 소태산이 법을 펴서 그 은덕이 세상에 내림을 뜻하는 것일 게다. 한 방울이 천금 같은 법우法雨가 온 세상 인류를 살려내는 공덕을, 개교 회갑을 맞아 새삼 찬양한 것이다. 주역의 「飛龍在天 利見大人」을 염두에 두고 우신雨神으로서의 용을 주세불 소태산으로 은유하고 있다.

〈원단음〉5는 1981년 작으로, 7언 8구다.

---

118) 제3 · 4구에서 展과 空에 주목할 필요가 있다. 앞에서 말한 바 〈신년송〉2의 1 · 2구나 함허의 저서 해당 구절에서 보면 하나같이 轉과 空이다. 왜 여기서 轉이 나올 자리에 展이 나왔는가 납득하기 어렵다. 생각건대 展은 轉과 음이 같다 보니 생긴 오기로 보인다.

〈元旦吟〉5

電光石火年輪新(전광석화연륜신) 번갯불 같은 세월은 또 새해를 맞으나

大地山河本自然(대지산하본자연) 대지와 산하는 본래 스스로 그러하다

刹刹塵塵是道場(찰찰진진시도량) 낱낱의 티끌이 이 도량

頭頭物物法王身(두두물물법왕신) 사물의 형체는 법왕신

性天心月亘千載(성천심월긍천재) 성품의 하늘 마음의 달은 천년에 밝고

海印能仁無大天(해인능인무대천) 해인이 인을 이뤄 견줄 하늘 없네

呑吐乾坤方外客(탄토건곤방외객) 하늘을 삼키고 땅을 토하는 걸림 없는 객

虛空法界碎爲庄(허공법계쇄위장) 법계를 부수어 평지를 만드네

제1구는 변하는 이치, 제2구는 불변하는 이치다. 제3,4구가 원불교 표어 「處處佛像(곳곳이 부처님) 事事佛供(일마다 불공)」의 변형임을 깨닫기는 그리 어렵지 않다. 무학의 열반송에 「塵塵刹刹法王身」이 나오고, 나옹의 열반송에 「刹刹塵塵皆我造 頭頭物物本眞鄕」이 나오니 표현이나 수사는 결코 낯선 것이 아니다.

제5구를 연마하려면 다음의 〈원단음〉3(1978년 작)과 함께 보는 것이 좋을 듯하다.

〈元旦吟〉3

性天心月(성천심월) 성품 하늘에 마음 달은

慧月獨露(혜월독로) 지혜의 달 홀로 드러나

性天心地(성천심지) 성품 하늘 마음 땅에

無時不燭(무시불촉) 항상 비추지 않음이 없다

여기서 동원된 은유들은 대개 관행적인 것들이다. 제6구의 「海印能仁」조차 의상의 〈법성게〉에 나온 「能仁海印三昧中」 이래 여러 사람의 게송에 보인다. 아무튼 고산은 창의적인 표현을 기피하고 일부러 익숙한 소재, 익숙한 비유를 끌어다 썼다. 그는 '낯설게 하기'[119]를 통해 독자들에게 참신한 '시'를 선뵈려던 게 아니라 단지 친숙한 용어로 후진들에게 '법'을 설하고자 한 것이다. 종교적으로는 문제가 없으나 문학적으로는 '아니올시다'이다. 물론 고산만의 문제는 아니지만, 이것이 고산 한시의 한계이기도 하다.

제7구는 앞에서 이미 말했다. 제7구는 주어라면 제8구는 술어다. 「허공 법계를 부수어 평지를 만들어 버리는」 단계에서 수행은 완결된다.

이밖에도 〈우음(偶吟)〉1 · 2와 〈조시(弔詩)〉2 · 3 또는 〈설악음(雪岳吟)〉과 남원교당낙성축시 등이 눈길을 끄나 일일이 언급하지 않겠다.

마) 문장

고산의 법설은 고금의 법문과 일화, 유불선의 경문 등을 인용하면서 비근한 실제 생활에 맞추어 재미도 있다. 논설문은 회보, 원광, 종교계 등에 실린 것으로 문학성을 논하기엔 무리가 있다. 다만, 한문현토체의 〈성리대요〉를 눈여겨 볼 만하다. 글의 말미에 「丁巳年(정사년) 이른 봄에 기장정사(機張精舍)

119) 러시아 형식주의의 주요한 문학적 수법. 일상화되어 친숙하거나 반복되어 참신하지 않은 사물이나 관념을 특수화하고 낯설게 하여 새로운 느낌을 갖도록 표현하는 것을 이른다.

에서 쓰다」라 한 것으로 보아 1977년 부산 기장교당에서 지은 것으로 보인다. 그 해는 64세로, 원로수위단원에 피임된 해이기도 하고, 『삼가정수』를 낸 이듬해다. 〈마음의 눈을 밝히는 글〉이란 부제가 달려 있어 집필 의도를 보여주고 있다.

대산 김대거의 〈채약송〉 〈정진문〉 등에서 보듯이 한문으로 진리의 요체를 정리한 글이다. 구성은 ①서설序說 ②성설性說 ③이설理說 ④심설心說 ⑤기설氣說 ⑥결어結語의 6단으로 되어 있다. 오늘날 시각으로 보면 문학으로 다룰 것은 아니요 철학적 논설이라 할 것이나, 주무숙의 〈태극도설〉 계통으로 문장 자체가 갖춘 매력만으로도 주목받을 가치가 있다. 이런 문장의 수사는 간결하면서도 대구 · 대조 · 반복으로 종횡무진하는 그 현란함이 강점이라 할 것이다.

원문만 붙여 둔다. 〈성리대요〉란 제목은 일찍이 이이정李而楨(1619~1679)이 주자서를 절록하여 같은 이름으로 편술한 적이 있다.

〈性理大要〉(마음의 눈을 밝히는 글)

① 一物長靈하여 獨露眞光이라. 無礙無滯하여 豁然貫通이로다.
先天地生하고 後天地存이나 無名無相하고 無聲無臭하여 不可思議로다.
強名曰 性理心氣 四端으로 釋之니라.

② 性者는 天地之本이요 萬物之源이라 其本而無形하고 其源而無象하여 巍巍蕩蕩하여서 了然無倫컨만 蓋天蓋地하여서 微妙玄通이로다. 無始無終하여 如如常存이라 言語道斷하고 心行處滅이라 無所不在하고 無時不燭

하나니 一理之元이요 萬法之宗이로다.

③ 理者는 諸佛之覺路요 萬聖之門戶며 凡夫衆生之家鄕이니 理之一字가 衆妙之胎盤이다. 不生不滅하여 三際一如하고 無去無來하여 耀古騰今이라 含包十方하고 周遍法界하니 大機大用이 無盡無窮이라 朗然獨尊悠悠自適이로다.

④ 心者는 神明之機요 感應之緣이나 其機無跡하고 其緣無實이라 隨機應變하고 遇緣從容하니 統帥天機하고 制動事理하여 攝用歸體하고 攝體歸用하여 大小多少에 毫釐不差하나니 是心之功이요 是心之造化로다.

⑤ 氣者는 相勝之根이요 生動之力이라 其根이 實以大道가 運行하며 其力이 充以大德이 蘊蓄하나니 大道大德이 都在氣發이라 有情無情이 氣之所使요 生死輪廻가 氣之造化요 因果報應이 氣之聚散이로다.

⑥ 然이나 性理心氣가 其源則一也라 統而言之컨대 體用而已라 性理爲一이요 心氣亦不二로다.

然이나 實無體用이라 體不離用하고 用不離體라. 本卽是用이요 用卽是體라 只是動靜이 有之하니 靜之則 性理俱寂이나 歷歷孤明하여 無善無惡호대 動之則 心氣迥徹이라 適應現實하여 能善能惡이로다.

故로 應用事物而硏鍛心功하여 達乎究竟하면 本無動靜이라 體用頓絶하나니 寂寂惺惺하여 照感無惑이라 公案에 云 天上天下에 唯我獨尊이라

하나 呵呵大笑로다 是我者大賊이로다 喝喝

5) 마무리말

고산문학은 그가 익힌 한학을 떠나서 생각하기 어렵다. 한시는 말할 것도 없고, 시조나 가사나 신시조차 그렇다. 문학적 감수성과 종교적 영성은 고산문학의 또 다른 자산이기도 하고 상당한 성과를 거둔 것도 사실이지만, 문학적 평가에서 부딪히는 한계는 한문학이 처한 시대적 좌표를 벗어날 수 없다는 점이다.

고산문학이 이룩한 성취 중 가장 성공적인 것이 선시라고 한다면, 여기에 또 하나의 벽이 버티고 있음을 알게 된다. 말하자면 원불교의 선시가 불교 선승이 읊은 선시류의 유사품 정도로 평가받아도 되는가 하는 의문이다.

원불교문학이 불교문학의 한계를 뛰어넘을 차별성을 어떻게 모색하고 독자성과 정체성을 어떻게 확보할 것인가, 이것이야말로 원불교문학의 숙명적 과제이다.

이상으로 아홉 문인의 문학 이야기를 다 마쳤다. 엄격히 말하면, 아홉 사람의 문인은 현대인이 아니고 근대인이며 그들의 문학은 현대문학이 아니고 근대문학이다. 또한 그들은 프로페셔널 문인이 아니고 아마추어 문인이다. 그러나 그들이 원불교사에서 종교적으로 우뚝한 인물들이듯이 원불교문학사에서 발군의 인물들인 것도 부정할 수 없다. 식민지시대라는 시대적 상황을 비롯하여 문학을 할 여건이 열악했던 풍토까지 감안할 때 그들을 평가할 여지는 한결 넓어진다. 물론 평가는 당대 사회를 전제로 해서만 할 일은 아니고, 현대적 안목에서도 평가받아야 한다. 그러다 보니 불편한 진실을 드러내는 일도 주저할 수 없었다.

필자의 작업은 새로운 원불교문학 건설의 초석을 놓기 위하여 거쳐야 할 과제였다. 이런 작업을 통하여 원불교문학의 정체성도 수립하고 원불교문학의 지향도 모색해야 할 것이다. 과거를 돌아보는 것은 현재의 좌표를 점검하기 위한 것이요 미래를 건설하기 위한 정지작업이기도 하다.

문득 원불교문학의 수위단을 구성해보면 어떨까 하는 생각이 났다. 최고위 10인으로 구성하는 단團 조직이다. 소태산을 단장으로 하면 여기 9인을 포함하여 문학수위단이 결성될 것이다. 법력을 중심한 최초 수위단 구성원 가운데 단장 소태산 박중빈, 중앙 정산 송규, 단원 삼산 김기천 등 3인이 들어 있다. 여기에 응산 이완철, 주산 송도성, 구타원 이공주, 원산 서대원, 대산 김대거, 경산 조송광, 고산 이운권 등이 자리를 잡으면 안성맞춤 문학수위단이 될 법하다.

훈산 이춘풍을 빠뜨린 것이 아쉽다. 그는 생전에 회보 등 공적 지면에 거의 발표하지 않았지만, 유고로『산중풍경』을 남겼다. 상당한 작품들이 있지만 당대에 독자를 갖지 못했다는 것은 당대문학으로서 치명적 한계다. 그래도 아쉽기에 참고론에 넣어 따로 다루었다.

그리고, 1945년 이전에 등장한 이들을 대상으로 하여 원불교 근대문학을 다루다 보니 조금 뒤에 나온 범산 이공전을 다루지 못했다. 21세기에 들어선 현재(2010년대)까지 생존한 범산은 역시 현대문학에서 다루는 것이 맞을 것 같다.

Ⅲ

원불교문학 딸린풀이

Ⅲ 원불교문학 딸린풀이

가. 종교와 문학의 동반자적 관계
–원불교문학의 정체성 탐색–

1) 들머리말

소태산 박중빈의 가사 작품을 대하면서 원불교문학에 관심을 가지게 된 것이 1980년대였고, 1985년 이래 나름대로는 꾸준히 논문을 쓰고 구두 발표의 기회도 가졌다. 그동안 저서『소태산 박중빈의 문학세계』를 비롯하여 7,8편의 관련 논문을 썼고, 2004년에는 논문 아닌 전기소설『소태산 박중빈』1·2권을 내놓기도 했다. 이런 과정에서 자연스레 종교와 문학의 관계 설정에 관심을 두게 되었다. 그러다 보니, 원불교 문학이란 것의 정의는 무엇이고 또 그 지향은 어떠해야 하는가를 화두 삼아 고심하게 되었고, 이에 대한 시론試論[120]을 이미 발표한 바도 있다. 불교문학이라 하든 기독교문학이라 하든 각기의 입장에서 하는 종교문학의 개념 정리나 정체성 확인은 피해갈 수 없는 과제이듯이, 개교 100년을 앞둔 원불교의 처지에서도 이제는 원불교문학의 차별성

120) 이혜화,「원불교 문학의 건설 모색」,《원불교문학》2호, 원불교문인협회, 1996.

과 정체성을 짚고 넘어가야 할 필요가 절실하다고 본다.

이 논문은《원불교문학》제9집(2006)에 발표된 것을 다소 수정한 것이다.

2) 종교와 문학의 관계

앞의 시론에서는 종교와 예술(문학)의 관계가 세 가지 측면에서 검토된 바 있다. 참고삼아 요지를 다시 정리하면 이렇다.

첫째, 성聖과 속俗의 이분법적 세계관을 가지고 본다면, 종교는 성스러운 가치 실현에 목표를 두고 예술(문학)은 속된 가치 추구에 집착한다. 그러나 속세를 떠날 수 없는 종교가 속된 가치를 갈망하는 신자들의 요구를 외면할 수 없듯이 인생 전반을 다루는 문학이 성스러운 가치를 동경하는 호모 렐리기오수스(homo religiosus, 종교적 인간)의 현실을 도외시할 수 없음도 당연하다. 그러므로 종교와 문학은 성속 이분법을 극복하고 교집합적交集合的 가치를 능동적으로 수용하는 관계 설정이 필요하다.

둘째, 가치론에서는 흔히 항구적이고 본질적인 최상위의 가치 분류를 진 · 선 · 미 · 성으로 4분하고, 각각 문화적으로 학술 · 도덕 · 예술 · 종교에 대응시킨다. 그렇게 보면, 미적 가치로서의 예술과 성적 가치로서의 종교는 동 차원에서 대등한 관계를 가진다는 논리도 가능해진다. 그러나 이들 가치를 4분했다고 하여 동급의 배타적, 상보적 가치라고 보기는 어렵다. 왜냐하면 성적 가치의 외연에 진 · 선 · 미가 두루 포함되는 것이라는 의견이 지배적이기 때문이다. 그렇다면, 종교와 예술 사이에는 가치 충돌이 있는 것이 아니라, 종교적 가치 체계 속에 예술(문학)이 일정한 지분을 가지고 참여하는 것으로 볼 수 있다.

셋째, 종교와 예술(문학) 사이에 전통적으로 있어 왔던 대립과 갈등은 재검토되어야 한다. 종교가 문학을 한갓 선교에 봉사하거나 호교적 역할을 맡은 '시녀'로 보지 말고 문학이 가진 자족적 가치와 기능을 인정하여 '반려'로서 자리매김을 해줘야 한다. 아울러 문학의 영원한 지향인 휴머니즘이 종교의 궁극적 지향을 벗어나는 것이 아님을 안다면, 문학 역시 종교 가치를 적극적으로 수용할 필요가 있다.

종교의 핵인 경전의 본질 하나를 놓고도, '종교적 문학'이라고 보는 것이 문학적 시각이라면 '문학적 종교'라고 보는 것이 종교적 시각이다. 종교는 문학이란 도구의 힘을 빌려 번창하였고, 문학은 종교를 후견인 삼아 장족의 발전을 누릴 수 있었다. 그러나 이렇게 상생의 관계에 머무를 수만은 없는 까닭이, 종교가 절대세계를 신앙하고 선험적 수용을 요구하는 데 비하여 문학은 상대세계를 탐구하고 체험적 인식을 지향함으로써 우주와 인생을 이해하고 설명하는 방법과 태도가 다르기 때문이다. 그러므로 문학은 과학과는 또 다른 위치에서 종교와 갈등을 일으킬 소지를 안고 있다. 종교와 문학의 이러한 친화와 갈등의 관계를 유교적 안목에서 짚어 본 최근덕의 접근법은 검토할 가치가 있다고 본다.

그는, 종교가 궁극적인 언어로 절대자의 의지를 묵시하고 명령하고 구속하는 것이라면, 문학은 보다 유연하고 미적이고 생동감 있는 언어로 절대자의 의지를 소화하고 전달하고 찬미하는 것으로 보았다. 또, 절대자의 의지가 인간의 의지로 승계되고 인간의 의지에 의해 절대자의 의지가 표출되는 현상으로 보아 유교의 전통적 도문일치론道文一致論을 강조했다. 특히, 그는 송유宋儒의 태극음양설과 이기론理氣論을 원용하여, 종교를 태극 또는 이로 보고 문학을 음양 또는 기로 보았다. 이가 정적이면 기는 동적이고 이가 형이상이라면 기는 형이하라, 여기에 종교와 문학을 대입시켜서 본다면, 종교가 원리 · 묵시요 문학은 표현 · 형식이다. 그러므로 굳이 선후를 가린다면 종교가 먼저요 문학이 그 뒤를 따른다고 하겠으나, 이와 기는 둘이면서 하나요 하나이면서 둘인 관계로 문학을 종교의 하위에 두거나 예속시키려 해서는 안 된다고 보았다.[121)]

그러면 종교나 문학이 반려로서 관계를 가지기 시작한 초기의 모습은 어떠했는가를 살펴보자.

메소포타미아에서 무려 4천 년 전에 쓰인 것으로 알려진 『길가메쉬(Gilgamesh)』는 신화를 다룬 종교적 서사시[122)]이며, 기원전 8세기 호메로스의 『일리아드』와 『오디세이』 또한 표면은 영웅시로되 그리스인의 신학 체계를 충실하게 구현하고 있는 점에서 종교 서사시이며, 서기 1~2세기경에 쓰인 것으로 추정하는 인도의 『바가바드기타(Bhagavad Gita)』는 힌두이즘의 종교 서사시이며, 같은 무렵에 나온 마명馬鳴의 『불소행찬(佛所行讚)』은 불교 서사시의 원조다. 자그마치 1,028편으로 구성된 고대 인도의 『리그베다(Rigveda)』, 150편을 담고 있는 기독교 구약의 『시편』, 공자가 305편으로 편찬한 『시경』 등의 종교시는 종교와 문학이 동전의 양면처럼 밀착한 본보기이기도 하다. 이렇게 시가적 장르문학의 형태로 전해지는 경우가 아니어서 독

121) 최근덕, 「유교와 문학」, 한국종교학회, 『종교와 문학』, 서울: 소나무, 1991.
122) 최근덕, 「유교와 문학」, 한국종교학회, 『종교와 문학』, 서울: 소나무, 1991.

립된 작품으로 대우받지는 못하지만 신화나 설화 등 산문 서사장르에 속하는 것들도 많은데, 기록으로 수렴되어 경전문학으로 자리 잡은 것이든 구비전승의 길을 밟은 것이든 그들도 엄연히 종교문학에 속한다. 불경[123]에 들어 있는 비유담이나 본생담, 구약에 갈무리된 신화와 비유담 등은 물론, 이제는 종교적 배경을 잃어버린 그리스 · 로마 신화 등도 역시 유서 깊은 종교문학이다.

우리나라의 경우에도 무가巫歌 가운데 신들의 내력담인 본풀이 계통은 서사적 종교문학의 전형이다. 본풀이 없이는 한국 무교의 신앙 체계나, 굿 의식이 성립할 수 없을 만큼 그 비중은 크다. 더구나 한글 반포 후 첫 작업으로 나온 결실이 운문에 종교 서사시『월인천강지곡』[124]과 산문에 종교 전기물『석보상절』이었다는 것은 시사하는 바가 크다.

이렇게 종교와 문학은 그 기원으로부터 밀접한 공생 관계를 가지고 출발하였거니와 이후 성장 배경에서도 동반자로서의 관계를 한 때도 단절한 적이 없다.

서양문학의 전통은『신곡』의 단테,『실낙원』의 밀턴,『레미제라블』의 위고,『파우스트』의 괴테,『부활』의 톨스토이 등이 기독교의 배경 없이 이런 문학을 생산한다는 것은 상상조차 할 수 없는 일이다. 동양에서 유교나 불교가 문학과 공유한 체험도 마찬가지다. 경전 중시냐 문학 중시냐 하는 알력[125] 같은 것이야 없지 않았지만 모든 유생들은 시문을 창작하지 않으면 존립할 수가 없었다. 중국의『서유기』나 조선의『구운몽』같은 서사문학도 방대하거니와 승려

123) 예컨대,『십이부경』(十二部經)의 제7 아바다나는 비유담, 제9 자타카는 본생담으로 돼 있고, 제4 가타는 게송집의 성격을 가진다. 이들이 각각『비유경』『본생경』『법구경』등의 근거이기도 하다.

124) 운문으로 된 한글 작품으로는『용비어천가』가 조금 앞서지만 이것은 한글 반포 이전에 지어졌고, 서사적 체계로 볼 때도 일관성이 없어서 진정한 장편 서사시는 못 된다.

125) 중국의 경우 북송 때 변법(變法)을 주장한 왕안석과 구법(舊法)을 고수하려던 소식의 대립이 대표적이고, 한국에서는 조선 중종 때 조광조 등의 도학파와 남곤 등의 사림파 대립이 대표적이다.

를 비롯한 불도들의 시가문학은 더 말할 여지가 없다. 특히 한국 불교문학의 경우 〈제망매가〉〈도천수관음가〉〈원왕생가〉 같은 향가나 〈서왕가〉〈심우가〉 등의 가사가 한국문학사에서 차지하는 비중은 막중하다. 종교와 문학의 이런 유대는 기독교나 불교 혹은 유교 같은 노대종교뿐 아니라 근세에 성립한 신종교에도 적용된다. 뒤에 다시 언급하겠지만, 한국의 경우는 동학과 원불교 같은 예를 들 수 있다.

3) 종교문학의 개념

불교문학이니 기독교문학이니 하는 말은 쉽게 쓰지만, 정작 종교문학의 개념 정리는 잘 안 되고 있는 것 같다. 역사가 깊고 많은 작품을 가지고 있는 기독교 쪽에서도 기독교음악이나 기독교미술 등은 개념 정리를 끝냈으면서도 기독교문학에 대한 명확한 개념 규정은 이루어지지 않고 있는 것처럼, 종교문학의 개념 규정을 정밀하게 하는 것은 어렵고도 위험한 시도일 수 있다. 그러나 설령 글자 그대로 시도에 그칠지라도 어차피 종교문학의 개념 정리를 피해갈 수는 없다.

사전적 의미로는「종교적인 내용이나 정신을 주제로 하는 문학」「종교적 내용을 담아 교훈적인 색채가 짙은 문학」[126]에서 더 나아갈 바가 없지만, 필자는 예의 시론에서 모색한 바를 보완하여 사상, 소재, 용도, 작자 등으로 나누어 논하고자 한다.

126) 앞의 것은『표준국어대사전』(국립국어연구원, 1999), 뒤에 나온 것은『국어국문학자료사전』(한국사전연구사, 1995)이 출처임.

첫째, 종교문학에는 종교사상이 담겨 있다는 것이다.

여기서 사상이라고 한 것은 특정 종교의 세계관이나 교법을 말하는 것이니, 이것을 작품의 주제 내지 주류적 정신으로 볼 수 있다. 유교 쪽에서 조상숭배(혈통주의), 안빈낙도, 권선징악, 충효열 등의 사상을 말한다면, 불교에선 공사상(제행무상), 왕생정토, 윤회전생, 인과응보, 숙세인연 등의 사상이 선호되고, 기독교에선 구원(메시아니즘), 죄의식(원죄 · 속죄 · 대속), 종말론(심판), 기독교적 신비주의 및 박애주의 등을 내세울 만하다. 여기서 이런 사상이 담겨 있는 작품이라고 하여 해당 종교의 문학이라고 손쉽게 단정할 수 있는 것은 물론 아니다. 극단적으로 한 작품 속에 안빈낙도, 인과응보, 박애주의가 공존한다고 하여 이 작품이 동시에 유교, 불교, 기독교 문학에 소속될 수는 없기 때문이다. 또는 문학 작품으로 이들 사상을 한둘이라도 긍정적으로 수용한 경우는 흔할 법한데 그렇다고 하여 태반의 문학 작품을 모조리 종교문학으로 분류하는 것도 비현실적이다. 적어도 작품의 흐름을 압도하고 주재(主宰)하는 사상 및 정서가 아니면 논의의 여지가 없다 할 것이다.

둘째, 종교문학에는 종교적 소재가 사용된다는 것이다.

앞에서 말한바 종교사상을 담보하는 재료로서는 종교적 소재가 궁합에 잘 맞을 것은 두 말할 필요가 없다. 종교적 소재로서 가장 선호된 것은 경전이요 다음은 교조나 그 제자들의 전설적 생애라고 하겠다. 그러나 여기서도 한갓 소재주의에 빠져 기계적으로 분류한다든가 단편적 소재나 화소 및 용어의 인용을 분류 기준으로 잡아서는 설득력을 잃을 것이다.

예컨대 조선조 문인들의 경우, 국시인 성리학의 폐쇄성에도 불구하고 그들은 시문에서 적선謫仙이나 유선遊仙의 모티프를 애용하고 도선적道仙的 용어를 용사用事 기법으로 활용하는 일을 꺼리지 않았다. 그렇다고 하여 그들 유가의 작품이 곧 도교문학으로 분류될 수 없음은 자명하다.

결국 작품 안에서 차지하는 그 소재의 비중이 기준으로 될 법한데 여기서는 양적 측면과 질적 측면이 함께 고려돼야 할 것이다.

셋째, 작품의 용도가 분류의 중요한 기준이 될 수 있다는 것이다.

종교의 성립, 운영 및 선교를 위한 도구로서 기능하는 문학인가 여부를 잣대로 삼는 것인데, 이런 측면에서 잠재적 종교문학을 3개 그룹으로 나누어 볼 만하다. 첫째 그룹(A그룹)은 종교의 성립이나 운영의 필수물로 기능하는 작품이다. 이것은 종교음악 같은 경우도 해당할지 모르겠지만, 초기의 종교문학은 종교 자체와 분리될 수 없었을 것이다.[127] 경전으로서도 그렇고 각종 제례나 의식에 쓰인 시문이 그렇다. 지금도 이런 작품은 경전에 준하는 종교문서나 성가를 위하여 혹은 종교적 행사용으로 계속 만들어지고 있다.

둘째 그룹(B그룹)은 신앙적 열정이나 선교적 필요 내지 호교적 의도에서 나온 작품이다. A그룹의 연장선상에 있다고 하겠지만, 종교 성립이나 운영의 필수물은 아니고 보조물 역할에 머무른다. 음악 쪽에서 본다면 찬송가(hymn)를 A그룹, 복음성가(gospel song)를 B그룹으로 보는 것과 마찬가지다. 불교의 경우 게송이나 고승전高僧傳은 이 그룹에 속할 것이다. 한국 개신교의 경우 특수 목회 체험자들을 대상으로 써서 주목받은 전기소설 『낮은 데로 임하소서』(이청준), 『내 잔이 넘치나이다』(정연희) 등도 여기에 속할 것이다.

셋째 그룹(C그룹)은 종교 사상이나 종교적 소재를 적극적으로 수용하긴 했

127) 아마도 다음의 성경 구절이 종교와 문학의 일체성을 드러내는 본보기로 해석되어 무방할 것이다. 「태초에 말씀이 계시니라. 이 말씀이 하나님과 함께 계셨으니 이 말씀은 곧 하나님이시니라.」(요한복음 1:1)

어도 종교적 목적의식과 무관한 작품이다. 특정 종교와의 관계가 앞의 두 그룹에 비하여 느슨하고 대신 순문학적 지향성이 강한 점이 특징이다. 그러므로 이 그룹에 명작이 많고, 후세로 올수록 세가 더욱 강화되고 있다. 기독교의 경우,『주홍글자』(호돈),『좁은 문』(앙드레 지드),『황무지』(T. S. 엘리엇),『죄와 벌』(도스토예프스키),『어린 양』(모리아크) 등이나『사반의 십자가』(김동리),『사람의 아들』(이문열) 같은 작품들이 이 그룹에 속한다고 하겠다.

그러나 용도로 종교문학을 규정할 경우, 종교문학의 내포는 넓어질지언정 외연이 축소됨으로써 앞의 두 그룹(A, B)만이 종교문학이고 C그룹은 종교문학에서 제외되기가 십상이다. 문학 쪽에서 보면 그들 작품이 도구로서의 종교문학으로 규정되기를 달가워하지도 않겠지만, 종교 쪽에서 볼 때도 그들이 종교적 통제권 밖에 있기 때문에 해당 종교에 반드시 우호적이란 보장도 없으려니와 오히려 정통 교리나 권위에 역기능으로 작용할 여지까지 있는 것이 사실이다.

넷째, 작가의 종교적 소속에 따라 판별하는 방법이다.

종교적 소속감이 강하여 현시적이든 묵시적이든 자기 문학을 특정 종교에 귀속시키는 경우는 이 작가의 작품을 해당 종교의 문학으로 분류할 수 있을 것이다. 대표적인 예는 성직자들의 작품이 되겠다. 승려의 작품은 불교문학, 신부나 목사의 작품은 기독교문학이 될 개연성이 많다는 것이다. 이를 더 확대하면 독실한 신앙인(평신도)이라면 그의 작품은 종교문학으로 분류될 여지가 많다. 그러나 이런 기준은 많은 위험을 안고 있음이 사실이다. 성직자 내지 독신자篤信者의 작품이라고 하여 모두 종교문학이 될 수 없고, 소속된 종교와는 무관한 종교문학을 쓰는 경우도 많기 때문이다. 예컨대 승려인 한용운의 작품이 모두 불교문학은 아니라든가[128] 가톨릭 신자인 최인호가 쓴『길 없는 길』이나『유림』이 불교문학이나 유교문학으로 일컬어질 수도 있기 때문이다.

이밖에도 종교문학으로 분류하거나 특정종교의 문학으로 소속지우는 일에는 색다른 접근법도 있을 것이다. 범패가 불교, 오라토리오가 가톨릭, 칸타타가 개신교의 음악적 양식이라면 거기에 쓰인 문학도 각각 해당 종교의 문학임을 벗어날 수는 없다. 내용이나 용도 이전에 양식이 이미 소속을 결정짓는다는 말이다. 이슬람문학(아랍문학)의 경우, 사상 뿐 아니라 언어 · 문법 · 운율 등의 요소까지『코란』이 절대적 기준이 된다. 이런 예에서 보듯이 종교문학 일반의 개념이나 특정 종교문학의 개념을 규정하는 일은 문화 배경이나 종교 배경에 따라 다양할 수가 있을 것이다.

아무튼 앞에서 말한 사상, 소재, 용도, 작가 등을 기준 삼아 종교문학의 개념 규정이나 분류를 시도할 수가 있으나 그것이 나름대로 한계를 가지고 있음도 지적하였다. 가장 바람직한 것은 이들 요소를 복수로 적용한 기준을 판별도구로 쓴다면 오류를 줄일 수 있을 것이다.

4) 원불교와 문학

원불교와 문학의 인연은 다른 어느 종교보다도 긴밀하다고 하겠다.

교조 소태산 박중빈은 구도 과정에서 적어도 세 가지 문학체험을 가진다.

---

128) 한용운의 작품 중 시는 제쳐 놓더라도 소설『박명』과『흑풍』은 불교문학이 전혀 아니다.

하나는 소리 잘하는 글방 친구와의 교우다.[129] 지역적 배경으로 보아 판소리와 남도 민요였을 것으로 보이는데, 문학적 측면에서 볼 때 판소리는 서사문학이요 민요는 대개 서정문학으로 볼 수 있다. 또 다른 하나는 그가 산신 기도(삼령기원상)에서 실망한 뒤 도사 찾기 단계(구사고행상)로 넘어가는 기연이 된 고소설 접촉이다. 16세 때 그는 처가에서 『조웅전』 또는 『박태보전』 읽는 것을 듣다가 감동되어 산신이 아닌 도사에게 도를 묻기로 결심했다는 것이다. 셋째 번 체험은 비록 짧은 서당 생활이었을망정 한문학을 접했다는 것이다. 10세 때 있던 1차 서당 생활에서는 아닐지라도 15세 때인 2차 서당 생활에서는 한시 명구 모음집인 『추구(推句)』를 비롯하여 다수의 한시 · 한문을 접했을 것이다.

소태산이 문학 수용자에 머무르지 않고 문학 생산자로 변신한 것은 26세에 대각을 이룬 이후다. 그의 문학 창작은 한시와 가사라는 두 방향에서 두드러진다. 대각의 환희를 읊은 「청풍월상시 만상자연명」 이래 상당량의 한시를 지었고, 〈경축가〉 〈탄식가〉 등 십여 편의 가사를 노래했다. 한시가 식자층을 겨냥한 것이라면 가사는 서민 대중을 상대한 것이어서 그의 종교문학적 배려가 돋보이는 대목이기도 하거니와, 특히 고소설이나 판소리 등의 영향권에서 만들어진 〈회성곡〉 〈안심곡〉 같은 가사들은 그의 문학체험을 그대로 반영하는 것이어서 흥미롭다.[130]

이렇게 교조로부터 시작된 원불교문학은 그의 추종자들로 하여금 종교문

129) 「……내가 어려서 얼마동안 같이 글 배운 사람 하나가 있는데, 그는 공부에는 뜻이 적고 광대소리 하기를 즐겨하여 책을 펴놓고도 그 소리, 길을 가면서도 그 소리이더니 마침내 백발이 성성하도록 그 소리를 놓지 못하고 숨은 명창 노릇 하는 것을 연전에 보았고……」(대종경, 수행품 14)

130) 이에 대해서는 필자가 『소태산 박중빈의 문학세계』(깊은샘, 1991)에서 상세히 다룬 바 있다.

학적 성격의 한시 · 한문이나 가사를 짓게 하였다. 특히 가사의 경우 초기 간행물에 발표된 것만 추려도 약 30명이 90여 편의 작품을 발표했는데 김기천 같은 제자는 질과 양 양면에서 탁월한 가사 작가였다. 그 후로 개화기 시가의 일반적인 흐름에 따라 창가唱歌가 대량으로 발표되었고 그 일부는 후에 성가 가사로 채택되기도 했다.[131)]

해방 후 《원광》《원불교신문》 등 기관지와 《원불교문학》《소태산문학》 등 회지를 통하여 많은 문학작품이 발표되었고, 재가 · 출가 문인들이 종교문학으로 분류할 만한 작품을 개별적으로도 발표하였다. 아울러 원불교문학에 대한 연구물도 나오고, 문인회 등 각종 단체 활동도 이루어지고 있다.

5) 원불교문학의 정체성

이제부터는 앞에서 언급한 종교문학의 개념 정리를 근거로 하여 원불교문학의 정체성을 논해 보기로 한다.

먼저, 원불교 문학에는 '작품의 흐름을 압도하고 주재하는 사상'으로서 원불교 사상이 담겨 있어야 한다는 것이다. 원불교 사상이라 하면 핵심 교법을 얼른 떠올리겠지만, 문제는 후발 종교로서 선발 종교(특히 불교)와 차별화된 것이 아니면 정체성이 드러나지 않는다는 것이요, 또는 교법이 가지는 종교적 비중이 문학적 효용까지 담보하는 것은 아니라는 것이다. 두고두고 개발해야 하겠지만, 우선 통종교적 일원주의一圓主義와 삼동윤리三同倫理, 은사상

131) 이종화는 원불교 초기에 발표된 시가를 장르 구분 없이 230편으로 집계하였는데, 이 가운데 가사와 한시류를 제외하면 1백 편 내외가 창가 가사에 해당할 것으로 본다. 이종화, 「원불교 초기 정기간행물의 시가 연구」Ⅰ · Ⅱ, 원불교문인협회,《원불교문학》2 · 3집, 1996~7.

恩思想과 감사생활, 후천개벽관과 평등주의, 영육쌍전식 통합주의와 중도주의 등 원불교적 세계관과 구세의식을 떠올릴 만하다. 그러나 종교일반의 보편성, 불교와 겹치는 교리, 신종교와 공유하는 시대의식 등으로부터 어떻게 차별화하여 원불교적 시각과 색깔을 드러내느냐 하는 것이 과제라고 하겠다.

둘째, 원불교적 소재가 '비중 있게' 사용돼야 한다는 점이다. 『대종경』이나 『교사』 등 교서에 들어 있는 자료가 그것이다. 구도 · 대각 · 방언 등 대종사의 십상(十相)을 비롯하여 교조와 초기 출가 · 재가 제자들의 생애와 구도 · 전법의 과정 및 실화 · 전설 등도 좋은 소재가 된다. 영원한 진행형이겠지만, 후대 인물의 전기적 자료나 교화 현장의 감동적 소재는 더할 나위 없이 좋은 소재다.[132] 교단사가 짧기 때문에 소재가 풍부하지 못한 것도 사실이지만 있는 소재조차 아직 활용되지 못하는 점을 오히려 아쉬워할 일이다.

셋째, 작품의 용도로 보아 그것이 원불교에 얼마나 쓸모 있게 기능하느냐 하는 것이다. 원불교의 성립과 운영을 위한 필수물인 A그룹에 속하는 것들은 무엇인가. 『정전』『성가』의 가사, 또는 『예전』의 의식문에 쓰인 시문은 원칙적으로 여기에 속한다고 볼 일이다. 소태산은 자신의 글을 『법의대전』이란 이름으로 엮었다가 모두 소각하도록 지시했다. 처음엔 『법의대전』이 A그룹의 위상을 가졌지만 소각 사건은 이를 B그룹(보조물)으로 강등시킨 것을 뜻한다. 동학에서 『용담유사』나 『동경대전』 등 수운문학이 가지는 위상은 부동의 A그룹이지만, 소태산 문학으로서의 가사나 한시 등은 B그룹일 수밖에 없다. 다만, 앞에서 밀한 대로 〈일원상서원문〉이나 〈게송〉등을 비롯한 일부 시문은 A

132) 여기서 신앙 수기나 감각 · 감상을 곧장 원불교문학으로 보려는 시각에 대해서는 신중한 접근이 필요할 것으로 본다. 기독교의 경우, 이른바 간증문학이 기독교문학의 본령에 포함될 수 있을지 회의적인 분위기가 여전히 남아 있다.

그룹에 속한다. 송규의 가사 〈원각가〉는 B그룹이지만, 그 일부가 성가로 채택된 〈망망한 너른 천지〉(성가 106장)는 A그룹이다. A그룹이든 B그룹이든 그것의 문학성 여부가 논란의 대상이 될지언정 종교적 용도에서 굳이 이의를 달 것은 없다.[133] 그러나 C그룹은 용도 쪽에서 위상이 불안하다. 물론 C그룹이 작자의 의도와는 무관하게 B그룹 내지 A그룹으로 승급될 여지는 열려 있다고 하겠다.

넷째, 작자의 종교적 소속이 원불교 성직자나 교도일 경우다. 원불교문인협회 회원의 절반은 출가자다. 성직자의 문학 활동이 활발하단 의미이기도 하다. 재가교도로서 작품 발표가 활발한 이들도 많다. 작자가 교도라면 작품이 원불교문학이냐를 판별함에 있어 훨씬 도움이 될 것은 틀림없다. 그러나 원불교 교도는 아니로되 원불교 사상과 원불교 소재를 사용하여 원불교문학에 참여할 수도 있지만[134], 또 한편으로 보면 원불교 문인이라고 반드시 원불교문학을 하는 것도 아니다.[135] 이 말을 뒤집어 말하면, 원불교 교도 문인이 글을 쓰면서 원불교적 사상이나 소재를 의식적으로 구사하려 한다든가, 교법에 저촉되는 글이 되지 않을까 자기 검열에 빠진다든가, 하는 일은 바람직하지 않다는 얘기이기도 하다.

원불교의 정체성과 더불어 원불교문학의 정체성은 완료형이 아니라 진행형이다. 앞에서 말한 네 가지 측면의 개념 정리가 원불교 문학 정체성 확립에

133) 〈불자의 노래〉(원불교성가, 18장)는 춘원 이광수가 애초에 유일학림(원광대학교 전신)의 교가 가사로 지은 것이었다. 그러니까 처음엔 B그룹에 속한 것이 용도 변경으로 인해 A그룹에 편입된 경우다.

134) 이 경우는 신도에 해당하겠다. 「절차를 밟아 입교한 이를 교도라 하고 절차를 밟지 아니한 신봉자를 신도라 한다」(교헌, 14조 2항) 기독교도인 유달영이 새 성가 〈꽃들이 피어나네〉를 작사한 것이 좋은 예가 된다.

135) 기독교문학계에서는 대표적 기독교 시인인 윤동주의 시 가운데서 기독교시로 분류할 것을 6편 이하로 보는 것이 통설이라고 한다. 이영천, 『기독교와 문학의 세계』(대한기독교서회, 1991) p.56

어느 정도 도움이 되리라고는 보지만, 개교 100년 미만의 교단으로서 종교문학의 보편성을 갖추어 가는 일과 함께 타 종교문학과의 차별성을 강화해 가는 일은 지속적으로 병행되어야 할 것이다.

6) 마무리말

종교문학 연구자들은 그 연구 대상을 이미, 종교 가운데 똬리 틀고 있는 문학이 아니라 문학 속에 자리 잡은 종교로 보고 있다. 하나의 작품을 놓고 그 문학이란 집에 무교가, 불교가, 혹은 기독교가 어떤 형태로 세 들어 있는가를 탐구하는 셈이다. 탈종교 시대에 종교적 테마가 주류적 사상으로, 혹은 지배적 심상으로 군림하며 문학을 구속하기는 점점 힘들어질지 모른다. 그러나 설령 종교적 목적의식에서 창작된 문학이라 하더라도 그것이 순문학적 가치를 포기했다 하여 저급한 문학으로 평가되거나 비판될 일은 아니라고 생각한다. 자본주의 이념이나 상업주의 가치관에 굴복하느니 종교적 신념이나 구도적 열정에 봉사하는 것이 더 가치 있다고 믿기 때문이다.[136)]

136) 탈북 시인 최진이는 2005년 7월에 한 TV방송 인터뷰에서, 북한문학이 체제수호적 이념문학이어서 문학적 가치가 부족하다고 생각하지 않느냐는 질문에 "북한문학이 사회주의 이념에 경도된 정도는 남한문학이 상업주의에 경도된 정도이지 그보다 더한 것은 아니다"라는 요지의 답변을 하였는데 참고할 만하다.

나. 원불교의 추도문학

1) 들머리말

문학의 소재는 자연과 인생 모두다. 그러므로 문학에서는 생로병사를 소재로 다루게 되고 이 가운데 죽음의 슬픔은 피해갈 수 없는 테마가 된다. 가족 친지 등 사랑하는 이들의 죽음을 슬퍼하는 추도문학은 문학의 역사만큼이나 그 유래가 오래다. 사랑과 이별이 동전의 양면처럼 붙어 다니듯이 삶과 죽음 역시 샴쌍둥이 같은 것이요, 이별의 슬픔처럼 죽음의 슬픔도 가장 보편적이기 때문이다. 한국 고전문학의 백미인 향가만 놓고 보더라도 〈제망매가〉 〈찬기파랑가〉는 최고의 문학성을 보여주고 있고, 〈원왕생가〉와 〈모죽지랑가〉 등이 죽음과 관련이 있다고 본다면 양적인 비중도 상당하다.

그렇다면 유서 깊은 종교의식에서 죽음은 문학적으로 어떻게 수용되고 있는가. 범위를 원불교 의식으로 좁혀 본다면 여기 사정은 어떠한가? 추도문학의 성립은 어떤 측면에서 가능하며 앞으로의 전망은 어떠한가 등을 검토하고자 한다.

2) 추도문학의 개념과 범위

먼저 명칭에 대해 양해를 구하고 가자. 문학의 갈래를 내용으로 보면 애정, 추리, 역사, 괴기, 농촌, 전쟁… 등과 같이 다양하게 나누지만, 사람의 죽음을 슬퍼하는 내용을 담은 시문의 갈래 용어는 아직 따로 없는 것 같다. 애도, 추

도, 추모 등의 용어가 쓰일 만하되 나름대로 난점이 있다. 슬픔을 강조하는 '애도'는 장례기간과 같이 죽은 지 오래지 않은 시기에 한해 쓰이고, 그리움을 강조하는 '추모'는 기제사와 같이 사후 상당기간이 지난 후에 쓰이지 장례 기간에는 쓸 수가 없다. 추도는 장례기간에도 쓰이고 세월이 흐른 뒤에도 쓰이고는 있지만, 죽음을 슬퍼함에는 애도에 못 미치고 고인을 그리워함에는 추모에 못 미친다. 그래도 애도와 추모의 뜻을 아우르는 절충적 용어로는 '추도'가 가장 나은 듯하다. 그래서 더 좋은 용어를 찾을 때까지는 아쉬운 대로 '추도문학'이라 쓰고자 한다.

서양에선 구약에 나오는 〈예레미야 애가〉가 오래 되었지만, 내용은 죽음의 애도보다 도시 파괴에 대한 비탄과 회한이 위주여서 거리가 있고, 그보다는 그리스에 기원을 둔 엘레지(elegy poem) 쪽이 더 적합하다. 그리스어로 장송가(elegeia)를 가리키며, 죽은 사람을 애도하는 마음과 죽은 사람의 추억 등을 노래하는 것이라 하니 이야말로 추도문학의 개념에 꼭 맞아떨어진다.

그렇다면 추도문학의 범주에 드는 갈래에는 어떤 것들이 있을까? 원칙적으로 보면 서정, 서사, 극, 교술 등 모든 갈래가 다 해당되겠지만, 현실적으로는 서정과 교술에 집중되고 있는 것으로 보인다. 장례에서 조시나 조사가 있고, 추도의 자리엔 추모시나 추모사가 있다. 또 위령제에서는 위령시문이 있다. 전통적으로는 상두소리, 만가 혹은 만장이 있고, 제사에 제문이 있어 왔다. 이들이 대개 서정시나 교술문학(수필)으로서 추도문학에 포함될 개연성을 가진다.

3) 종교의식 속의 추도문학

모든 종교는 사람의 죽음을 두고 나름대로 상례와 제례를 중요한 전통의식으로 치르고 있다. 그 의식 중에는 음악 혹은 무용과 더불어 문학의 몫이 있게 마련인데 그것이 대개 추도문학의 성격을 띨 것이 기대된다.

유교의 경우, 각종 제사에서 쓰이는 '유세차 운운'의 격식을 가진 축문이 있으나 짧고 상투적이다. 근래에는 한문투를 벗어나 번역투를 쓰기도 하나 기본형은 달라지지 않은 듯하다. 예컨대 부모 제사 축문의 일례를 보자.

> 아버님 신위 전에 삼가 고합니다. 아버님께서 별세하신 날을 다시 당하오니 사모의 정을 금할 수 없습니다. 이에 간소한 제수를 드리오니 강림하시어 흠향하소서.

불교의 경우 『석문의범』에 보면 상례와 관련된 것은 거의 〈다비편〉에 집중되어 있고, 그밖에 제례와 관련 있는 시문이 〈망축식〉이나 〈고혼소〉 같은 절차에 나온다. 그러나 전편이 애도나 추모의 성격보다는 영가의 천도를 위하여 생사의 본질을 깨우치는 내용이다. 〈삭발편〉을 예로 보자.

> 새로이 두렷하고 고요한 데로 돌아가는 아무개 영가야! 날 때에는 어느 곳으로 좇아 왔으며 죽을 때에는 어느 곳으로 좇아가느냐? 태어남은 한 조각 뜬구름이 일어남이요 죽음이란 한 조각 뜬 구름이 사라지는 것이다. 뜬구름은 자체가 본디 실상이 없는 것이니 생사거래가 또한 이와 같으니라. (삭발)

천주교의 경우 〈위령미사〉를 참고할 만하다. 입당송→제1 독서→응송…→영성체송 이런 절차의 장례미사를 보면 사자에게 위로를 베풀고 아울러 신의 자비를 기원하는 내용으로 엮여 있음을 알 수 있다.

> 주여, 영원한 빛을 그들에게 비추소서. 자애로우신 주여, 당신 성인들과 함께 비추소서. 주여, 그들에게 영원한 안식을 주소서. 영원한 빛을 그들에게 비추소서. 자애로우신 주여, 당신 성인들과 함께 비추소서. (영성체송)

대체로 보아 유교 불교 천주교 등 노대종교의 경우 전통적 격식을 중시하여 창의적이고 사사로운 정서가 끼어들 여지가 없어 보인다. 그러나 처음부터 이렇지는 않았을 것이다.

4) 원불교 추도문학의 모색

먼저 추도문학의 역사적 선례를 보자. 원불교에서 추도에 관한 문장이 처음으로 문서화되어 나타난 것은 《월말통신》 27호(1930. 음5월)다. 불법연구회 초대회장인 추산 서중안의 열반을 두고 회설會說과 고인의 약력소개, 12명의 감상담(추모담) 등이 실리고, 이와 더불어 〈추도문일속(追悼文一束)〉이라 하여 5편의 추도문이 실린다. 28 · 29합병호(1930. 음6)에는 역시 서중안의 열반을 두고 3명의 감상담과 더불어 1편의 추도문이 실린다. 아울러 경성지부 김낙원 회원의 열반을 두고 추도문 3편이 실린다. 이어서 30호에 김낙원 추도문과 위령문이 각 1편씩 실리고, 별도로 〈대희사대조모주 열반 제7주 기념문〉이 실린다.

이렇게 월말통신에 세 차례에 걸쳐 열반 관련 문장 가운데서 추도문학으로 볼 만한 것은 추도문, 위령문, 열반기념문 등이다. 1930년에 나타난 이런 선례는 추도문학의 모델로 흠 잡을 데가 없다.

그러면 오늘날 추도문학이 있을 자리는 어디인가. 『예전』에 따르면 원불교 의식에서 추도문학의 개입 여지는 상장, 재, 제사 등에서 찾아야 할 것 같다.

> (상장)의식 가운데는 두 가지 의의가 있으니, 하나는 친척 · 친지를 본위하여 그 정곡을 풀며 절차를 갖추는 것이요, 하나는 당인을 본위하여 그 참 열반과 천도를 기원하는 것이다. 이 두 가지가 다 이치에 당연하여 하나가 결함되어도 원만한 의식이 되지 못할 것이니라.

요컨대 상장喪葬에서는 애도와 천도 두 가지가 필수적이란 것인데, 이런 논리는 재齋에서도 ①천도 및 명복 증진 ②추도 거상의 예禮 지키기 등을 재의 '두 가지 의의'라고 하여 거듭 강조하고 있고, 제사祭祀에서 역시 ①천도와 명복 증진 ②추모와 보본 등으로 '두 가지 뜻'을 지적하고 있다. 이 두 가지 가운데 전자는 종교적인 것이고 후자는 세속적인 것이라 할 때, 인간의 정서적 감동을 전제로 하는 문학의 자리가 전자보다 후자에 쏠림은 당연하다. 특히 전자가 개성적이고 창의적이기보다 보편적이고 전범적이기에 더욱 그렇다. 그러나 종교문학으로서 이 두 가지가 양자택일의 대상이 아니라 융합해야 할 대상이라면 원불교 추도문학의 지향도 여기서 벗어날 수가 없다고 본다.

예전에 나타난 의식 가운데 추도문학과 유관한 절차를 좀 더 구체적으로 살펴보면 다음과 같다.

'제6장 상장'에서 열반식 · 입관식 · 발인식의 천도법문, 발인식의 고사와 축원문, 입장식의 영결사 등에 일단 추도문학이 끼어들 수 있을 것이다. 그러나 거의가 지정된 문장이나 예문이 있어 추도문학으로서 창의적 문장이 만들어지긴 쉽지 않다. 다만 발인식에서 '상주대표 고사'는 형편에 따라 가감 사용하도록 되어 있으며 상주대표 외 관계인의 고사도 추가할 수 있도록 하였고, 또 형편에 따라 식순에 조사와 조가를 넣을 수 있도록 추도문학의 입지를 넓혀 놓았다.

'제7장 재'에서는 축원문 · 천도법문 · 재주 고사가 추도문학에 해당하나 창의적 개입은 역시 재주 고사에 국한한다.

'제8장 제사'에선 기념문, 축원문이 추도문학에 해당하는데 특히 기념문은 예문을 그대로 쓸 수도 있지만, 제주가 새로 작성할 수도 있어서 창의성을 발휘할 여지가 많다. 그리고 축원문은 발인식, 재, 제사를 막론하고 주례교무가 '특점이 있으면 부연 가감하고' 법계 정사 이상의 경우엔 '전문을 처지에 맞도록 적의 가감 사용'하도록 재량권을 주고 있다.

이를 다시 정리하면 ①고사 ②조사, 조가 ③기념문 ④축원문 등이 되는 셈이다. 여기서 기념문이라 한 것은 일종의 제문으로 고사와 유사한 성격이라고 보겠다.

그러면 예전의 정착(예전은 1935년에 처음 발간됨) 이전, 원불교 초창기 상장 등의 의식문은 어떠했을까 궁금하다. 결론부터 말한다면 〈시다림법문〉〈만장〉〈기념문〉 등 소태산이 손수 지은 3편의 글에 주목할 필요가 있다. 결론인즉, 첫째 것은 법문에 그치지만 둘째, 셋째는 추도문학이 된다는 것이다.

5) 원불교 추도문학의 전망

상장이든 재든 혹은 제사든 죽음과 관련한 각종 의식에서 상주(재주, 제주)의 고사(기념문)를 듣다 보면 고인을 모르던 사람도 그 애절한 사연을 접하면서 감동하여 눈물을 흘리게 되는 일이 종종 있다. 그것은 글로써 감동을 일으키는 것이니 문학이고, 그 주제가 추도이니 추도문학이 될 수밖에 없다. 추도문학은 종교적으로 천도와 연계되고 있지만, 사람의 마음을 순화, 정화하는 카타르시스의 기능도 겸한다. 우리는 한 해에도 몇 차례씩 겪게 되는 상장, 재, 제사를 통하여 추도문학을 발전시키고, 이를 통하여 영가의 천도와 더불어 산 사람에게는 애도와 추모의 맑고 아름다운 정서를 기르는 기회로 활용해야 하겠다.

유공인의 열반을 당하여 종법사가 특정인을 상대로 하여 천도법문과 게송을 내려주는 경우가 종종 있지만 그것도 아주 소중한 추도문학이자 종교문학이 됨을 유념할 필요가 있다. 또 근래에는 명절대재에서 교당내 단체별로 고축문을 매년 새롭게 쓰도록 제도화하는 조처를 취했다. 앞으로 6.1대재 등의 고축문도 일회적이고 창의적인 작문이 가능하도록 관행을 만들어가는 것이 필요할 것이다. 필자가 아는 바로는 각종 의식의 공식절차에서 창의적 추도문학이 개입할 여지를 확보한 종교는 천도교의 경우를 제외하곤 원불교밖에 없는 것 같다. 이 강점을 적극적으로 활용한다면 추도문학의 앞날은 밝다고 본다.

다. 『산중풍경』에 담긴 훈산 이춘풍의 문학

1) 들머리말

훈산薰山 이춘풍李春風(1876~1931)의 유고집 『산중풍경(山中風景)』은 박용덕이 「훈산유고 『산중풍경』연구」라는 논문을 《원불교사상》 12집(원불교사상연구원, 1988)에 발표하면서 알려졌다. 저자가 15×23㎝ 한지에 가는 붓으로 필사한 문집인데, 박용덕의 분석으로는 수록문 37건에 종목은 가사, 한시, 감각감상, 처리안, 서간문, 논설, 예문 등으로 분류된다. 수록작품의 제작연대는 원기 7년(1922)부터 원기 12년(1927)이고 필사마감 및 제책 연대는 1927년으로 보고 있다.

훈산 이춘풍은 사후 『산중풍경』이란 문집을 남겨 그 안에 작품이 유고로만 남아 있을 뿐 알려지지 않은 것이 태반이다. 남들이 《회보》 등 기관지를 발표장으로 써서 작품을 읽혔던 것에 비해 그는 당대에 독자를 거의 갖지 못했다는 것, 이것이야말로 훈산문학이 갖는 한계다.

그러나 훈산은 소태산의 변산 생활 당시 지근거리에 있었고, 소태산 하산 이후에도 변산 봉래정사(석두암)를 지켰다. 그는 소태산의 명으로 참고문헌을 번역하는 등 문필 체험을 공유한 독특한 경력을 가지고 있다. 이것이 탁마되기 이전의 소태산 사상을 원석原石의 상태로 보여주는 효과를 기대하게 하는 점이다.

2) 훈산 이춘풍의 생애

1876년, 경북 금릉에서 연안이씨 현옥과 김씨 부인을 부모로 한 1남2녀 중 독자로 태어났다. 본명은 지영之永, 법명은 춘풍春風, 법호가 훈산薰山이다. 16세에 정삼리화와 결혼하여 딸만 여덟을 두었다. 원불교 2세 종법사 정산 송규 및 주산 송도성의 외사촌형이기도 하다.

1921년, 46세 때 고모부 구산 송벽조의 안내로 변산 봉래정사에서 소태산을 만난 후 제자가 되었고, 고향을 떠나 전라도로 이주하였다. 처음엔 소태산의 지시로 봉래정사 가까운 부안(종곡)에 자리잡고, 소태산 제자들이 해로로 영광과 변산(봉래정사) 사이를 왕래할 때 편의를 제공하다가 1924년 소태산이 하산한 뒤에는 내변산으로 이사하여 봉래정사 수호 책임을 맡았다.

그는 유학에 조예가 깊고 한문이 장하여 1922년경에는 소태산의 지시로 『대학』『중용』 등 유교 경전의 요지를 해역解譯하고 등사하는 일을 했다 하고, 선서仙書인 『옥추경』『정정요론』 등도 번역하였다. 50세 되는 1925년에 하산하여 익산총부로 와 전무출신을 하였다. 이후 5년간 교무로 활동하다가 1930년 55세 나이로 열반에 들었다.

3) 훈산 이춘풍의 문학유산

훈산이 처음 글을 발표한 것은 《월말통신》 11호(1929. 11)에 실은 〈심전제초(心田除草)〉다. 이 하나 밖에 훈산의 문학유산은 거의 유고문집 『산중풍경』에 수렴되어 있다. 이 가운데 37편의 각종 시가와 문장이 있다지만, 필자의 안목으로는 연구대상으로 삼을 만한 것이 다음 정도다.

① 가사 : 〈변산가(邊山歌)〉 1편

② 한시 : 〈자송(自頌)〉 1수

③ 선화 : 3편

④ 수필 : 〈심전제초(心田除草)〉 등 약간 편

⑤ 논설 : 〈대원도후설(大圓圖後說)〉 〈삼재합덕총설(三才合德總說)〉
〈독중용이 심전심법(讀中庸以心傳心法)〉 등 3편

이밖에 서간문 약간 편이 참고자료가 된다.

4) 작품론

가) 한시

〈自頌〉

透得天根明我心(투득천근명아심) 하늘 끝까지 환하게 깨달아 내 마음을 밝히고

好逢地德建我體(호봉지덕건아체) 땅의 덕을 자주 맞이하여 내 몸을 세우노라

三才萬物歸於一(삼재만물귀어일) 천지인 만물이 하나로 돌아가니

唯一其中亦無二(유일기중역무이) 오직 하나 그 가운데 또한 둘은 없도다

〈자송〉, 훈산의 경력으로 보아 한시를 꽤 지을 만도 한데 겨우 이 한 수가

올라 있다. 압운도 무시하고 게송 방식으로 했다. 첫 구는 하늘 뜻을 탐구해 마음을 밝히고, 둘째 구는 땅의 덕을 입어 몸을 건실하게 하고, 셋째 구에서는 결국 하늘과 땅이 내 한 몸에 모이니 천 · 지 · 인 만물이 하나로 돌아감을 깨닫는다. 마지막 구에서는 그 하나 됨을 다시 못 박아 두는 식이다. 깊은 산속에 들어 살면서 그가 천지 만물과 하나 되는 삶을 통해 몸으로 천 · 지 · 인이 하나 되고 만법귀일 되는 이치를 확인했다 할 것이다.

나) 가사

〈변산가〉 1편이 있는데 정격은 아니고, 구나 행을 계산하기도 난감한 경우가 많아 길이도 70여 구라 해두기로 한다. 구성은 3단이다.

(1) 서사(처음~변산구곡 찾아가네)
(2) 본사(물은 흘러 굽이굽이~상마우로 지내볼꼬)
(3) 결사(세상 사람 어목 되어~끝)

변산은 변산반도에 소재한 산으로 소금강이라 하여 봉래산으로도 불리리만큼 아름다운 산이다. 지금은 국립공원으로 행정구역이 전북 부안군에 속하였다. 호남 삼신산[137]의 하나로 꼽는다.

문집 『산중풍경』 들머리에 실음으로써 그 대표성을 드러내고도 있다 싶은 작품이다. 작품명 앞에 한 쪽을 할애하여 '蓬萊九曲 小金剛'이라 써놓은 것을

137) 호남 삼신산으로는 변산 외에 지리산, 무등산(광주), 두승산(정읍), 방장산(고창) 혹은 방등산(장성) 등을 이리저리 조합하여 셋을 뽑아 부르니 정설이 없는 모양이다.

산은 우뚝 솟아 만학천봉 첩첩산이로구나

층암절벽 그 산중에 쌍선봉이 중조(中祖) 되어 반공에 솟아 있고

월명암이 후장(後藏) 되어 경치도 좋았으니

동으로 부상홍일(扶桑紅日)이요 서으로 칠산낙조(七山落照)라

낙조대에 높이 올라 변산 경개 바라보니

제일곡 용추폭포 의시은하낙구천(疑是銀河落九天)[139]하니 여산폭포 여기로세

제이곡 옥녀봉은 구름 속에 솟았으니

조위운모위우(朝爲雲暮爲雨)[140]하는 양대초녀(梁臺楚女)[141] 완연하고

제삼곡 천왕봉은 기운 있게 행룡(行龍) 되어

후덕하게 앉았으니 상제봉조(上帝捧朝)[142] 분명하고

제사곡 실상사는 실상(實相)이 있건마는 실상 없는 절이라

조석으로 쇠북소리 반공에 드러나니 예불만 저리 힘쓰는구나

제오곡 구미암(龜尾岩)은 서방(西方) 풍기(風氣) 막았으니 석벽외면(石壁外面) 견고하고

제육곡 용두암(龍頭岩)은 기세 있게 청룡 되어 북방허원(北方虛遠) 굳게 막고

---

139) 이백(李白)의 칠언절구 〈여산폭포를 바라보며(望廬山瀑布水)〉에 나오는 구절로 '은하수가 하늘에서 쏟아져 내려오는 듯'이란 뜻이다. '飛流直下三千尺'의 바깥짝이다.

140) '아침에는 구름이 되고 저녁에는 비가 된다'는 뜻으로, 초회왕(楚懷王)이 꿈에 만났던 선녀가 했다는 말로 남녀간의 성적 관계를 말하는 완곡법으로 쓰임. 운우지정. 출전은『文選』의 〈高唐賦序〉임.

141) 梁臺는 陽臺의 착오이고, 楚女는 초나라 회왕의 꿈에 나타났더라는 '巫山의 선녀'를 가리킴. 여기서는 '옥녀봉'의 옥녀를 무산선녀로 견준 것임.

142) 捧朝는 奉朝의 착오. '옥황상제에게 뭇 신하(신선)가 조하를 한다'는 뜻.

보더라도 변산에 대한 훈산의 애정과 긍지를 알 만하다.

서사는 특히 4음보 정격을 무시하고 산문에 가깝게 들어가니 마치 고

의 도입부나 판소리의 아니리를 연상시킨다.

자고로 변산은 봉래라 이름하니
호남 승지요 부안 해도(海島)라[138)]
동으로 영주산이 높아 있고 남으로 방장산이 솟았으니
삼신산이 분명이라
삼신산은 있건마는 신선조차 부지로다
방화수류(訪花隨柳) 소년들아 방화수류도 하려니와
어서 바삐 신선 자취 찾아보소
저 소년들 거동 보니 죽장망혜 탈속행장
변산구곡 찾아가네

여기서 신선 자취 찾아보라는 권고가 소태산의 자취(소태산의 법)를

는 뜻으로 쓴 것이 아닌가 싶기도 하다.

본사는 변산구곡을 중심 소재로 한 것으로 한학자답게 고전적 용

마냥 화려하다.

물은 흘러 굽이굽이 청강수(淸江水)요

---

138) 변산반도를 부안 해도라 한 것은 개념 파악에 차질을 보인 경우일 것이다.

제칠곡 칠성암(七星岩)은 벽담상(碧潭上)에 나눠 서서

안과 밖을 굳게 지켰으니 수중석문(水中石門) 여기로다

제팔곡 장바위는 철주중심(鐵柱中心) 맹세하고 군신입조(群臣入朝) 도장(圖章) 치네

제구곡 연화도수(蓮花倒水)[143] 청련암(青蓮庵)을 바라다가

구곡장연안활연(九曲將窮眼豁然)하니 제시인간별유천(除是人間別有天)이언마는

누가 다시 어랑(漁郎) 되어 상마우로(桑麻雨露) 지내볼꼬

제오곡의 '석벽외면'과 제팔곡의 '철주중심'은 초기 참고경전인 선서仙書『修心正經(수심정경)』에 나온 말[144]로 훈산이 이 책을 읽고 인용한 것임을 알 수 있다. 제팔곡의 '장바위'는 '인장바위'에서 탈자가 생긴 것으로 보인다.

제구곡은 주자의 유명한 〈武夷九曲詩(무이구곡시)〉의 구곡九曲 부분을 갖다 쓴 것이다.

九曲將窮眼豁然(구곡장궁안활연) 아홉 굽이 장차 다해 눈이 훤히 열리니

桑麻雨露見平川(상마우로견평천) 뽕나무 삼나무 비이슬 뒤에 평천이 보이더라

漁郎更覓桃源路(어랑갱멱도원로) 뱃사공은 다시금 무릉도원 가는 길을 찾지만

143) '연꽃이 물 위에 거꾸로 고개 숙인 형상'을 가리키는바 풍수지리학에서 명당의 조건으로 친다.

144) 懷大信 能入此門然後 鐵柱中心 石壁外面(明入門要法)

除是人間別有天(제시인간별유천) 이 인간 외에 따로 별천지가 있는 게 아니라네

여기서 훈산 〈변산가〉의 창작동기가 〈무이구곡시〉에 있음이 밝혀진 셈이다. 소태산은 1919년 변산에 들어가 월명암에 머물면서 영산에 남은 제자들에게 이 시를 적어 보내 읽도록 했다.[145] 변산에 있는 이춘풍으로서도 당연히 이 시를 읽었다. 그리고 그는, 퇴계가 〈도산십이곡〉을 쓰고 율곡이 〈고산구곡가〉를 지어 주자를 모방했듯이 자신도 변산구곡시를 쓰고 싶었으리라. 그 결실이 이 작품이다. 〈변산가〉의 제이곡 옥녀봉 소재는 〈무이구곡시〉의 제이곡에도 그대로 나오는데 이런 것이 어찌 우연이겠는가.

다만, 제사곡 실상사 소재 같은 경우는 소태산 제자 훈산만이 할 말을 한 것 같다. 절 이름은 실상사實相寺로되, 불법의 실상을 놓치고 예불과 같은 허상(의식)에나 매달리는 구불교의 낡은 관습을 맵게 비판한 것이라고 할 것이다.

결사는 다음과 같다.

세상사람 어목(魚目) 되어 구미용담(龜尾龍潭) 좋은 풍경
헛되이 지내가고 호암승지(壺岩勝地) 피란처도 몰라보네
알고 보면 좋고 좋건마는 어목자(魚目者)야 어찌 알아볼꼬
어화 소년들아 어서 바삐 신선 자취 찾아서 세상 고락 끊어 보소

어목이니 어목자니 하는 것은 사이비(가짜)를 가리킨다. 구미용담은 당대

145) 〈불법연구회창건사〉(송규) 14장.

구세주로 등장했던 동학 최제우의 탄생지니 동학의 실패를 슬쩍 언급한 듯하고, 호암승지는 『정감록』 등 비기에서 피란처로 지목한 십승지十勝地 중 하나(扶安壺岩)다. 지금은 정확한 위치를 밝히지 못하고 있지만, 『남사고 비결』에서 밝힌 「扶安 壺岩之下 邊山之東(부안 호암 아래 변산 동쪽)」을 상당히 의도적으로 해석한 듯하다. 서사에서도 귀띔한 것이지만 「신선 자취 찾아서 세상 고락 끊어 보소」라고 거듭 권고하는 뜻이 보다 명확해진다.

훈산의 가사는 이 밖에 〈불명해설(佛命解說)〉이 있던 것으로 보인다. 이 작품은 〈변산가〉가 적힌 지면에 제목과 내용 한 줄이 기록되었고 다음 장이 사라졌기에 그 전모를 알 수 없다. 다만 그 한 줄이 「대명세계(大明世界) 사람들아 내 말 잠깐 들어 보소. 허망하고 허망하」까지다. 안타까운 일이다.

다) 선화禪話

훈산의 유고 안에는 선화라 할 만한 것이 꽤 있으나 두세 가지만 들어 보이기로 한다.

(1) 제1화

忠淸道 洪山郡에 사는 趙恂植의 호는 復陽이라. 參禪에 뜻이 대단히 돈독한 故로 白鶴鳴의 지도를 인하여 實相寺로 入禪하려고 왔다가, 一日은 石頭庵에 尋訪하여 春風을 보고 서로 禮하고 恭敬히 談論하다가, 韓滿虛가 어젯날 새벽에 밭가는 소리를 듣고 글을 지었다 하니, 나도 그 글을 화답하였노라 하고 외우거늘, 그 翌日에 春風이 또 그 글을 和答하여 말하니 그 글에 가로되,

有聞無見이 是何說고? 無聞無見이 是根本이라 不見人牛하고 只聞響타가 覺後에 相尋人與牛라 하니, 만허가 보길 마치고 다시 曰, 人與牛는 是甚麽오 하고, 각각 한 말씩 請하거늘 恂植은 蓬萊山色이 一般春이라 하고, 春風은 水滿空潭에 月滿潭이라 하고, 滿虛는 竹影이 掃階에 塵不起라 하니, 恂植은 人牛(인우)의 一切 뜻을 말하고, 춘풍은 有體有用(유체유용)을 말하고, 滿虛는 無字(무자)를 들어 말하니, 恂植이 이 말 하는 境界를 보고 대단히 즐겨하여 曰, 塵世(진세)에 가서 듣고 보는 言行이 어찌 이러한 議論이 있으리요? 도를 求할진댄 參禪을 篤實히 하여야 하겠다 하니, 그 깨친 마음이 심히 壯하도다.

〈현대어 풀이〉

충청도 홍산군에 사는 조순식이란 이의 호는 복양이었다. 그는 참선에 대단히 뜻이 돈독하므로 백학명 스님의 지도를 받아 입선하려고 실상사에 왔던 길에 하루는 나 춘풍이 있는 석두암을 찾아왔다. 두 사람은 서로 인사를 나누고 공경히 담론하던 중 그가 말하기를, "한만허 스님이 어제 새벽에 밭가는 소리를 듣고 글을 지었다 하시기에 나도 그 글을 화답하였습니다." 하고 그 글을 외웠다. 그 이튿날 내가 또 그의 글에 화답하여 말하니 그 글은 이러했다.

「'들리긴 해도 보이지 않는다' 함이 무슨 말입니까? 근본인즉 들리지도 않고 보이지도 않습니다. 사람과 소가 보이지 않고 단지 소리만 들리다가 깨친 후에 서로 사람과 소를 찾는 법이지요.」

만허 스님이 이 글을 보고 나서 다시 말했다.

「사람과 소란 무엇입니까? 각기 한 말씩 해 봅시다.」

순식: 봉래산을 둘러보니 어디나 봄빛 일색이로다.

춘풍: 물이 가득 찬 빈 못에 달이 가득 담겼더라.

만허: 대나무 그림자 비로 섬돌을 쓰는데 먼지가 하나도 안 일더라.

순식은 사람과 소의 일체 뜻을 말하고, 나 춘풍은 본체가 있고 작용이 있음을 말하고, 만허는 없을 무(無) 자를 들어 말한 것이라 할 것이다. 순식이 이 말하는 경계를 보고 대단히 즐겨하여 말하기를, "티끌세상에 가서 듣고 보는 언행에 어찌 이러한 의론이 있으리요? 도를 구할진댄 참선을 독실히 하여야 하겠습니다." 하니, 그 깨친 마음이 참으로 훌륭하다.

(2) 제2화

趙恂植이 問法于韓滿虛曰, 萊山仙菜新味가 有味內味하고 有味外味하니 그 味外味를 곧 보내라 하였거늘, 滿虛가 要示春風曰, 此問을 如何爲答이 可乎아 한대, 春風이 卽答曰, 仙菜之味는 味內味와 味外味가 只是一味也라 更何求味外之別味耶아 看하라 滿虛는 合口三番에 言호대 此實仙味也로다 하더라.

〈현대어 풀이〉

조순식이 한만허 스님에게 법을 물어 말했다.

「봉래산 신선나물의 새 맛은 '맛 안의 맛'이 있고 '맛 밖의 맛'이 있으니, 그 '맛 밖의 맛'을 곧 보내시오.」

그러자 만허 스님이 나 춘풍에게 일러주기를 요구하여 말하였다.

「이 질문에 무어라고 대답해야 옳겠나 말해 보시오.」

내가 곧 대답하였다.

「신선나물의 맛에는 '맛 안의 맛'과 '맛 밖의 맛'이 따로 없고 단지 한 맛입니다. 어찌 다시 '맛 밖의 다른 맛'을 찾겠습니까? 헤아리시오.」

만허 스님이 입을 세 차례 다물어 보이더니 이렇게 말했다.

「이것야말로 신선의 맛이로소이다.」

대체로 이런 식이니, 이를 이해하기 위해서는 선시의 경우와 마찬가지로 논리가 아닌 직관이 필요하다. 이른바 격외법문이니 설명보다는 각자의 혜안으로 음미하며 얻은 바 있다면 고개를 주억거리고 미소를 지으면 그만이다.

이들 선화와 유사한 분위기를 띤 것으로 훈산이 1926년에 백학명에게 보낸 서간문에 한 작품 보인다. 서신을 띄우게 된 배경이 서간 앞쪽에 나와 있다.

석두암과 같은 변산에 있는 고찰 월명암의 주지 백학명 선사가 1923년에 내장사 주지로 자리를 옮기고, 소태산은 1924년 하산하여 익산으로 떠나니, 훈산의 봉래정사(석두암) 생활은 쓸쓸할 수밖에 없었을 것이다. 그런데 1926년 늦봄에 학명이 볼일이 있어서 석두암 부근 실상사에 들러 갔다는 소식을 뒤늦게 들은 훈산은 섭섭한 마음이 커서 이 서신을 띄운 것이다. 옛 정으로 보아 석두암에 당연히 들를 일이되 「恐其供養之厚」(음식을 잘 차려 내려고 수고할까 걱정이 됨)를 이유로 하여 바로 갔다니 훈산으로서는 꽤나 어처구니가 없었을 법도 하다.

백학명의 평전 이름이 『흰학의 울음소리』(박희선, 1994)이듯이, 성姓까지 포함하여 그 이름이 도선적道仙的 이미지를 갖기에 아래와 같은 글이 나올 수 있었을 것이다. 마침 훈산도 이 무렵 선서仙書 『수심정경』 혹은 『정정요론』 등에 심취해 있던 처지여서 더욱 그랬을 법도 하다.

(3) 제3화(서간)

敬獻鶴道士

低飛에 不見其處하고 高飛에 惟聞其聲이라 草堂에서 春睡足타가 夢에 一玉鐵童子[146]가 自天上으로 降臨在傍하여 謂予이 言曰 子何深睡이 不悟耶아 俄者에 白鶴道士가 低飛人間하여 察其善惡하고 忽然高飛于天上云云이어늘 覺之하니 迺夢也라. 開戶視之하니 不見其處하고 仰天嗟嘆하니 惟聞九皐之聲[147]이라 更挽玉童子하고 徐謂曰 低飛는 何處며 高飛는 何處오 低飛高飛之間에 汝往其高飛處하여 更將高飛上一句來하면 吾夢을 大覺云호리라 하고 遙望南天타가 悠然見靑이 坐하나이다 暮春者에 蓬萊山人 再拜

〈현대어역〉

삼가 학명 도사께 올립니다

낮게 날아도 그 계신 곳을 보지 못하더니 높이 날매 다만 그 소리를 들을 뿐입니다. 초당에서 봄잠을 실컷 자다가 꿈을 꾸니, 한 옥동자가 하늘위에서 내 옆으로 내려와서 말했습니다.

"그대는 어찌하여 잠이 깊이 들어 깰 줄을 모릅니까? 아까 백학 도사가 인간에 낮게 날아와 그 선악을 살피고 홀연히 하늘 위로 높이 날아갔습니다."

깨고 보니 곧 꿈이었습니다. 지게문을 열고 보았으나 그 계신 곳이 보이지 않

146) '玉鐵童子'란 말은 생소하다. 바로 뒤에는 '玉童子'라고 한 것으로 보아 오기가 아닐까 싶다.

147) 이 말은『시경』소아편의 다음 전거를 가진다. 鶴鳴于九皐 聲聞于天

으매 하늘을 우러러 탄식을 하니 오직 들리느니 학의 울음소리뿐이었습니다.

다시 옥동자를 가까이 불러서 조용히 말했습니다.

"낮게 날았던 곳은 어디며 높이 날아간 곳은 어디인가. 낮게 날고 높이 나는 사이에 너는 그 높이 나는 곳에 가서, 다시 장차 높이 날아올라 한 마디만 하시면 내 꿈을 크게 깨리라 일러라."

멀리 남쪽 하늘을 바라보다가 유유히 앉아서 푸른 산을 바라보나이다.

늦봄에 봉래산인 올림

참고로, 이 편지를 읽고 학명이 보낸 답서를 보자.

內藏之病鶴 忽聞蓬萊之多仙 伴雲以入 仙不知鶴 鶴不知仙 傲然敍嘯以歸 卽承惠仙緣復續 却披雲更入相握爲計耳

〈현대어역〉

내장산에 있는 병든 학이, 봉래산에 신선이 많다는 소식을 문득 듣고 구름 따라 들어갔으나, 신선은 학을 몰라보고 학은 신선을 몰라보았소. 오연히 휘파람을 불며 돌아오자 곧 혜서를 받으니 신선인연이 다시 이어지는구료. 돌이켜 구름을 헤치고 다시 봉래산에 들어가 서로 손잡을 궁리를 할 뿐이오.

이 밖에도, 도치원(익산총부) 회석에서 이청춘이 훈산에게 「경상도에서 전라도로 어찌 오셨습니까?」 거듭 물었으나 그 진정성을 의심하여 대답을 피했는데, 나중에 혼자 생각한 대답이 「이 언덕에 이른 사람이 저 언덕에 이른 것이요 서천에 가는 달이 동천에 오는 달이로다. 간간(看看)하라.」였다는 것도 선화에 접근한다 할 것이다.

라) 수필

훈산의 수필은 이른바 감각 · 감상이란 독특한 성격의 원불교적 수필들이다. 종교적 성격이 강하여 문학으로 분류하기가 어려운 것도 있고, 작품 수준에 미달하는 것들도 있다. 그 가운데 〈수양론(修養論)〉(가제)은 이춘풍이 서중안을 상대로 수양을 주제 삼아 벌인 교리논쟁을 적은 글이요, 〈도치원 건축과 공부〉(가제)는 이춘풍이 김남천을 상대로, 바쁜 일과 중에 하는 마음공부와 한적한 산중에서 하는 경전공부의 우열을 화제 삼아 의론한 일을 적은 글이다.

이들 가운데 특별히 주목되는 것이 〈심전제초〉(가제)다.

> 갑자 춘삼월에 봉래산 초당에 있는 이춘풍은 밭을 매다가 한 감각이 있었기로 승려 한만허(韓滿虛)를 대하여 말하되, "내가 저 산전(山田)을 매고 또한 감각된 일이 있었노라." 한대, 만허가 그 생각된 바를 듣고자 하거늘 춘풍이 답하였다.

제목도 따로 붙이지 않고 이렇게 서두가 시작된다. 자기를 객관화하여 '나'라 하지 않고 '이춘풍'이라 한 것도 재미있거니와 실상사 한만허나 월명암 백학명과 일상적으로 선문답을 하는 모습이 새삼 흥미롭다. 훈산(이춘풍)은 밭을 매면서 이미 맨 곳은 청정법계, 아직 매지 못한 곳은 번뇌진세로 비유한다.

김매기를 마치고 귀가하여 독서와 번역으로 십여 일을 보내다가 문득 생각이 나서 밭으로 가보니 다시 잡초가 무성하다. 여기서 한 소식을 얻었다. 마음밭(心田)도 한 번 닦고 잊으면 도로 번뇌가 치성하는 것이니 잠시라도 마음을 놓아 마음밭을 묵혀서는 안 된다는 것이었다. 이렇게 대견한 감각을 얻어 이야기를 해 주었으나 정작 만허는 심상하게 듣고 마니 훈산이 도리어 '무미(無味)'하게 되었다고 끝맺는다.

갑자년(1924)에 겪은 이 일이 기사년(1929) 《월말통신》 11호에 〈심전제초〉란 제목으로 실린다.

> 벌써 여러 해 전에 조그만치 느꼈던 바이온데 우연히 생각이 나서 몇 말 하여 볼까 하나이다. 춘풍이 부안 봉래산 실상동 초당에 있을 때에 그 어느 날 초당 앞 산전을 매었습니다. 밭을 매며 앞을 바라본즉 잡초가 황무하여 도리어 정곡(正穀)을 덮었으니 마치 번뇌진세를 당한 듯한 느낌이 있고, 뒤를 돌아다본즉 잡초란 한 개도 없이 정곡만 나타나서 꼭 청정법계를 대하는 듯한 상쾌한 생각이 나더이다.

크게 보면 같은 내용이나, 갑자년 글에 비해 기사년 글은 내용도 보강되었고 표현도 세련되었다. 한만허와의 일은 빼고, 보다 보편적인 논리를 전개하고 있음이 눈에 띈다.

마) 문장

경산의 산문 가운데 주목할 것은 〈대원도후설〉 〈삼재합덕총설〉 〈독중용이

심전심설〉 등 세 편이다. 마땅히 한문으로 씌었어야 될 일인데 국한혼용문으로 쓰인 것이 이상할 정도다. 그러나 생각해 보면, 훈산이 소태산의 지시로 한문 경서류를 번역하는 일을 한 것에 해답이 있을 듯하다. 한문을 우리말로 번역하라는 스승의 뜻은 소수의 지식인을 위한 종교가 아니라 다수의 일반대중을 위한 종교를 지향하자는 것이다. 훈산은 먼저 한문으로 쓰고 다시 번역하는 군일을 할 필요가 없었을 것이다. 그런 의미에서 대산 김대거의 한문 작품 〈원상대의〉〈정진문〉〈채약송〉 등과는 차별화돼야 할 것이다. 대산이 한문이 가진 수사적, 문체적 매력에 유념하면서 병중에 자족적 집필을 한 것이라면, 훈산은 한문의 매력을 희생하고라도 교화 대상인 대중의 이해를 돕겠다는 의도가 컸다고 할 만하다. 물론 현대의 안목으로 보면 대중적 이해와는 거리가 먼 문체다. 이도 또한 훈산 문장의 한계다.

〈대원도후설〉은 염계 주돈이의 〈태극도설〉을 모방하여 지은 것으로, 후천운수를 타고난 소태산이 유불선 삼교의 종지를 종합한 대원大圓의 진리를 밝혔다. 말하자면 염계가 말한 태극과 여기의 대원이 연계되고, 태극도가 대원도(일원상)로 대체된 것이다. 1923년 음4월에 지었다.

> 선천(先天)은 하도(河圖)를 형상하여 복희씨(伏羲氏)가 비로소 팔괘(八卦)를 그렸으니 음부(陰符)라 할 때요 후천(後天)은 낙서(洛書)를 형상하여 문왕(文王)이 다시 팔괘를 그렸으니 양현(陽現)이라 할 때라 역수순수(逆數順數) 이치로다. 선천 도수(度數) 역수되어 자근지원대법(自近至遠大法)이요 자외지내음부(自外至內陰符)로다. 그런 고로 석가는 대자대비로써 천하에 법을 말씀하사 대체(大體)를 각득(覺得)케 하시고 노자(老子)는

귀근정(歸根靜)으로써 천하에 조화(造化)를 말씀하사 길을 가르쳐 주시고, 공자(孔子)는 일이관지(一以貫之)로써 천하에 범절(凡節)을 말씀하사 실지로 권하여 보냈으되 천만 사람 가운데 깨달아 얻은 사람 한두 사람뿐이로다.(하략)

〈삼재합덕총설〉은 역시 소태산이 개벽시대를 맞이하여 유불선을 통합하는 대원의 진리를 법으로 냈으니 이를 배워 세상을 구원하자고 주장하는데, 〈대원도후설〉보다 문장이 더욱 유려하고 조금 더 길다. 1924년 음12월 지음이다.

지극함이 없는 것이 가장 지극함이 되고, 가장 지극한 가운데에 변화가 되나니, 곧 불(佛)의 형체(形體)요 유(儒)의 범절(凡節)이요 선(仙)의 조화(造化)가 합한 가운데에서, 정(靜)하면 음(陰)이 되나니 땅의 기운이 탁(濁)하고, 동(動)하면 양(陽)이 되나니 하늘의 기운이 청(淸)하나니라. 음양(陰陽)이 나뉘면 천지(天地)가 서고 천지가 서면 조화(造化)가 생겨나고 조화가 생겨나면 춘하추동 자연이라. 자연한 그 가운데에 한 물건이 있으니 크기는 큰 데에 더 큰 것이 없고, 너르기는 이 너른 데에 더 너른 것이 없고 현현(玄玄)하기는 이 현현한 데에 더 현현한 것이 없고 묘(妙)하기는 이 묘한 데에 더 묘한 것이 없나니 이것은 무엇인고. 만약 답하는 자가 있으면 마땅히 허공을 가리키리라.(하략)

〈독중용이심전심설〉은 글자 그대로 『중용』을 불교적 시각에서 바라본 논설이다. 흔히 치세治世의 인書인 『대학』에 대비하여 『중용』을 치심治心의 서라 하는데, 이런 관점에서 『중용』의 이치를 소태산의 삼학 교리로 설명한 글이다. 1923년 음12월에 지은 것이다. 셋 가운데 가장 짧다.

> 대범 마음이란 자는 일신(一身)의 주인이요 만화(萬化)의 자취이니 자연이 허령(虛靈)한 데에서 지각의 현묘(玄妙)함이 화하여 혹 성품(性品) 정(靜)하는 데에 근원이 되고 혹 형기(形氣) 동(動)하는 데에 발하여 인심·도심(人心道心) 두 가지 부분이 있으니 도심(道心)이란 자는 선과 악이 없고 인심(人心)이란 자는 혹 선하기도 하고 혹 악하기도 한즉 그 마음을 지키고 기운을 바룬 자는 도심이요 기운을 바루지 못하고 마음이 옮기는 자는 인심이라 하나니, 주자 가라사대 인심이란 자는 오직 위험하다 하시고 도심이란 자는 미묘하다 하셨으니…(하략)

훈산의 이들 작품을 문학적 가치로 따지기는 쉽지 않다. 그러나 이치에 따라 사물을 해석하고 시비를 밝히면서, 자기 의견을 설명하는 문체가 한문의 설류說類라 할 때, 훈산의 작품들은 한문이 아닌 번역문체이지만 바로 그 설說 장르에 적합한 작품이라 할 것이다.

5) 마무리말

훈산은 영남의 정통 유가에서 호남의 혁신 불가로 이적하였다. 이를 계기로 그는 유불선의 경서를 통합적으로 연마하고 한문과 한글의 능동적 교섭에 나섰다. 그는 소태산으로부터 번역자의 소임을 부여받았기에, 한문을 바로 쓰